鄭良樹 著

# 老子新校

臺灣學生書局 印行

# 序論——帛書與西漢《老子》傳本

鄭良樹

十餘年前，余根據出土帛書及相關材料，撰成〈論帛書本老子〉一稿，以帛書本《老子》校今本《老子》，討論今本《老子》衍文、奪文、錯字、誤解及句讀有誤等問題❶，闡論帛書本《老子》之價值，頗爲時賢所徵引❷。

邇來重讀帛書，發現除有助於校讀今本《老子》外，對於西漢《老子》傳本之差異、漢以後各傳本之淵源以及傳本間之異同關係等，亦頗能提供諸多資訊，對於瞭解《老子》一書早期的流傳、影響及錯綜複雜的關係，頗有助益。因不揣譾陋，賡續舊業，撰成此文，就正海內外賢達。

* * * *

《老子》傳本大致上有兩個系統，即河上公本及王輔嗣本；朱謙之曰：「《老子道德經》舊本，流傳最廣者，有河上公、王弼二種。河上本近民間系統，文句簡古，其流派爲景龍碑本、遂州碑本及敦煌本，多古字，亦雜俗俚。王本屬文人系統，文筆曉暢，其流派爲蘇轍、陸希聲、吳澄諸本，多善屬文，而參錯己見，與古《老子》相遠。」❸朱說甚是。河上公即河上丈人，相傳爲戰國末年之隱士❹；然，班固《漢志》未曾著錄其《章句》，學者認爲成書當在東漢中期以後及王輔嗣以前之期間❺，則河上本時代不能太早。至於王輔嗣，則三國時代魏人，時代在河上《章句》之後，所據底本相對而言就更晚了。今《老子》尚有嚴遵《指歸》本及想爾《注》本；嚴遵乃西漢末年人❻，只可惜《指歸》已半殘，且眞僞頗有不同說法❼；至於想爾本，學者考訂爲東漢末年道士張道陵所爲❽；然則，嚴遵本及想爾本所據《老子》底本，時代亦不會太早，蓋可斷言矣。

因此，欲瞭解西漢早期《老子》傳本的情形，除根據西漢早期或戰國時代古籍加以窺測之外，恐怕難有他法。然而，這些古籍經過多年的流傳，傳鈔過程中是否有訛誤，或者後人是否根據流傳本《老子》回改古籍內的《老子》引文；似此種種情形，也頗難推斷。因此，根據西漢早期或戰國古籍以窺探早期《老子》傳本的情形，也並不十分可靠。帛書甲、乙本《老子》的出土，正好塡補了這方面的空白。

由於帛書時代甚早，其文字雖然與後來傳本有差異，然而，卻頗能與先秦諸子所引者相合；今試舉四例以論證之。如第四章有一句：

久不盈。

此句河上本作「或不盈」，王弼本同，蓋同一系統也。陳景元《道德眞經藏室纂微篇》引《老子指歸》曰：「……沖和之用，而不盈滿者也。中者所用，在於和也。或者，不敢建言其道也。」是嚴遵本亦作「或不盈」。從時代先後來考察，嚴本蓋「或不盈」之祖本，而河上本及王本即源自此本。

然而，《文子·微明》用《老子》文曰：「道沖而用之，又不滿也。」《淮南子·道應》引《老子》曰：「道沖而用之，又弗盈也。」所見有不同。滿、盈，義同；作「盈」當是故書。久，二書所見皆作「又」，此與上一系統最大不同處，當爲別一系統。比《文子》及《淮南子》時代更早的《墨子》，所見《老子》卻作「有不盈」❾，與上述兩系統又不相同。

帛書甲、乙本此文皆作「有弗盈」，與《墨子》所據者相同。竊疑戰國時代此文本作「有弗盈」，其後「有」易作「又」，乃譌作「久」，卒成今本耳。至於「有」易作「或」，時代亦不會太早。諸本之中，惟帛書本與《墨子》所見者合。

又如第十章曰：

專氣致柔，能如嬰兒乎？

河上本及王輔嗣本皆無「如」字，作「能嬰兒」。然河上《章句》曰：「能如嬰兒……。」

可知河上本原來作「能如嬰兒」；無「如」字者，乃後人所删。劉惟永《道德眞經集義》引王輔嗣本正文作「能如嬰兒乎」，可知王本原來亦有「如」字；今王本無「如」字，情形與河上本相同。再檢傳本，正文亦作「能如嬰兒」。據此可知，河上本及王本兩系統此文無例外皆作「能如嬰兒」，往後各本皆如此。《淮南子・道應》引本文作「能如嬰兒乎」，可知西漢古本已有此「如」字，河上本及王本皆有來歷。

帛書甲、乙本作「能嬰兒乎」，無「如」字，與《淮南子》所據者及東漢以後各本獨異。考《莊子・庚桑楚》載老子語曰：「衛生之經，能抱一乎？能勿失乎？……能兒子乎？」此當是老子最初言語之狀態，而爲莊子所載，正無「如」字；是知帛書本甚有來歷，與《莊子》所據者同一源流耳。

東漢以後，惟想爾本系統無「如」字，至爲可貴。

又如第十七章曰：

太上，不知有之。

河上、想爾及王弼諸本「不知」皆作「下知」；比諸本更早的《文子》及《淮南子》二書，它們在〈自然〉及〈主術〉二篇中分別引用了《老子》此文，字亦作「下知」；可見從西漢以降，此文咸作「下知」。

帛書甲、乙本此文作「下知」。帛書時代在《文子》及《淮南子》之前，當是另有所依據。《韓非子・難三》引《老子》，字亦作「下知」；帛書與《韓非子》相合，淵源有自。自元初吳澄改作「不知」以後，注疏者相沿相襲，甚矣不可從。

又如第二章曰：

> **萬物作而不辭。**

河上公本「不辭」與此本合，想爾本、王弼本及傅奕本「不辭」作「不爲始」，兩系統頗爲參差。

考《呂氏春秋・貴公》曰：「天地大矣，生而弗子，成而弗有；萬物皆被其利而莫知其所由始。」〈審分〉曰：「全乎萬物而不宰，澤被天下，而莫知其所自始。」《呂覽》云云，蓋出自《老子》此章。《呂覽》既云「所由始」、「所自始」，可知《呂覽》所見《老子》此文作「始」，不作「辭」明矣。惟一要考慮的是，《呂覽》所據《老子》此文「始」上是否有「爲」字。高亨認爲古本此處一作「不辭」，一作「不始」；作「不爲始」者，「爲」字後人所妄加[10]。竊疑高說可從，蓋《呂覽》訓說此文時，一作「所由始」，一作「所自始」；若原文有「爲」字，則不煩《呂覽》添「由」、「自」以解說之矣。據此，可知《呂覽》所據《老子》正文當作「不始」。

檢帛書甲、乙本，正作「弗始」，與《呂氏春秋》所據者合。

以上所論，不過就帛書與《墨子》、《莊子》、《韓非子》及《呂氏春秋》相合之處，各舉一例以爲說。帛書雖然鈔寫於西漢初年，實際上是淵源自先秦，與諸子所據者頗有相合，那麼，它的出土，正好塡補了西漢早期傳本的空白，不也是很恰當的嗎？

* * * *

據《漢書·藝文志》著錄，西漢訓說《老子》有鄰氏、傅氏、徐氏及劉向四家，就中鄰氏最古，劉向《說》最爲晚出。四家之中，其所據底本文字上是否有差異？有何差異？與當時傳本及後來各本有何關係？這些問題，都因爲四家皆亡而無法明考了。不過，從西漢古籍徵引《老子》來觀察，又根據帛書與西漢古籍引文來觀察，西漢時代的《老子》在文字上已頗有歧異了。

茲舉二例以言之。第五章曰：

多言數窮。

「多言」二字，《文子·道原》引作「多聞」，《淮南子·道應》引作「多言」；顯然的，二書所見傳本有歧異，引文才有如此之不同。嚴遵《指歸》曰：「天地不言……言出則患入。」嚴本正文作「多言」，與《淮南子》所據者相合。想爾本作「多聞」，《注》曰：「多知浮華，不知守道全身，壽盡輒窮。」可知想爾本與《文子》所據者同源。自王弼以下，作「多言」者多，存「多聞」者少；後之學者亦多從「多言」，以「多聞」爲非。

實際上，這完全是西漢傳本的歧異。帛書二本皆作「多聞」，與《文子》所見者合，可知西漢此文有兩個系統：一個是時代很早的「多聞」，帛書及《文子》所據者即此系統；一個是時代亦不晚的「多言」，《淮南子》所見者即此系統。二說咸可通，不必相非。

又如第十三章曰：

故貴以身爲天下，若可託天下；愛以身爲天下者，若可寄天下。

「託天下」、「寄天下」二句，《文子·上仁》引《老子》作「貴以身治天下，可以寄天下；愛以身治天下，所以託天下」，「寄」句在前，「託」句在後。《淮南子·道應》引作「貴以身爲天下焉，可以託天下；愛以身爲天下焉，可以寄天下矣」，「託」句在前，「寄」句在後；據二書觀之，則西漢古本此文已有參差矣。

考《莊子·在宥》曰：「故貴以身於爲天下，則可以託天下；愛以身於爲天下，則可以寄天下。」〈在宥〉乃外篇，時代不能太早，蓋在戰國末期；然則，戰國末期《老子》此文有一本「託」句在前、「寄」句在後，也就是後來《文子》所依據的那一個本子了。然則，《淮南子》所據者呢？是否有所依據呢？翻開帛書甲、乙本，二本皆「託」在前、「寄」在後，帛書所據者時代甚早，甚至可直追戰國末年；然則，《淮南子》所據者恐與帛書有關係，時代也應該很早才是。

大概在戰國末期，此文已有歧異，而且一直相沿到西漢初葉，所以，才有不同的兩個傳本系統；後來者皆依違於此二系統，學者或是前非後，或非前是後⓫，蓋不明其原委有以致之。

根據上文所討論的，可知西漢時代《老子》傳本已頗有歧異；帛書的出土，使我們更清楚這種歧異，也使我們對漢初《老子》傳本的不同面貌有更深一層的認識。

* * * *

實際上，帛書本的出土，也使我們認識到在已可考見的不同傳本中，又多出另一種新的傳本；換句話說，帛書本豐富了現有的西漢傳本，使西漢傳本更顯多樣化。

這樣的情形甚爲多見，這裏僅舉二例來討論。比如第九章曰：

功成、名遂、身退，天之道。

「功成、名遂、身退」三句六字，西漢時就存在著差異：

㈠作「名成、功遂、身退」者——《文子·上德》引，其後想爾本及邢州本即從此而來。

㈡作「功成、名遂、身退」者——《淮南子·道應》引，河上公本即其緒；《後漢書》

〈梁冀傳〉、〈李固傳〉及〈崔駰傳〉之《注》所引者亦即此本，唐以後古注、類書所據者亦多爲此本。

據此，可知西漢《老子》古本此文不出上述兩個系統，一個被《文子》保存下來，一個爲《淮南子》所徵引。實際上，漢以後此文尚有三個不同傳本：

㈢作「成名、功遂、身退」者——傳本，牟子《理惑論》所據另一本即如此作。

㈣作「功遂、身退」者——《漢書·疏廣傳》引，《理惑論》所據者皆此本。

㈤作「功成、身退」者——王弼本。

這三個傳本的時代性都相當晚，無法和前兩個傳本相頡頏。在帛書本出土之前，有些學者認爲前兩個傳本的三句式最古舊，爲《老子》原來的面貌[12]。

然而，翻開出土的帛書，我們發現情形並不如此；帛書甲、乙本作「功遂、身退」，在西漢初期兩個三句式的傳本中，又多出一個二句式的傳本；而後來的《漢書·疏廣傳》及《理惑論》，所依據的就是這個傳本；甚至於《論語》〈子罕〉、〈泰伯〉的皇《疏》，所依據的也是此本。因此，自帛書出土之後，我們才知道，漢初此文就已經有三個不同的傳本；其中，以《文子》及《淮南子》所據的三句式，與帛書的二句式相差最遠。學者們以三句式爲古舊的說法，看來必須修正了。

又如第九章曰：

持而盈之。

《文子·微明》及《淮南子·道應》引「持」字同；《後漢書》〈折象傳〉、〈申屠剛傳〉及〈蔡邕傳〉之《注》，所據者亦作「持」；據此，可知漢初此文即作「持」，以後各注疏家及各傳本亦皆如此，一律作「持」。「持盈」乃古成語，《國語》〈越語下〉曰：「夫國家之事，有持盈、有定傾、有節事……持盈者與天。」〈吳語〉曰：「用能援持盈以沒。」《詩·鳧鷖·序》曰：「能持盈守成。」皆其比。老子據古成語爲說，蓋甚有可能。比《文子》及《淮南子》時代更早的《管子·白心》，用《老子》語亦作「持而盈之」；可知作「持」字甚有來歷矣。又《黃帝素問·注》引《老子》亦曰：「持而盛之。」

然而，宋代陳景元《道德眞經藏室纂微篇》曰：「嚴君平作『殖而盈之』，謂積其財寶也。」根據陳碧虛所看到的，嚴遵本此文作「殖」，與歷來傳本作「持」者不同。殖，即蕃殖之義，故陳碧虛謂「積其財寶」；蕃殖，字亦作「蕃植」，《淮南子》〈俶眞〉曰：「萬物蕃殖。」〈主術〉曰：「五穀蕃植。」即其義，是其明證。因此，至少在西漢末年，此文當有另一傳本作「殖而盈之」，與《管子》、《文子》及《淮南子》等所見者不相同；在字義的解釋方面，也頗有差別。在帛書出土之前，這個說法最多只能上推至西漢末期，就時代的先後來說，當然比前一說法晚了幾百年。

今天，當我們打開帛書《老子》，竟然發現甲、乙兩個本子完全作「植」；換句話說，嚴遵本原來甚有來歷，它竟是遙承自漢初的帛書系統。有了這個認識之後，我們才知道，「持」字並不能「專美」於前，早在西漢初年，已經有「植」（「殖」）字本，和「持」字本並存於當時了。

* * * *

西漢初期《老子》傳本既然有多種不同的系統，那麼，東漢以後許多傳本在文字上的歧異，許多時候都和西漢不同傳本有關係。然而，在帛書出土之前，東漢以後傳本有時找不到「源頭」，變成「無頭公案」，學者時而斥其爲「妄改」，冤枉了這些傳本。似此情形，很值得提出來討論。

茲舉三例以言之。第一章曰：

常有，欲觀其徼。

「觀其徼」各本皆同，晉孫盛《老子疑問反訊》、《後漢書·西域傳·注》及《文選·遊天台山賦·注》引亦如此。然，河上公《注》曰：「常有欲之人，可以觀世俗之所歸趣也。」河上公將「徼」解釋爲「歸趣」；歸趣，即歸終、歸宿之義，與諸家解「徼」義不同。河上公解「徼」爲「歸趣」，則正文「徼」上疑當有「所」字，否則義甚難通，河上公《注》中「所」字蓋即自正文而來。想爾索洞玄書本作「觀所曒」，曒、徼古通；有「所」字，其來歷不可輕視。然河上公《注》時代並不甚早，學者亦未曾注意河上公此處之注文。

今檢帛書甲、乙本，「觀其徼」皆作「觀其所噭」，正有「所」字，可知河上公本及索洞玄書本淵源甚古，與其他傳本不同。帛書本的出土，正好爲河上公本及索洞本提供了「活源頭」。

王弼《注》曰：「徼，歸終也……可以觀其終物之徼也。」王輔嗣解「徼」爲「歸終」，義與河上公合；蓋王氏去漢不遠，猶能維持古義，只可惜王本恐已缺「所」字耳。學者們斥帛書本爲「衍文」⑬，蓋未能明考也。

又如第三章曰：

> 使知者不敢爲，則无不治。

諸本「不敢爲」皆同，「爲」下亦並有「也，爲無爲」四字。嚴遵《指歸》曰：「無爵祿以勸之，而孝慈自起；無刑罰以禁之，而姦邪自止。反眞復素，歸於元始，世主無爲，天人交市；翺翔自然，物物而治也。」揣摩《指歸》所言，嚴本正文蓋亦作「使知者不敢爲也，爲无爲，則无不治」，與各傳本合。惟想爾本及索洞本皆作「使知者不敢不爲，則无不治」，「敢」下有「不」字，無「爲無爲」三字。

首先討論「爲无爲」三字；到底應該從諸本有此三字呢？還是應該從想爾本及索洞本無

此三字呢？馬敘倫根據王弼《注》「使夫知者不敢爲也」語意暗昧，又因此句下王弼無注文，推斷王弼本正文無「爲无爲」三字，「乃注文而誤入經文者也」⓮。蔣錫昌卻認爲「無无爲」一句，乃總結上文「不尚賢……不貴難得之貨……不見可欲」三事而言，亦爲本章要意之所在，不可以缺，所以，認爲馬氏「昧於《老子》」。其後，學者或從馬，或從蔣，皆僅就章內文章議論，未能提出確實的證據。

至於「不敢爲」，朱謙之曾經根據羅振玉影印貞松堂藏西陲秘籍叢殘校敦煌本，校出該本正文作「不敢不爲」，並且考出遂州碑本、成玄英《疏》本亦並作「不敢不爲」⓯；朱說若可信的話，則繼想爾本及索洞本之後，此文作「使知者不敢不爲」者，尚有敦煌本、遂州碑本及成《疏》本矣。然，此三本時代皆甚晚，想爾本及索洞本時代亦不能太早，故贊同朱說者幾乎不見其人；高亨、許抗生及周次吉等人，皆不同意朱氏之說法。

今檢帛書本，作「使夫知者不敢弗爲，則无不治」，弗、不古通；可知想爾本及索洞本甚有來歷。「不敢不爲」，當讀作「不敢、不爲」，朱謙之謂「不敢」、「不爲」與前文「無知」、「無欲」對舉，又謂「常使一般人民無知、無欲；常使少數知者不敢、不爲，如是則清靜自化，而无不治」，其說甚是。學者作「不敢不爲」一氣讀，以爲此舉「與老子的『无爲』這一根本思想衝突」⓰，卒有此誤會耳。

竊疑此文本作「使知者不敢、不爲」；其後，學者讀作「使知者不敢不爲」，誤會其說法與老子思想矛盾，乃於其下增「爲无爲」，作「使知者不敢不爲，爲『无爲』」，藉以化解思想上之矛盾耳。東漢以後，學者們又刪作「使知者不敢爲，爲『无爲』」；其實，既已不敢爲矣，又何必多一句「所爲的是『无爲』」呢？「爲无爲」三字之累贅，於此可見矣。河上本、王輔嗣本皆如此作，可知其去古已遠。魏、晉以後各傳本，皆不出此系統，蓋多歧亡羊，不足爲異也。

今賴帛書出土，得知想爾本及索洞本淵源有自，不可輕非。想爾本系統中，次解本作「不敢不爲也，爲无爲，則无不治」，龍興觀本作「不敢爲，則无不治」；前者已有「爲无爲」，後者少一「不」字，無「爲无爲」三字；皆與想爾本系統有參差，蓋已受其他傳本濆染矣。

又如第十六章曰：

致虛極，守靜篤。

此文古有二讀：一將「虛極」、「靜篤」讀作合成詞，河上公《注》曰：「……五內清靜，至於虛極。守清靜，行篤厚。」即此讀法也；一將「極」、「篤」分開，謂致虛靜至於至極之境地，守清靜至於篤實之境地，嚴遵《指歸》曰：「守虛爲常，則神明極而自然窮矣！神守不擾，生氣不勞，趣舍屈伸，正得中道。」想爾《注》曰：「強欲令虛詐爲眞，甚極，不如守節自篤也。」王弼《注》曰：「言至虛之極也，守靜之眞也。」[17]皆從此讀法。後之學者，皆不出此二讀。

帛書甲本「篤」作「表」，乙本作「督」。竊疑此當從乙本作「督」，《六書故》曰：「人身督脈當身之中，衣縫當背之中，亦謂之督。」字通作裻，《國語·晉語一》曰：「衣之偏裻之衣。」韋《解》曰：「裻在中，左右異，故曰偏。」老子蓋謂守靜而不倚左右，乃最適中之道也。與《莊子·養生主》「緣督以爲經」之「督」同義，即至正、至中也。此謂致虛、守靜，乃得道者至高、至中之境地也。帛書甲本作「表」，蓋與「裻」形近而譌。

嚴遵《指歸》曰：「神守不擾，生氣不勞，趣舍屈伸，正得中道。」篤，無「中」、「中道」之義，嚴遵不當解下句作「正得中道」。竊謂嚴本正文「篤」亦本作「督」，與帛書乙本相同，故《指歸》以「中道」解之。今本作「篤」者，蓋後人據他本改之也。今賴帛書，得以考見嚴本之淵源也。

河上、嚴遵及想爾三家，乃《老子》傳本中時代較早者，漬染改易之餘，亦能保存古本舊貌。然而，正惟這些古本與後來多數之傳本不同，西漢古本之情況又無從得知，所以，對於這些少數傳本文字上的「歧異」，學者們或不加措意，或不敢輕言，以致於珠沙不分。帛書的出土，使我們對河上、嚴遵及想爾三家，乃至於傳本、范本及其他晚出之傳本，可以從新有個「源頭追踪」的審察，讓我們瞭解三家及晚出的傳本，有時也保存了一些很早的材料，值得我們加以珍惜。

*　　*　　*　　*

七十年代初期，帛書《老子》出土，震驚學界。甲本字體在篆、隸之間，不避高祖諱，鈔寫年代約在高祖年間；乙本以隸書鈔寫，避高祖諱而不避惠帝諱，鈔寫年代蓋在惠帝與呂后之間；晚近所見之全本《老子》，以此次出土者爲最古。一九七六年，筆者乃以唐易州龍興觀道德經碑本爲底本，參照各本，比勘帛書，寫成〈新校〉一稿，分篇發表⑱，以就正海內外學者。

二十年來，研究帛書，或據帛書校訂《老子》，爲數頗多。筆者興趣所在，時多披覽。就此時此地所能見者，有下列諸作：

一、嚴靈峯：《馬王堆帛書老子試探》（台北河洛圖書出版社，一九七六）

二、嚴靈峯：〈無求備齋老子讀記〉（在《無求備齋諸子讀記》中，台北成文出版社，一九七七）

三、任繼愈：《老子新譯》（上海古籍出版社，一九七八）

四、張松如：《老子說解》（吉林人民出版社，一九八一）

五、劉殿爵：〈馬王堆漢墓帛書老子初探〉（香港《明報月刊》，明報月刊出版社，一九八二・八）

六、張舜徽：〈老子疏證〉（在《周秦道論發微》中，北京中華書局，一九八二）

七、許抗生：《帛書老子注譯與研究》（浙江人民出版社，一九八二）

八、周次吉：《老子考述》（台北文津出版社，一九八六）

九、盧育三：《老子釋義》（天津古籍出版社，一九八七）
十、羅尙賢：《老子通解》（廣東高等教育出版社，一九八九）
十一、李水海：《老子道德經楚語考論》（陝西人民出版社，一九九〇）
十二、培眞：《道德經探玄》（北京體育學院出版社，一九九〇）
十三、王垶：《老子新編校釋》（瀋陽遼寧書社，一九九〇）
十四、黃釗：《帛書老子校注析》（台北學生書局，一九九一）
十五、古棣、周英：〈老子校詁〉（在《老子通》內，吉林人民出版社，一九九一）
十六、楊丙安等：〈老子新詮〉（在《老學新探》內，中州古籍出版社，一九九四）
十七、高明：《帛書老子新校》（北京中華書局，一九九六）

上述近二十種著作，或利用帛書校釋今本，或對帛書作直接之整理，都是帛書出土以後相關之新作。本書皆就其需要，斟酌採入[19]。

《老子》傳本之多，恐爲子書中之佼佼者。筆者十餘年前，曾繼羅振玉、唐文播等人之後，對敦煌本略作整理，並撰成〈敦煌老子寫本考異〉及〈敦煌老子寫卷探微〉二文[20]。本書旨在校勘，亦側重於早期傳本之流通及影響，辨別其異同，考鏡其源流；對各種不同傳本作通盤性分類及歸納，非本書重點所在。島邦男撰有《老子校正》[21]一書，將《老子》傳本歸爲下列系統：

㈠嚴遵本

㈡想爾本

有索洞玄書、次解本、龍興觀碑、道藏李榮等諸本。

㈢王弼本

有釋文王本、道藏王本、武英殿本、浙江書局本等諸本。

㈣古本

有道藏傅奕及范應元本。

㈤河上本

有治要本、意林本、廣明碑、景福碑、道藏本等諸本。

㈥玄宗本

有開元二十六碑、開元二十七碑及道藏本諸本。

對於《老子》傳本之歸類，頗見系統。本書所言各傳本，基本上即以此爲根據。筆者據帛書校訂《老子》，爲時甚早。二十年來，諸書紛出，衆說並呈，甚有可觀。今據上引材料，重新改寫，彙爲一編。昔日重點在校訂經文，此次兼及考鏡傳本源流；昔日逐句詳校，此次則頗有刪汰。至於諸家說法與拙見相合者，雖時代在鄙說之後，亦多爲刪省以避重複。舊說新見，滙爲一篇，言本書之校勘及傳遞情形者，當以此書爲便矣。

一九九六年秋序於香港中文大學

# 附注

❶ 詳見拙著《竹簡帛書論文集》內，北京，中華書局，一九八二，頁一至一七。此書台北源流出版社（一九八二）及學海出版社（一九九四）曾分別翻印。

❷ 例如周次吉著《老子考述》，台北，文津出版社，一九八六；王垶著《老子新編校釋》，瀋陽，遼瀋書社，一九九〇；古棣・周英合著《老子通》，吉林，人民出版社，一九八六；楊丙安等著《老學新探》，河南，中州古籍出版社，一九九四；皆徵引拙說。

❸ 見朱著《老子校釋》，台北，世界書局，一九六一，〈序文〉頁一。

❹ 《史記・樂毅列傳》載樂臣公學黃帝、老子，其本師爲河上丈人；河上丈人教安期生，數傳至樂臣公，樂臣公再傳蓋公，蓋公爲曹相國師。據此，則河上丈人蓋戰國末年人。

❺ 王卡曰：「章句之體，西漢已有，但東漢後期尤爲盛行。河上公《老子章句》在文體上正反映當時學風。……因此，《河上章句》之作，於理應在王弼之前。……總之，《河上公章句》應成書於西漢之後，魏晉之前，大約在東漢中後期。王明先生〈老子河上公章句考〉推測《章句》約爲後漢桓帝或靈帝時黃老學者僞託戰國時河上丈人所作，其說大體可信。」見王卡點校《老子道德經河上公章句》卷首〈前言〉，北京，中華書局，一九九三，頁三。

❻ 見《漢書・王貢兩龔鮑傳》。嚴遵《道德指歸》於東漢以後甚爲流行，且頗獲佳評，《三國志・蜀志・秦宓傳》載秦宓語曰：「觀嚴文章，冠冒天下，由、夷逸操，山嶽不移，使揚子不歎，固自昭明。如李仲元不遭《法言》，令名必淪，其無虎豹之文故也，可謂攀龍附鳳者矣！」又載李權語曰：「仲尼、嚴平，會聚衆書，以成《春秋》、《指歸》之文，故海以合流爲大，君子以博識爲弘。」該書受後人之推

崇，於此可見。

⑦ 可參見拙文〈論嚴遵及其道德指歸〉，在拙著《老子論集》內，台北，世界書局，一九八四，頁一四三至一七二。

⑧ 饒宗頤曰：「考陸德明《經典釋文·序錄》，老子有《想余注》二卷。下云：『不詳何人，一云張魯；或云，劉表。』列於劉遺民《玄譜》之下，似陸氏未見其書。……疑『爾』字或書作『你』，遂誤爲『余』也。至於撰人，陸氏謂一云『張魯』，與《注訣》稱『係師』同；而玄宗杜光庭則云張道陵，當是陵之說而魯述之；或魯所作而託始於陵，要爲天師道一家之學。」見饒著《老子想爾注校牋》之〈解題〉內，香港，自印本，一九五六，頁四。

⑨ 《太平御覽》三二二引《墨子》曰：「善持勝者以強爲弱，故老子曰：道沖而用之，有弗盈也。」

⑩ 高亨撰有《老子正詁》，上海，古籍出版社，一九五七，頁三。

⑪ 比如蔣錫昌據陳碧虛引文認爲「託」句在前，「寄」句在後，「以復王弼古本之眞」；朱謙之謂當「以敦煌本爲優，當據校改」；盧育三謂諸本先「寄」後「託」者，乃隨王本「誤倒」；諸說有參差。

⑫ 比如嚴可均、羅振玉、蔣錫昌及朱謙之等人，都比較傾向於三句式，周次吉《老子考述》即作三句式，頁六七。

⑬ 如王垶曰：「甲、乙本末句均衍『所』字。」見王著《老子新編校釋》，頁三八。

⑭ 此馬敍倫語；見馬著《老子校詁》，香港，太平書局，一九七三，頁三七。

⑮ 成《疏》曰：「而言不敢不爲者，即遣無欲也。恐執此不爲，故繼以不敢也。」可知成本作「不敢不爲」也。

⑯ 此許抗生語；見許著《帛書老子注釋與研究》，浙江，人民出版社，一九八二，頁六九。

⑰ 王弼《注》原作「言致虛，物之極篤；守靜，物之眞正也」，今從樓宇烈校。見樓校釋《王弼集校釋》上冊，北京，中華書局，一九八〇，頁三七至三八。

⑱ 此稿發表於《大陸雜誌》，自第五十四卷第四期起連載，間斷發表，至第五十九卷第四期止（一九七七・四—一九七九・一〇）。

⑲ 其他相關著作，如陳鼓應《老子今註今譯》（台北商務印書館，一九七〇初版）、王淮《老子探義》（台北商務印書館，一九七七）、鄭成海《老子河上公注疏證》（台北華正書局，一九七八）、沙少海・徐子宏《老子全譯》（貴州人民出版社，一九八九）、張玉春，金國泰《老子注譯》（四川巴蜀書社，一九九一）、徐仁甫〈老子辨正〉，在《諸子辨正》中，（四川成都出版社，一九九三）及楊潤根《老子新解》（北京中國文學出版社，一九九四）等書，亦斟爲參考。

⑳ 見拙作《老子論集》，台北世界書局，一九八四。

㉑ 東京汲古書院出版，一九七三。

# 《老子新校》目次

# 一　章

## 道，可道；非常道。名，可名，非常名。

案：帛書二本「常」皆作「恆」。漢以前古本「常」皆作「恆」，甲本成書於漢高祖，乙本成書於惠帝、呂后之間，字並作「恆」，猶存古本面貌。文帝而後，學者避諱易「恆」作「常」，垂二千年不絕。《文子》〈道原〉、〈精誠〉、《淮南子》〈道應〉、〈氾論〉及〈本經〉並引用此文，字咸作「常」，蓋所據本字已作「常」矣。

## 无名，天地始；

馬敘倫曰：《史記》〈日者傳〉引作「無名者，萬物之始也」。王弼〈注〉曰：「凡有皆始於無，故未形無名之時，則爲萬物之始。」是王本兩句皆作「萬物」，與《史記》所引合，當是古本如此。

蔣錫昌曰：馬說是也。吾於馬證之外，復得四證焉。……「天地」二字當改作「萬物」，以復古本之眞。

**案**：馬據《史記》、王〈注〉謂「天地」當作「萬物」，蔣又引四證以申其說；今帛書出土，可證馬、蔣說之塙，蓋西漢以前古本自作「萬物」也。陳景元《道德眞經藏室纂微篇》引嚴遵《老子指歸》曰：「無名無朕，與神合體，天下恃之，莫知所以，變於虛無，爲天地始。」據此，可知自東漢始，此文已改作「天地」矣。

## 常无，欲觀其妙；常有，欲觀其徼。

**馬敍倫曰**：詳此二句，王弼、孫盛之徒並以「無欲」、「有欲」爲句；司馬光、王安石、范應元諸家，則並以「無」字、「有」字爲句。近有陶方琦依本書後文「常無欲，可名於小」，謂「無欲」「有欲」仍應連讀。易順鼎則依《莊子》〈天下〉曰「建之以常無有」，謂《莊子》已以「無」字、「有」字爲句。倫校二說，竊從易也。

**張松如曰**：帛書甲、乙本俱作「恒无欲也」、「恒有欲也」，「欲」字顯然不得屬下。无欲、有欲，亦如无名、有名，皆《老子》常用之特定名詞，不可分割。至於《莊子》「建之以常无有」，諸家並引此以爲證，不知《莊子》「无有」二字用爲連語，亦不可分割。

**盧育三曰**：「常无欲，以觀其妙」，於老子思想，尚可說得通；「常有欲，以觀其徼」，則說不通。……雖然帛書《老子》爲目前最古的抄本，有很大的校勘價値，但不能視爲定本；而且其他諸本二「欲」後均無「也」字，似不當從。

**楊丙安曰**：這兩句有兩種讀法。王〈注〉……言无事无爲，可以體察「道」生萬物的深微玄奧；而有事有爲，則需體察「道」終萬物之邊際。……當並存以資參較爲善。

**高　明曰**：今從帛書甲、乙本勘校，……足證王弼、孫盛在「欲」字下斷句不誤，宋人倡以「無」字「有」字爲句不確，易、馬二氏之說，皆不可信。

**案**：嚴遵〈指歸〉曰：「無欲者，望無望，謂無欲之人，復其性命之本也。且有欲之人……。」河上〈注〉曰：「人常能無欲，則可以觀道之要。常有欲之人……。」皆以「無欲」「有欲」斷句，與帛書合；此蓋兩漢之讀法也。其後王弼、孫盛及陶方琦等皆從之。宋以後學者另闢新說，以「常無」「常有」爲句，司馬光創之在先，從之者有王安石、范應元、易順鼎、馬敍倫及高亨等諸家。二說雖皆可通，然以前說爲古耳。

**二案**：帛書二本「觀其徼」並作「以觀其所噭」，「其」下有「所」字，「徼」作「噭」。河上〈注〉曰：「常有欲之人，可以觀世俗之所歸趣也。」蓋河上本正文亦有「所」字，與帛書相合。「噭」作歸趣、歸終、歸宿解，則「所」字不可缺。帛書兩本咸有此字，可證古本既已如此，而河上公說當是古義。今賴帛書，可知河上說淵源之久遠。王〈注〉曰：「徼，歸終也……可以觀其終物之徼也。」王氏去漢不遠，猶能維持古義，惟王本已缺「所」字，蓋傳鈔者所奪耳。

**三案**：嚴遵《指歸》曰：「且有欲之人，貪逐境物，亡其坦夷之道，但見邊小之繳，迷而不反，喪失眞元。」蓋嚴本正文無「所」字，與帛書不同。據此，可知古本此文已有參差。陸德明曰：「徼，小道也，邊也，微妙也。」陳景元曰：「大道邊有小路曰徼。」諸說皆來自《指歸》，皆從無「所」字說解。敦煌景龍三年鈔本「其」作「所」；「所」字恐有來歷。

## 此兩者同出而異名，同謂之玄。

**奚侗曰**：有生於無，故曰同出；有無對立，故曰異名。

**朱謙之曰**：陳景元以「此兩者同」爲句，嚴復曰：「同字逗，一切皆從同得。」惟「同出」「異名」爲對文，不應於「同」字斷句。

**劉殿爵曰**：「此兩者同出而異名」句，一般作一句讀，但有人主張以「同」字爲句，高本漢更提出「同」、「名」爲韻作爲根據。帛書本作「兩者同出異名」，無「而」字，這樣便不可能以「同」字爲句，因爲餘下三字不能成句。

**案**：帛書二本皆作「兩者同出，異名同謂」，無「此」及「之玄」二字。兩者，指上文「無欲」「有欲」（說詳河上）；同出，指上文「眇」「噭」而言；「無欲」「有欲」雖異其名號，實乃同出同謂也。王〈注〉曰：「同出者，同出於玄也。異名所施，不可同也。」是也。河上〈注〉曰：「玄，天也。言有欲之人，與無欲之人，同受氣於天。」則東漢之際，傳本已作「同謂之玄」矣。

# 二章

**天下皆知美之為美，斯惡已；皆知善之為善，斯不善已。**

**馬敘倫曰：**彭耜曰：「達眞、清源『皆知善之爲善』上，並有『天下』二字。」范亦重「天下」二字。

**蔣錫昌曰：**《淮南子》〈道應訓〉下句引作「天下皆知善之爲善」，是淮南本重「天下」二字。

**案：**「皆知善之爲善」上不當重「天下」二字，達眞等諸本皆不可據。《淮南子》引有「天下」二字，乃從上句而來；蓋此二字統攝「美」「善」二文，《淮南》僅引下文，故上句「天下」二字亦必錄入，文義始明曉，非下句亦有「天下」二字也。古棣亦有類似說法，不引。范本「皆知善」上有「天下」二字，范〈注〉曰：「古本。」竊疑所謂古本，恐皆受淮南之影響而誤添也。

**二案：**帛書二本皆作「天下皆知美之爲美，惡已；皆知善，斯不善矣」（甲本「知美」下無「之」字，蓋省），無「之爲善」三字，與傳本相距頗遠。此文古本應有二源流：或無此三字，帛書二本即此源流也；或有此三字，《淮南》所據者即此源流也。前者參差，後者工整，各擅其美，義皆可通可曉。王垶謂帛書無此三字者脫，失之於斷；許抗生謂「文句比較完整」之傳本，「疑後人修飾而成」，據帛書爲說，亦欠周圓。

## 故有无相生，難易相成，長短相形，高下相傾，

案：帛書二本無「故」字，與敦煌本、遂州碑本及顧歡本合；蓋古本也。帛書二本六「相」字上，皆有「之」字，是也，當從之。李道純曰：「『有無相生』已上六句，多加一『之』字者非也。」蓋非。古本系統、日本天文河上〈注〉舊鈔本六「相」上亦皆有「之」字，是其證。《淮南》引「長短」「高下」二句有「之」字，則所據本其他四句亦有此字，亦其證。蓋古自有此六「之」字，後人刪省以就五千字之數。

二案：王本系統「形」作「較」，蓋後人所易也。《文子》及《淮南子》皆作「形」，與帛書合；可證「形」字古。

## 音聲相和，前後相隨。

蔣錫昌曰：顧本成〈疏〉：「何先何後。」是成「前」作「先」。強本嚴君平〈注〉：

「先以後見，後以先明。」是嚴亦作「先」。《老子》本書「先」「後」連言，不應於此獨異。

**朱謙之曰**：前，敦煌本作「先」，遂州碑本、顧歡本、強思齊本亦作「先」。

**案**：帛書二本「前」亦咸作「先」，可爲蔣證。嚴遵本及想爾本系統皆作「先」，與帛書合。東漢以後，始易爲「前」耳。

* * * *

**盧育三曰**：「前後相隨」之後，帛書甲乙本均有「恆也」二字。人們據此認爲老子把「有无相生，難易相成」等的對立統一看做永恆的規律。此說不可取。

**古　棣曰**：有「恆也」二字於義可通，但破壞了詩的格律，《老子》原文必不如此。

**楊丙安曰**：或謂此「恆」字乃總結上六句之詞，必不可少，今本奪去久矣。唯統觀上下文意，此「恆」字似非正文，或爲讀者所記，且爲帛書所獨有，他本皆無，故予存之可也。

**高　明曰**：帛書甲、乙本此節經文遠優於今本，尤其是最後有「恒也」二字，今本挩漏。它是對前文諸現象的總概述，指明事物矛盾對立統一是永恆存在的。有「恆也」二字則前後語意完整，無此二字則語意未了，似有話待言之感。

**案**：帛書二本「相隨」下復有「恆也」二字。「有無之相生也……恆也」，蓋謂天下事物，無處不矛盾，無處不對待，此乃宇宙內恆常之現象也；自「有無」至「恆也」，自成小節，而「恆也」二字，即此小節之結語，最爲可貴。後世傳本皆奪此二字，卒失前後相應之脈絡。高亨謂本節與下文「文意截然不相聯」，則「恆也」爲本節結語更不可缺。蓋其奪甚早。

## 是以聖人處無為之事，行不言之教，

**馬敍倫曰**：臧〈疏〉、羅卷「人」下亦並有「治」字。成〈疏〉曰：「所治指上文，能治屬在於下，仍前以發；故云是以聖人治。」則成亦有「治」字。

**朱謙之曰**：遂州碑本「人」下有「治」字，敦煌本同。《治要》卷三十四引無「治」字。

**案**：馬謂成〈疏〉、臧〈疏〉及羅卷「聖人」下有「治」字，朱謂遂州碑本同。據蔣錫昌《校詁》著錄，景龍二年碑本、強思齊本及李榮〈注〉本亦皆有「治」字。若從此本，則本句當讀爲「是以聖人治：處無爲之事」；《淮南子》〈主術〉曰：「人主之術：處無爲之事。」其「術」字即應「治」字而言；然則古本或有「治」字乎？河上〈注〉曰：「以道治也。」

* * *

**馬敍倫曰**：十七章王弼〈注〉曰：「太上大人在上，居無爲之事……。」「居無爲之事」三句，即引此文，則王「處」作「居」。

**蔣錫昌曰**：二十三章王〈注〉：「以無爲爲居（原作「君」，形近而誤），不言爲教。」六十三章王〈注〉：「以無爲爲居。」皆據此文而言。馬氏謂王「處」作「居」，是也。

**周次吉曰**：「處」是「処」之繁文，「居」則「処」之譌誤也。

**案**：帛書二本「處」皆作「居」，與此本不同。竊疑西漢之際，此文有二源流：一作「居」，即帛書二本之所出；一作「處」，即《淮南子》之所據。其後，王本、古本及河上本諸系統，皆不出此二源流耳。又《戰國策》〈燕策一〉「蘇代謂燕昭王」章載蘇代語曰：「臣且處無爲之事。」恐與《老子》有關。

## 萬物作而不辭，

**俞　樾曰**：唐傅奕本作「萬物作而不爲始」。三十四章云：「萬物恃之而生而不辭。」與此章文義相近，恐未可舍古本而從傅本也。

**易順鼎曰**：考十七章王〈注〉云……，全引此章，是王本作「不爲始」之證。作「不辭」者，蓋河上本，後人因妄改王本以合之，幸尚有此〈注〉，可藉以見王本之眞。

**高　亨曰**：《老子》最古本當是一作「不辭」，一作「不始」；作「不爲始」者，「爲」字後人妄加也。

**朱謙之曰**：作「不爲始」是也，當據訂正。《呂氏春秋》〈貴公〉：「……萬物皆被其利而莫知其所由始。」又〈審分〉曰：「……而莫知其所自始。」蓋皆出此章，作「始」義長。

**古　棣曰**：原文當作「不辭」，作「不爲始」，非是。辭乃是司的假借字，「不辭」即不司，不爲其主宰的意思，與下文「不有」、「不恃」、「不居」相應。

案：竊疑本文原作「不始」，《呂覽》用老子文，一作「所由始」，一作「所自始」；若原文有「爲」字，則不煩添字解說矣。帛書甲本作「弗志」，乙本作「弗始」；「志」即「始」之音誤，無「爲」字，即其明證。古棣說「不辭」爲「不司」，用意雖佳，終非古本。三十四章曰：「萬物恃之而生而不辭。」本句「始」改作「辭」，恐是後人據彼文而改也；河上本即承此而來。王輔嗣注《老子》，所據底本猶作「始」；然，「始」上添「爲」字，亦王輔嗣時事耳。其後河上本流行，王本此文又被改作「不辭」，古本面貌卒淹沒矣。

## 生而不有，

**羅振玉曰**：敦煌本無此句。

**朱謙之曰**：遂州碑本亦無。《治要》三十四引同此石。

**周次吉曰**：無者是也；蓋「作而弗始」即涵括其意，正不當重複爲言。

**高　明曰**：《老子》中同此文相近者今本有四處……皆有「生而不有」句，故後人仿此而妄增。

**案**：考《老子》十章及五十一章皆曰：「生而不有，爲而不恃，長而不宰，是謂玄德。」彼文「生」「爲」「長」三句連言，此文「生而不有，爲而不恃，成功不居」，亦

「生」「爲」「成」三句連言。又考第七十七章曰：「是以聖人爲而不恃，功成而不處。」僅及「爲」「功」二事，與帛書此文無「生而不有」相合。竊疑古本自無此句，想爾索洞本及次解本亦無此句，與帛書合，猶存古本之眞。漢以後各本皆有此四字，蓋受十章及五十一章之影響而增歟？張舜徽據帛書及敦煌本刪，蓋是。

## 為而不恃，成功不居。

**嚴可均曰：**御〈注〉、王弼作「功成不居」，河上作「功成而弗居」。

**羅振玉曰：**景福本作「功成不居」，敦煌本作「成功不處」。

**馬敍倫曰：**王弼〈注〉曰：「因物而用，功自彼成，故不居也。」則王作「不居」。

**案：**帛書二本亦作「成功」，與此本合。《淮南子》〈道應〉引老子言，曰：「功成而不居。」河上〈注〉曰：「功成事就，退避不居其位。」王弼〈注〉曰：「功自彼成。」所據者蓋皆作「功成」，不作「成功」。又考第九章：「功遂身退。」功遂，即功成之謂也；第十七章：「功成事遂。」七十七章：「功成而不處。」亦皆曰「功成」，不曰「成功」耳。諸本之中，惟想爾本系統及此本與帛書合。

**二案：**帛書二本「成功」下有「而」字，與上句「爲而不恃」句法一律。《呂覽》〈審分覽〉〈注〉、《後漢書》〈宋儁傳〉〈注〉引此皆有「而」字，王本系統及范本亦有此字，此古本也。七十七章曰：「功成而不處。」亦有「而」字，可證此本奪。

# 三　章

## 不上賢，使民不爭；

馬敍倫曰：羅「尚賢」作「上寶」。

朱謙之曰：作「上」是也。「寶」字疑誤。

島邦男曰：想本闕損。索洞本作「不上寶」；據想爾〈注〉，解爲「民不爭，亦不盜」，則想本如索洞本，似作「上寶」。

案：上、尚同，惟作「上」者古。帛書二本亦作「上」。「賢」作「寶」者，誤也。張松如曰：「寶字當是形誤。……如取多財義，謂與下文一律，實則是重複了。」張說可從。想爾〈注〉「民不爭，亦不盜」乃「使民不爭」「使民不盜」之注文，與「不上賢」無關，島邦男據以推斷想本亦作「寶」，恐未必。

## 不貴難得之貨，使民不盜；

馬敍倫曰：《書鈔》二七引作「不貴貨，使民不盜」，弼〈注〉曰：「貴貨過用，貪者競趣……。」則《書鈔》所引，疑古本也。今王作「不貴難得之貨，使民不爲盜」，蓋後人以六十四章改之矣。

**蔣錫昌曰**：十二章：「難得之貨，令人行妨。」六十四章：「是以聖人欲不欲，不貴難得之貨。」以老校老，此文自作「不貴難得之貨」。又二十七章王〈注〉：「不貴難得之貨，則民不爲盜。」全引此章經文，唯一「使」字易作「則」字耳。《書鈔》所引，當係省略，馬說非是。

**島邦男曰**：嚴君平曰：「世不尙賢則民不趨……世不貴貨則民不欲……世絕三五則民無喜……。」據之，則嚴本作「不貴貨，民不爲盜」。

**案**：此文古本是否如馬敍倫及島邦男所言，首句作「不貴貨」，殊難定奪。「難得之貨」乃本書習語，又見於十二章及六十四章，此處有「難得之」三字，與彼處一律，此其一。嚴遵〈注〉：「世不貴貨則民不欲。」島邦男據以謂此文當無「難得之」三字；然十二章「難得之貨，令人行妨」下，嚴〈注〉：「貪於貨財之變……。」〈注〉中無「難得之」三字，則是否可據以謂彼十二章正文無此三字乎？此其二。王〈注〉「貴貨過用」，情形與嚴〈注〉相同，不可作爲直接之證據，二十七章王〈注〉全引此章經文，除「使」作「則」外，卒無一字之異，可見此處王〈注〉不可全據，此其三。類書引書時有省略，《書鈔》時代頗晚，不可過份信從。帛書二本皆有此三字，可證馬說之難從。

## 不見可欲，使心不亂。

**易順鼎曰**：《晉書》〈吳隱之傳〉曰：「不見可欲，使心不亂。」《文選》〈東京賦〉〈注〉、沈休文〈鍾山詩〉〈注〉兩引亦皆無「民」字。《素問》王冰〈注〉引亦無「民」字。

**劉師培曰**：《易》〈艮卦〉孔〈疏〉引亦無「民」字，蓋唐初避諱刪此字也。古本實有「民」字，與上兩「民」一律。

**馬敍倫曰**：《蜀志》〈秦宓傳〉宓報李權書引道家法曰：「不見所欲，使心不亂。」蓋即此文。又《類聚》七二引庾闡〈斷酒戒〉曰：「不見所欲，使心不亂。」《漢書》〈司馬遷傳〉〈注〉引如淳曰：「不見可欲，使心不亂。」亦本此文，並無「民」字。

**蔣錫昌**：諭各本所引，多無「民」字，蓋古本如此。本章王〈注〉：「故可欲不見，則心無所亂也。」二十九章王〈注〉：「故心不亂。」皆可證也。

**古　棣曰**：「民」字當有，與上文「使民不爭」、「使民不爲盜」一律。……帛書有「民」字，可證古本作「使民心不亂」。帛書無「心」等當是抄漏了。「心」字與上句「欲」字對應，必不會沒有。

**高　明曰**：帛書甲、乙本同作「使民不亂」，無「心」字，則同前文「使民不爭」、「使民不爲盜」章法一律，可見世傳今本作「使民心不亂」或「使心不亂」，皆非原文。

……今從帛書考察，《老子》原文當作「不見可欲，使民不亂」，今本作「使民心不亂」或「使心不亂」者，皆後人所改。

**案**：帛書二本皆作「不見可欲，使民不亂」。竊謂此文古本有二源流，一作「使民不亂」，一作「使心不亂」；帛書爲前一源流，《淮南子》〈道應〉所據者爲後一源流。東漢以後各傳本如想爾本、河上本、王本等以及各古注類書所據者，皆作「使心不亂」，爲後一源流之延續。嚴遵本、傅本及范本作「使民心不亂」者，則合二源流爲一之傳本也。今賴帛書，知古本另有一源流，而嚴本及傅本等之「民」字來歷甚遠，不可輕非。

## 使知者不敢為，則无不治。

傅本作「使夫知者不敢爲，爲無爲，則無不爲矣」，**范應元曰**：「無不爲」，傅奕、孫登同古本，河上公本作「無不治」，亦通。

**嚴可均曰**：「不敢爲」各本句下有「爲無爲」三字，王弼有「也爲無爲」四字。

**馬敍倫曰**：觀王弼注「使夫知者不敢爲也」曰：「智者，謂知爲也。」語意暗昧；此下無〈注〉，疑「爲無爲」三字，乃注文而誤入經文者也。

**蔣錫昌曰**：強本引成〈疏〉經文：「使知者不敢爲，則無不治。」是成無「爲無爲」三字。「爲無爲」，即二章「處無爲之事」，猶言行無爲之道也，此三字係總結上文「不尙賢……不貴難得之貨……不見可欲」三事而言，亦本章要意所在也。乃馬氏疑此三字爲注文而誤入經文，可謂昧於《老子》者矣。

**朱謙之曰**：據羅氏《西陲秘籍叢殘》校敦煌本，「敢」下有「不」字，羅〈考異〉中失校。又遂州碑本亦作「不敢不爲也」。强思齊引成玄英〈疏〉：「前既捨有欲無欲，復恐無欲之人，滯於空見，以無欲爲道；而言不敢不爲者，即遣無欲也。恐執此不爲，故繼以不敢也。」是成〈疏〉本亦作「不敢不爲」。「不敢」「不爲」乃二事，與前文「無知、無欲」相對而言，「不敢」斷句。老子原意謂常使一般人民無知、無欲；常使少數知者不敢、不爲；如是則清靜自化，而无不治。

**高　亨曰**：疑本作「常使民无知无欲无爲，則无不治」，謂使民无知无欲且无爲，則國无不治矣。「使夫智者不敢爲也」一句，蓋「弱其志」下後人注語竄入經文耳。「无爲」上一「爲」字，涉下文而衍。

**高　明曰**：與今本勘校，乙本後一句作「使夫知不敢，弗爲也，則无不治矣」，與敦煌甲、遂州二本經義相近，而異於其它今本。……古籍多不標句，「不敢、不爲」如連讀，則同前文「恆使民无知无欲」意不相屬。後人不解其義，故刪「不」字，改作「使夫知者不敢爲也」，文字雖通，但與《老子》經義相背。

**案**：帛書二本「不敢爲」作「不敢弗爲」。竊謂此文當作「不敢、不爲」（帛書「不」作「弗」，不、弗古通），朱謙之謂「不敢」「不爲」與前文「無知」「無欲」對舉，又謂「常使一般人民無知、無欲；常使少數知者不敢、不爲，如是則清靜自化，而无不治」，其說甚是。帛書作「不敢、弗爲」，想爾索洞本、次解本及龍興觀碑本同，皆其明證。許抗生曰：「如按乙本『使夫知不敢弗爲而已』來看，則與上下文義不合，也與老子的『无爲』這一根本思想衝突。」周次吉曰：「帛書『不敢弗爲』不可解，意謂抄寫者誤耳。」皆誤讀此文，未能於「不敢」下句逗，故有此說也。

**案**：「不敢不爲」誤作「不敢爲」，爲時甚早。今傳河上本、王弼本皆作「不敢爲」，則東漢時已如此矣；河上本及王本非但誤作「不敢爲」，其下又多「爲无爲」三字，與古本相差甚遠。馬疑「爲无爲」三字乃王〈注〉羼入經文者；然，河上本已有此三字，非王本如此而已矣！河上、王弼「不敢爲，爲无爲」本影響甚大，魏、晉以後各本，率從此而來；觀蔣錫昌《校詁》著錄，「敢」下有「不」字者僅景龍本；無「爲无爲」三字者僅碑本、敦煌本，即可知其影響之鉅矣。朱謙之考證成〈疏〉本作「不敢不爲」，蓋唐注本中之最可貴者。易州碑本作「使知者不敢爲，則无不治」，雖奪「不」字，猶無「爲无爲」三字，則唐本之次者也。今賴帛書，得窺各本之優劣與流變耳。

# 四　章

**久不盈。**

**嚴可均曰**：各本作「或不盈」。

**羅振玉曰**：景龍本作「久」，敦煌本「又」乃「久」之譌。

**俞　樾曰**：唐景龍碑作「久不盈」；久而不盈，所以爲盅，殊勝今本。河上公〈注〉曰：「或，常也。」訓或爲常，古無此義。疑河上本正作「久」也。

**易順鼎曰**：俞樾據唐景龍碑作「久不盈」，非也。作「久」，乃「又」之誤。古「或」字通作「有」，「有」字通作「又」，三字義本相同。斷無作「久」之理。《淮南》〈道應訓〉引《老子》曰：「道沖而用之，又弗盈也。」《文子》〈微明篇〉亦曰：「道沖而用之，又不滿也。」此皆作「又」之證。又《御覽》三二二引《墨子》曰：「善持勝者以強爲弱，故《老子》曰：『道沖而用之，有弗盈』也。」是古本一作「有弗盈」矣。

**高　明曰**：經之本誼當作「又弗盈」，作「或不盈」者，後人所改。

**案**：帛書乙本作「有弗與」，與《墨子》引者合；此古本也。西漢之季，乃作「又弗盈」，《文子》及《淮南子》皆出自此本。河上本系統皆作「或」，王本系統同；考嚴遵〈指歸〉曰：「……沖和之用，而不盈滿者也。中者所用，在於和也。或者，不敢建言其道也。」是嚴本亦作「或不盈」，與河上本合。《後漢書》〈劉祐傳〉〈注〉、〈黃憲傳〉〈注〉及《御覽》六五九引皆作「或不盈」，與王本皆出自此系統。竊疑古本或作「有」，或作「或」；其後「有」易作「又」，乃譌爲「久」矣。

## 挫其銳，解其忿；和其光，同其塵。

**畢沅曰**：紛，顧歡作「忿」，唐易州石刻本亦作「忿」。陸德明曰：「河上作芬。」《淮南子》〈道應訓〉引亦作「紛」。

**俞樾曰**：「芬」字無義。此句亦見五十六章，河上公於此注云：「紛，結恨也。」於彼注云：「紛，結恨不休。」則河上本「芬」字讀爲「忿」。王弼本五十六章作「解其分」、〈注〉云：「除爭原也。」則亦讀爲「忿」矣。顧歡本正作「忿」，乃其本字，芬、紛並叚字耳。

**馬敘倫曰**：此文「挫其銳」四句，乃五十六章錯簡，而校者有增無刪，遂復出也。

**張舜徽曰**：譚獻、馬敘倫並謂此爲複出衍文，而其實不然也。帛書甲、乙本並有此四句，知原文如此。古人闡明一理，數語不嫌重見。故文句相同者常前後疊出。周、秦故書，大抵然矣，不必疑也。

**案**：帛書甲本「忿」作「紛」，乙本作「芬」。竊疑古本此文有二源流，一作「紛」，一作「芬」。《文子》〈下德〉及《淮南子》〈道應〉並引作「紛」，即出自前一源流；嚴遵〈指歸〉曰：「有志而無銳，有心而無思。」島邦男以爲嚴本作「銳」「紛」，則嚴本亦自出此源流矣。陸德明《音義》出「解其紛」，云：「河上云：『芬。』」（今河上作「紛」，蓋後人所改），與帛書乙本合，此當是另一源流耳。

**二案**：河上本作「芬」，〈注〉曰：「結恨也。」王弼本作「分」（五十六章），〈注〉曰：「除爭原也。」並讀「芬」、「分」爲「忿」，於是，後之學者乃易「芬」作「忿」，還其本字，而「芬」之古本卒不絕如縷矣。《莊子》〈天下〉載老聃語曰：「堅則毀矣，銳則挫矣。」恐與本文有關。

**三案**：馬謂此四句爲五十六章錯簡，陳鼓應、王垶及楊丙安從之。蔣《校詁》曰：「馬氏不明《老子》文體，每遇此類複文，不謂複出，即謂錯簡，擅將前後經文任意移削。」帛書咸有此四句，則古本自是如此。

## 吾不知誰子？象帝之先。

**嚴可均曰**：「誰子」，河上、王弼作「誰之子」。

**焦　竑曰**：「誰之子」，陳碧虛司馬本無「之」字。

**羅振玉曰**：景龍、御〈注〉、敦煌本均無上「之」字。

**蔣錫昌曰**：王本「知」下有「其」字，二十五章王〈注〉：「不知其誰之子。」係引此文，可證。

**朱謙之曰**：室町本「誰」上有「其」字，下有「之」字。

**案**：帛書甲本作「吾不知誰子也」，乙本作「吾不知其誰之子也」。諸河上本系統如天文鈔本、近衛公爵舊鈔本、景福碑本及敦煌S.477「知」下咸有「其」字，王本、范本及道藏御〈注〉本亦有此字；蓋皆承帛書乙本之源流也。其無此字者，如想爾本系統及傅本等，則承帛書甲本之緒也。

**二案**：「誰子」，帛書甲本同，乙本作「誰之子」。諸河上本、王本系統及道藏御〈注〉本皆有「之」字，與乙本合；想爾本系統獨無此字，與甲本合。帛書二本相異處影響於後世者，涇渭分明，於此二處可以概見，而後知各本文字歧異者，恐皆非空穴來風，當有源頭可追覓也。

# 五章

**虛而不屈，**

**嚴可均曰：**王弼、顧歡作「不掘」。

**畢　沅曰：**陸德明曰：「顧歡作裾。」

**羅振玉曰：**今本王作「屈」，與景龍、御〈注〉、景福三本同，《釋文》出「掘」字，知王本作「掘」。

**古　棣曰：**屈訓竭，王弼〈注〉：「故虛而不得窮屈。」窮屈，亦即窮竭。本字當是「屈」字，詘、掘、淈，皆同音假借字。

**案：**帛書「淈」並作「淈」；淈，借爲屈也。《荀子》〈宥坐〉「其洸洸乎不淈盡」楊〈注〉曰：「淈，讀爲屈，竭也。」即其證。王本作「掘」（今本王作「屈」，蓋後人所改，從羅說），顧本作「裾」，傅本作「詘」；拙、裾、詘，亦並「屈」借字也。

**多言數窮，**

**焦　竑曰**：龍興碑作「多聞數窮」。

**畢　沅曰**：諸本並作「多言數窮」。

**馬敍倫曰**：《淮南》〈道應訓〉引此二句作「多言」，《文子》〈道原篇〉引作「多聞」。

**蔣錫昌曰**：強本成〈疏〉：「多聞，博贍也。」是成作「多聞」。二十三章：「希言自然。」四十三章：「不言之教。」多言，爲「希言」或「不言」之反；老子自作「多言」，不作「多聞」或「言多」也。

**盧育三曰**：諸本多如王本作「多言」。作「多言」是，「多聞」不當數窮。

**黃　釗曰**：老子提倡「無爲」，既反對「多言」，亦反對「多聞」。

**高　明曰**：諭之古籍，《文子》〈道原篇〉引作「多聞數窮」，《淮南子》〈道應篇〉引作「多言數窮」。「多聞」與「多言」義甚別，舊注各執己見，解說不一。今從帛書甲、乙本觀察，作「多聞數窮」者是。

**案**：古本此文當有二源流，一作「多聞」，一作「多言」。《文子》用作「多聞」，想爾〈注〉本、索洞本及次解本同，皆屬此源流耳。《淮南子》引作「多言」，嚴遵〈指歸〉曰：「天地不言……言出則患入。」則嚴本亦作「多言」；其爲另一源流明矣。自王弼以下，作「多言」者多，存「多聞」者少；帛書二本均作「多聞」，彌足珍貴。

二案：甲骨文及金文有「聞」字，董彥堂先生曰：「『聞』原爲報告奏事之專字。……爲報告跽而以手掩口之狀……掩口者恐口液噴出侮慢尊長所以示敬也。」（見《殷曆譜》下編卷三）據此，「聞」之本義爲報告奏事，有「言」之意義在。《詩》〈大雅〉〈卷阿〉「令聞令望」《釋文》曰：「聞，本亦作問。」是聞、問古通也。問，猶言；《易》〈益卦〉「勿問之矣」崔〈注〉曰：「問，猶言也。」即其證。據此，則故籍中「聞」「言」亦可通也。蔣、盧及黃三家皆非「多聞」，蓋未審耳。

# 六　章

## 谷神不死，

**畢　沅曰**：陸德明曰：「谷，河上本作『浴』。」後漢陳相邊韶建老子碑銘引亦作「浴」。

**徐　鼒曰**：洪适《隸釋》載《老子銘》云：「或有浴神不死。」是則古本自作「浴」也。

**案**：帛書二本「谷」均作「浴」。後漢陳相邊韶建老子碑銘、陸德明《釋文》所見河上本及《隸釋》所載者皆作「浴」，與眾本不同；今賴帛書，可知作「浴」者來源甚古。

## 綿綿若存，用之不勤。

**高　亨曰**：《淮南子》〈原道訓〉曰：「旋縣而不可究，纖微而不可勤。」高〈注〉曰：「勤，盡也。」是勤有盡義，於古有徵。此云「用之不勤」，正謂用之不盡矣。

**于省吾曰**：舊多讀「勤」如字，洪頤煊讀爲「廑」，訓爲弱少。用之弱少，不辭甚矣。勤，應讀作「覲」，金文「勤」「覲」並作「堇」；覲，見也。用之不覲，言用之不見也。

案：帛書「勤」並作「堇」，與金文「勤」作「堇」相合。舊訓「勤」爲「勞」、爲「病」，洪頤煊又訓爲「弱少」，義皆不安。高、于推陳出新，前者據《淮南》高〈注〉訓爲「盡」，後者據金文「勤」「覲」相通訓爲「見」，義皆頗佳。十四章曰：「繩繩不可名，復歸於无（物），是謂无狀之狀，无物之象，是謂忽恍，迎不見其首，隨不見其後。」老子蓋謂道之爲物，忽恍若有若无，迎首隨後，皆不可見；此于氏訓「勤」爲「見」之依據也。三十五章曰：「視不足見，聽不足聞，用不可既。」舊訓「既」爲「盡」，蓋是；與本文「用之不勤」相符，高訓「勤」爲「盡」，義亦可通也。

# 七 章

**故能長久。**

**嚴可均曰：**王氏《萃編》引邢州本與此同，易州石柱及河上、王弼作「長生」，非也。

**蔣錫昌曰：**強本成〈疏〉：「故能長久。」是成作「久」。

**朱謙之曰：**敦煌本與晉紀瞻《易太極論》引均作「長久」。此「久」字蓋叚借爲「有」，與前二「久」字稍別。《列子》〈天瑞篇〉「精神者，天之久；道進乎本不久」〈注〉：「當作有。」故能長久，即言故能長有也。

**島邦男曰：**河〈注〉曰：「以其不求生，故能長生不終也。」則河本作「長生」。漢晉經文作「長久」，而至於河上本始作「長生」。

**案**：帛書「長久」皆作「長生」。若自帛書觀之，當以「長生」爲古；嚴本雖無可考，河上本、王弼本皆作「長生」，可知漢晉各本皆承帛書之緒。其後傅本、范本，乃至於《文選》〈思玄賦〉〈注〉、《御覽》六五九引皆出自此本，可謂綿延流長。其作「長久」者，蓋始於想爾〈注〉乎？《晉書》〈紀瞻傳〉引作「長久」，蓋同一源流也。

**以其无私，故能成其私。**

**嚴可均曰：**《釋文》引河上與此同。御〈注〉、王弼「以」上有「非」字。傳本前句作「不以其無私耶」，**馬敘倫曰：**蹯本「不以」作「非以」。

**案：**帛書「以其无私」並作「不以其无私與」。《淮南子》〈道應〉引作「非以其無私邪」；非、不義同；邪、與，並語助辭。蓋古本此文作「不以其无私與」，或作「非以其无私邪」也。諸本之中，惟想爾本系統最簡省，作「以其无尸，故能成其尸」，蓋後人刪省之也。「私」作「尸」，饒宗頤謂此乃「想爾〈注〉異文異解，以樹新義」耳。《釋文》曰：「河上直云：『以其無私。』」是河上本至唐時亦有刪省者。

# 八　章

**水善利萬物，又不爭。**

**嚴可均曰**：「又不」，河上、王弼作「而不」。

**朱謙之曰**：「又不爭」，敦煌、遂州、御〈注〉、樓正、司馬光、曹道沖、強思齊、李榮、室町本皆如此。傅、范本作「而不爭」，與王本同。

**周次吉曰**：「而不爭」甲本作「而有靜」，乙本作「而有爭」。兩本都誤。蓋老子言水之德者，恒靜以處下，「爭」蓋「靜」之聲母通借字；不然，「有爭」特非老氏之恉也。本章其下云「居善地，心善淵」云云，正言其靜也。

**劉殿爵曰**：「不爭」作「有（又）爭」，帛書的編者都把「有」字看作「不」字之誤。這是因爲習慣了今本以「爭」字爲句，所以很自然地以爲帛書本也是以「爭」字爲句……。帛書本是一氣讀至「惡」字然後斷句的，意思是「水不但善利萬物，而且又爭居衆人所惡之處」。帛書本與今本所說的道理微有不同。今本只是說水不爭而不爭的表現就是「處衆人之所惡」；帛書本則以爲水是積極「爭居衆人之所惡」。兩相比較，帛書所說似乎更爲深刻一些。

案：帛書「又不爭」咸作「而有爭」（甲本「爭」作「靜」；靜，借爲爭）；有，又也。疑古本自作「而又」（即「而有」），其後一本存「而」字，如河上、王弼及古本諸系統是也；一本存「又」字，如想爾本系統及此本等。

二案：「不爭」乃本書習辭，二十二章：「夫惟不爭，故天下莫能與之爭。」（《淮南子》〈原道〉：「以其無爭於萬物也，故莫能與之爭。」無爭，即「不爭」也）六十六章：「以其不爭，故天下莫與之爭。」六十八章：「善勝敵者不爭……是謂不爭之德。」七十三章：「天之道，不爭而善勝。」皆其比。嚴遵〈指歸〉曰：「……受辱如地，含垢如海，言順人心，身在人後。」所謂「身在人後」，即「不爭」也；是漢古本有作「不爭」者。帛書無「不」字，蓋奪。周次吉據帛書爲說，立論雖佳，終非老意。章末云：「夫唯不爭，故无尤。」彼文「不爭」，與此文「不爭」前後相應耳。劉殿爵據帛書重新斷句，可備一說。

## 處衆人之所惡，故幾於道。

案：帛書二本「處」咸作「居」，今所見想爾、王弼、河上及御〈注〉諸本各系統皆作「處」，惟傅本及范本作「居」，與帛書合；傅、范本之可貴，於此可見矣。陸德明《釋文》所見一本作「居」，猶存古本之眞耳。

**居善地，心善淵，與善人，言善信，**

**嚴可均曰**：「善人」，各本作「善仁」，古字通。

**嚴靈峯曰**：此「善」字七句，考與全書文例不合；蓋老子文，凡對偶三字句，多係偶數，殊少奇數。且老氏思想，不重「仁」字，如第五章：「天地不仁……聖人不仁。」十八章……三十八章……。故「與善仁」句，疑係錯簡複出，當刪。

**古　棣曰**：老子「絕仁棄義」，反對「上仁」，故老子故書應爲「與善人」。「與」即與人相與，和人交往的意思；即善於和人相處，也包含相愛之義。

帛書乙本「與善人」作「予善天」，**黃釗曰**：「予善天」，意爲施與善於仿傚天道，一視同仁，平均對待。在老子看來，「天」是善於給予的，第七十六章所謂「天之道，其猶張弓也……天之道，損有餘而補不足。」這正是天之「善予」的表現。可見「予善天」正合老旨，如作「予善仁」，則與老子思想不合。

**案**：此數句老子皆以水爲喻，觀河上各句下之注文即知。「與善仁」，謂當如水利潤萬物，有施與之仁德也；河上〈注〉曰：「萬物得水以生，與虛，而不與盈也。」常其說甚塙。八十一章：「聖人不積，既以爲人，己愈多；既以與人，己愈有。」常爲人、與人，如水有利潤萬物之仁也；與此同義耳。諸家不知此乃水德之比喻，皆自道德之層次讀之，卒生歧說。

二案：帛書乙本作「予善天」，黃立爲新說，可參。甲本無「善人言」三字，「與善人，立善信」作「予善信」，嚴謂「凡對偶三字句，多係偶數」云云，或可考慮。

# 九章

## 持而盈之，不若其以。

**陳碧虛曰**：嚴君平作「殖而盈之」，謂積其財寶也。

**嚴可均曰**：「不若其以」，各本作「不如其已」，古字通。

**馬敘倫曰**：《淮南》〈道應訓〉及《後漢書》〈折象傳〉〈注〉、〈申屠剛傳〉〈注〉、〈蔡邕傳〉〈注〉引並同此。申屠剛〈對策〉曰：「持滿之戒，老氏所愼。」則剛所見本亦作「持」，惟「盈」字作「滿」。持，借爲庤，《說文》曰：「庤，儲置屋下也。」

**朱謙之曰**：持滿，即「持盈」也。《史記》〈樂書〉：「滿而不損則溢、盈而不持則傾。」此作「持而盈之」，於義爲優。《荀子》〈宥坐篇〉：「孔子喟然而歎曰：吁！惡有滿而不覆者哉！」此即懼其盈之易溢，不若其已也。

**張舜徽曰**：帛書均作「揗而盈之」，「揗」蓋「殖」之形譌，嚴君平作「殖」，是已。

**案**：帛書「持」並作「植」；植，古與「殖」通。《淮南子》〈俶眞〉：「萬物蕃殖。」〈主術〉：「五穀蕃植。」蕃植，即蕃殖也。陳碧虛謂嚴本作「殖而盛之」，與帛書相符，此西漢古本也。《管子》〈白心〉、《文子》〈微明〉及《淮南子》〈道應〉用老子語作「持而盈之」，此西漢另一古本也。持盈，蓋古成語，蔣錫昌《校詁》曾引〈越語〉、《史記》〈楚世家〉及《詩》〈鳧鷖〉〈序〉爲證，其說甚是。考《國語》〈吳語〉：「用能援持盈以沒。」〈越語〉下：「夫國家之事，有持盈、有定傾、有節事。」（韋〈解〉：「持，守也；盈，滿也。」）亦「持盈」連語之例。「持盈」既爲古成語，老子用之，與前章「天長地久」同，蓋甚有可能。其後作「持」者流行，作「殖」（或「植」）者僅存嚴本而已；若非帛書出土，幾不識嚴本之古舊。

## 揣而銳之，不可長保。

**嚴可均曰**：「而銳」，王弼作「而梲」。

傅本「銳」作「梲」，**易順鼎曰**：梲，當從河上本作「銳」，《說文》：「梲，木杖也。」梲既爲木杖，不得云「揣而梲之」。《文子》〈微明篇〉、《淮南》〈道應訓〉作「銳」，並同。

**蔣錫昌曰**：王弼古本當作「銳」，不作「挩」也。四章：「挫其銳。」五十六章：「挫其銳。」與此「銳」字文誼並同。

**古　棣曰**：帛書乙本作「⿰扌短」⿰扌短；當讀「短」，爲「段」、「揣」的古異體字。「揣而銳之」，即鍛打鐵製之尖狀器，使之銳利；如作「捝」，則於義不通。老子故書當作「銳」。

**案**：帛書乙本「銳」作「允」，「允」當爲「兌」之譌（允、兌形近，兌古文作兊）；兌、銳古通。《史記》〈天官書〉曰：「隨北端兌。」《漢書》〈天文志〉「兌」作「銳」，即其證。易謂此文當作「銳」，古謂故書當作「銳」，說皆可從。《莊子》〈天下〉引老聃語：「堅則毀矣，銳則挫矣。」字正作「銳」，《文子》及《淮南子》引此，字亦作「銳」。「銳」乃本書習字，蔣錫昌已言之。諸本或作「梲」、「捝」及「悅」，皆不古。

## 金玉滿堂，莫之能守。

傅木及范本「堂」皆作「室」，**范應元曰**：室，嚴遵、楊孚、王弼同古本。

**馬敘倫曰**：各本及《後漢書》〈折象傳〉〈注〉引並作「堂」。「室」字是。「室」與「守」韻。

**朱謙之曰**：「堂」，《釋文》本或作「室」；作「室」義優。

**嚴靈峯曰**：「堂」應作「室」。《論語》〈先進篇〉云：「由也升堂矣，而未入於室也。」室在內，堂在外；此言金玉之守，自以作「室」爲長。

**高　明曰**：此經當從帛書甲本作「金玉盈室」；作「滿室」者，因避漢惠帝諱而改；因「盈」字改作「滿」，於是又改「滿室」爲「滿堂」。

**案**：堂，當作「室」。古時室在堂之後，堂前無壁，不可守金玉；嚴自房屋結構論此文當作「室」，其說極是。帛書咸作「室」，可證其說。作「堂」者，蓋始於河上公本；王本原亦作「室」，今作「堂」者，後人據河上本改之也。

## 功成、名遂、身退，天之道。

**嚴可均曰**：王弼作「功遂、身退」，傅奕作「成名、功遂、身退」，邢州本作「名成、功遂、身退」。

**羅振玉曰**：景龍、御〈注〉、景福三本均作「功成、名遂、身退」。傅本「功成、名遂」作「成名、功遂」，**馬敍倫曰**：牟子《理惑論》引一同此，一同王弼本。《漢書》〈疏廣傳〉：「廣謂受曰：『吾聞知足不辱，知止不殆。功遂身退，天之道。』」蓋本此文；則疏所據本同王本。陸德明謂「遂」本又作「成」，論王〈注〉曰：「四時更運，功成則移。」是王本作「成」也。《老子》古本蓋作「功成、身退，天之道」。

**蔣錫昌曰**：劉惟永引王本經文作「功成名遂身退」，是劉見王本與諸本同。強本成〈疏〉：「功成名遂者，謂退身隱行，行自然也。」則成亦作「功成名遂身退」。

**王叔岷先生曰**：敦煌景龍鈔本作「名成、功遂、身退」。《六帖》六十、《記纂淵海》五二、《事文類聚》〈前集〉三一、《合璧事類》〈前集〉四二、《杜工部草堂詩》〈箋〉

七引此並作「功成、名遂、身退」，與此石同。

**高　明曰**：帛書甲、乙本同作「功遂身退」，足證王本不誤。其它如作「功成名遂身退」、「成名功遂身退」或「名成功遂身退」者，皆由後人妄改。

**案**：「功成、名遂、身退」三句，各本及古注、類書徵引者，差異頗大；要而言之，可析分爲兩類：

首類爲二句者；此類之中，又可分爲二小類。第一小類作「功遂、身退」，《漢書》〈疏廣傳〉、牟子《理惑篇》所據者，蓋即此小類；第二小類作「功成、身退」，王輔嗣本所從出也（嚴可均謂王本作「功遂」，蓋誤；馬敍倫已言之）。

第二類爲三句者，此類之中，亦可析爲三小類。首小類作「成名、功遂、身退」，傅本及《理惑論》所據另一本者是也；第二小類作「名成、功遂、身退」，《文子》〈上德〉、想爾本系統及邢州本是也；第三小類作「功成、名遂、身退」，《淮南子》〈道應〉、河上公本、《後漢書》〈梁冀傳〉、〈李固傳〉及〈崔駰傳〉之〈注〉，皆本此小類；唐及唐以後各本及古注類書所依據者，大部分爲第三小類。

**二案**：竊疑古本此文有二源流；其一作「功遂、身退」，帛書二本即其祖本，而《漢書》〈疏廣傳〉、牟子《理惑論》、《論語》〈子罕〉及〈泰伯〉皇〈疏〉所據者，亦即此本也；其一作「名成、功遂、身退」，《文子》〈上德〉所據者即此本之祖本，其後想爾本系統所據者皆來自此本。前者爲二句本之祖，後者爲三句本之先；

其他各小類，率皆此二祖本之分歧也。二祖本之中，當以二句本爲古，其作三句者，僅據二句本添「名成」二字而已。十七章曰：「功成、事遂，百姓謂我自然。」或三句本之所依據耳。周次吉曰：「或於『功』上多加『成名』二字，甚無謂也，蓋『老子以自隱無名爲務』，安得復許人以『成名』乎？」其說或可參。

# 十章

## 載營魄抱一，能无離？

**孫詒讓曰**：《楚辭》〈遠遊〉云：「載營魄而登霞兮。」王〈注〉云：「抱我靈魂而上升也。」屈子似即用老子語。然則自先秦、西漢迄今，釋此書者咸無疑讀。惟《冊府元龜》載唐玄宗天寶五載詔云：「頃改《道德經》『載』字爲『哉』，乃隸屬上句。」玄宗所改爲「哉」者，即此「載」字；又改屬上章「天之道」爲句。載、哉古字通。玄宗此讀雖與古絕異，而審文校義，亦尚可通。

**蔣錫昌曰**：此章「營魄抱一……明白四達」，皆以四字爲句，不得此獨加一「載」字。《老子》他章亦無以「載」字起辭者。而五十三章「非道也哉」，與此辭例正同。均可證「哉」字當屬上讀。

**張松如曰**：帛書既於上章末句收以「也」字，《淮南子》〈道應訓〉所引亦然，似不應再綴以「哉」字。

**高　明曰**：今諭之帛書，乙本「天之道」下有「也」字，足證舊讀不誤。玄宗妄改經文，切不可信從。

**案**：本章「載」字，自唐玄宗改爲「哉」且屬上爲文後，從其說者極衆；除前文引孫詒讓外，早者有褚伯秀，晚者有馬敍倫、于省吾、蔣錫昌、楊柳橋、古棣及黃釗等諸家。說者所持之理約有下列數端：《楚辭》王〈注〉訓「載」爲「抱」。老子本文「載」若亦訓爲「抱」，云抱我靈魂，則與「抱一」義複，此其一。《淮南子》引上章「道」下有「也」字，今本皆缺此字；然則「載」當作「哉」，屬上爲文，是信而有徵也，此其二。上章十二句句末之「之」「已」「之」「保」「室」「守」「驕」「咎」「辱」「殆」「退」及「哉」十二字，以之、脂、幽、宵、侯五部協韻，明此章「載」（即「哉」）字當上屬爲文，此其三。五十三章曰：「非道也哉。」與上章末句語法相同，此其四。

**二案**：考河上〈注〉曰：「營魄，魂魄。人載魂魄之上……。」又曰：「言人能抱一，使不離於身……。」河上蓋讀「載」「抱」爲動詞，且「載」屬下爲句。想爾〈注〉曰：「身爲精車，精落故當載營之。神成氣來，載營人身，欲全此功，无離一。」蓋以「載營」「抱」爲動詞，「載」亦屬下讀。此皆漢人故讀故訓也。《淮南子》引作「載營魄抱一」，「載」屬下爲句，可證漢人故讀本如此矣。

**三案**：帛書乙本作「戴營魄抱一」，戴、載古通，帛書原文雖無標點，本句與上章末句連屬爲文，然自《淮南子》引文考之，帛書亦當以「戴」爲句首，蓋西漢故讀如此也。蔣引五十三章句例，謂「載」當屬上讀；然本書以「也」字爲句末者更多，何必拘拘於「也哉」之句例乎？

## 專氣致柔，能嬰兒？

傅本「能」下有「如」字，**俞樾曰**：河上公及王弼本無「如」字，於文義未足。

**劉師培曰**：「能」下當有「如」字，是也。

**馬敘倫曰**：宋河上無「如」字，論河上〈注〉曰：「能如嬰兒，內無思慮，外無政事。」則河上本有「如」字。讀者以取上下文齊一妄刪，而校者復據改王本。

**奚　侗曰**：傅奕本「能」下有「如」字，乃增字以足其誼耳。

**蔣錫昌曰**：劉惟永《道德眞經集義》引王本經文云：「專氣致柔，能如嬰兒乎？」是王本有「如」字。王〈注〉：「能若嬰兒之無所欲乎？」若，即「如」也；證以王〈注〉，則王本當有「如」字。顧本成〈疏〉：「故如嬰兒之無欲也。」是成亦有「如」字。

**嚴靈峯曰**：〈節解〉曰：「大道流布，若嬰兒也。」唐張君相〈集解〉引張曰：「……故曰能如嬰兒。」是古本有「如」字之證。二十章云：「……如嬰兒之未孩。」四十九章「聖人皆孩之」句王〈注〉云：「皆使和而無欲，如嬰兒也。」以此例彼，亦當有「如」字。

**古　棣曰**：按語法，此「如」字不能省。〈庚桑楚〉「能兒子乎」不能爲據，它有兩種可能：一是誤脫「如」字，一是記錄的老子口語。說話急促了，「如」字不出聲。

案：帛書「致」並作「至」。《淮南子》〈道應〉引亦作「至」；作「至」者當是故書。

二案：《淮南子》引本書曰：「能如嬰兒乎？」蓋淮南所據者有「如」字。馬、蔣從注文，嚴從文例，古從語法；諸家皆從不同角度考訂本文當有「如」字。島邦男曰：「《淮南子》、王本、河本並有『如』，或『若』字，恐係想爾刪減。」說同。然帛書及想爾本系統皆無此字；《莊子》載老子語「能兒子乎」，當是老子最初言語之狀態，亦無此字。蓋《老子》祖本自有此源流，不可輕非也。

## 愛人治國，能无為？

**羅振玉曰**：「國」下敦煌丙本作「而無知」，景龍、御〈注〉、英倫三本均作「能無爲」。

**王　卡曰**：影宋本及各本「能無爲」句原作「能無知」，惟道藏本與劉本作「能無爲」。作「能無爲」是。若作「能無知」，則與後文「明白四達能無知」句重複。且河上〈注〉稱「無令耳聞」、「無令下知」，「無令」即「無爲」之意。

**古　棣曰**：河上公古本、景龍碑作「無爲」。作「無爲」雖於義亦通，但審上下文則作「無以智」於義爲長，且有帛書、傅奕本等古本爲據。

**案**：帛書二本「爲」並作「知」，想爾本、王本及古本諸系統同。《文選》〈魏都賦〉

及〈爲石仲容與孫皓書〉李〈注〉引亦均作「知」。疑本文自作「知」，古說是；老子行文樸質古拙，未必避重複也。

## 天門開闔，能為雌？

**范應元曰：**河上公並蘇註皆作「爲雌」；一本或作「无雌」，恐非經義。

**嚴可均曰：**能爲雌，河上作「無雌」。

**俞　樾曰：**「天門開闔能無雌」，義不可通，蓋涉上下文諸句而誤。王弼〈注〉云：「言天門開闔，能爲雌乎？」是王弼本正作「能爲雌」也。河上公〈注〉云：「治身當如雌牝，安靜柔弱。」是亦不作「無雌」，故知「無」字乃傳寫之誤。

**案：**范、俞並謂河上本「无雌」當從傳本作「爲雌」，其說是。十六章曰：「致虛極，守靜篤。」所謂「守靜篤」，即「爲雌」之義。《文子》〈道原〉曰：「退讓守柔，爲天下雌。」亦以「爲雌」屬詞。帛書乙本、想爾本及王弼本等諸系統皆作「爲雌」，即其明證。

## 生之畜之，生而不有，為而不恃，長而不宰，是謂玄德。

**馬敍倫曰：**自「生之」以上，皆五十一章之文。

**古　棣曰：**此五句顯然與上文不相屬，且到「能無知乎」意義已定，無須蛇足。帛書亦有此五句，錯簡當在先秦或秦漢之際。

**高　明曰**：與今本勘校，乙本共四句，王本共五句，多出「爲而不恃」一句。類似之排列句，在《老子》書中還有三處……。通過以上勘校，則知《老子》經文中只有第二章與第五十一章有「爲而不恃」一句，今本其它章多爲後人增入。

**案**：馬敍倫謂此五句乃第五十一章之錯簡，陳鼓應、古棣及王垶等諸家皆從之。五十一章「生而不有，爲而不恃，長而不宰」三句，與此相同。帛書乙本有「生而不有，長而不宰」二句，無「爲而不恃」一句；甲本雖漫漶損缺，然以字數度之，亦無「爲而不恃」一句四字。若本章此三句乃五十一章之錯簡，則帛書於理當同時有此三句十二字；今帛書咸無「爲而不恃」四字，可證帛書此三句非過錄自五十一章矣。竊疑古本此文僅「生而不有，長而不宰」二句，無「爲而不恃」四字。《文子》〈道原〉曰：「生物而不有，成化而不宰。」用老子此文，獨無「爲而不恃」一句。《淮南子》〈原道〉曰：「生萬物而不有，成化像而弗宰。」用此文亦獨無「爲而不恃」一句。皆其明證。今賴帛書，得與《文子》及《淮南子》相互印證，始知此文之舊貌矣。今本皆有此一句者，乃後人據五十一章增入耳。

# 十一章

**三十輻共一轂，當有无，有車之用。**

**朱謙之曰**：景龍作「三十」，敦煌、廣明作「卅」。又室町本亦作「卅」。輻，疑本或作「輹」。《易》〈小畜〉「輿，脫輻」，《釋文》：「輻，本作輹。」《說文》引作「輹」。

**楊丙安曰**：此句與以下兩句，其意蓋重在明「无」之爲用，故其結語云：「有之以爲利，无之以爲用。」故「當其无」之「无」，當指空處；而「有車之用」之「有」，則指有无之「有」，而非指實體。

**案**：「當其无有車之用」斷句頗參差，今以魏源、蔣錫昌及楊丙安等爲據。帛書二本「二十」咸作「卅」；想爾〈注〉本、索洞本、敦煌、廣明及室町本並作「卅」，蓋據古本也。輻，帛書乙本作「楅」，《說文》曰：「楅，以木有所畐束也。」作「楅」字無義，蓋借爲「輻」也。《說文》：「輻，輪轑也。轑，一曰輻也。」段〈注〉曰：「輻三十湊轂，亦如椽然，故亦得轑名。」朱謙之據《釋文》引《易》

「輻」本作「輹」，疑老子此文或作「輹」；輹，《說文》：「車軸縛也。」段〈注〉曰：「謂以革若絲之類，纏束於軸以固軸也。縛者，束也。」是知「輹」乃附加車軸上之革，與車本身無必然關係，更無「三十」之需矣。帛書作「楅」，借爲「輻」，可證本不作「輹」，朱疑不可從。

**二案**：帛書「共」作「同」，義同。古棣曰：「共，借爲拱。即『譬如北辰，居其所而眾星共之』之『共』。」未可必也。

## 埏埴以為器，當其无，有器之用。

**羅振玉曰**：今本作「埏」，《釋文》出「挻」字，知王本作「挻」。景龍本、敦煌丙本作「埏」。

**朱謙之曰**：埏、挻義通，不必改字。《說文》：「埏，長也。」《字林》：「挻，柔也，今字作揉。」朱駿聲曰：「凡柔和之物，引之使長，持之使短，可折可合，可方可圓謂之挻。」由上知「挻」有揉挻之義，惟經文自作「埏」。《荀子》〈性惡篇〉：「陶人埏埴以爲器。」又云：「陶人埏埴而生瓦。」〈注〉：「埏，音羶，擊也；埴，黏土也。」文誼均與老子同，當從之。

**王　垶曰**：甲本作「然」，《說文》：「然，燒也。」俗作燃。我以爲甲本是對的，這個字應該作「然」，因爲成形後必須經過火燒才能「器之用也」……「埴」只有經過「然」

才能成爲「器」。乙本作「㸐」，雖誤，但也證明這個字義是火燒土。

**案**：帛書乙本「埏」作「㸐」，字書無「㸐」字。甲本作「然」。竊疑帛書然、㸐，皆借爲「撚」，《説文》曰：「撚，一曰：揉也。」（「揉」本作「蹂」），《通訓定聲》云：「當作煣也。煣，即今揉字。」今從朱説改）《一切經音義》十四：「手捏曰撚。」帛書作「撚埴」，今本作「挻埴」（或「埏埴」），並同義。王垶謂當以甲本作「然」爲是，並謂「因爲成形後必須經過火燒才能『器之用也』」，其説似有理，然恐不必如此考慮耳。《荀子》曰：「陶人埏埴以爲器。」「陶人埏埴而生瓦。」器與瓦亦需火燒後始能用，然則荀子字何不作「然」乎？是知然、㸐皆借爲撚耳。

## 鑿戶牖以為室，當其无，有室之用。

**古　棣曰**：帛書甲本、乙本無「以爲室」三字。「鑿戶牖以爲室」與上文「埏埴以爲器」相應爲文，整齊一律；無「以爲室」三字則句子不完整，可見帛書是抄漏了。

**案**：「鑿户牖」，謂鑿户牖以爲室也，故河上〈注〉曰：「謂作屋室。」若正文本作「鑿户牖以爲室」，則河上無煩添注矣！帛書本不可輕非。

# 十二章

## 五色令人目盲；

**周次吉曰**：「令」兩本並作「使」。……帛書作「使」字，當不爲無因也。若三章「使民不爭……使民不爲盜……」、七十四章「若使民恒畏民」、八十章「使民有十百之器……使民重死」句法一律，當據以爲「使」者，審矣。……然則帛書是也。

**案**：帛書二本「令」並作「使」；下文諸「令」字同。《莊子》〈天地〉曰：「五色亂目，使目不明；五聲辭耳，使耳不聰；五臭薰鼻，困惾中顙；五味濁口，使口厲爽；趣舍滑心，使性飛揚。」《淮南子》〈精神〉曰：「五色亂目，使目不明；五色譁耳，使耳不聰；五味亂口，使口爽傷；趣舍滑心，使行飛揚。」與《老子》本章有關，諸「令」字皆作「使」，與帛書合。《呂覽》〈本生〉高〈注〉引《老子》曰：「五聲亂耳，使耳不聽；五色亂目，使目不明；五味實口，使口爽傷。」是東漢末年本文諸「令」字猶有作「使」者，與帛書遙遙相應。

**五音令人耳聾；五味令人口爽；**

**案**：帛書二本兩「人」下皆有「之」字。帛書二本「五味」句皆在「五音」句之前，「五味」及「五音」又並在「令人行妨」之下，次第與今本大異。《左傳》昭公二十五年〈正義〉引作「五味令人口臭，五色令人目盲，五音令人耳聾」，用字及文次亦與今本有異耳。

# 十三章

## 寵辱若驚，貴大患若身。

**高　亨曰**：「貴大患若身」義不可通。疑原作「大患有身」，「貴」字涉下文而衍。王弼〈注〉：「故曰大患若身也。」是王本原無「貴」字。河上公〈注〉：「貴，畏也。」是河上本原有「貴」字。今王本亦有「貴」字者，後人依河上本增之耳。有、若，篆形相近，且涉上句而譌。下文云：「吾所以有大患者，爲吾有身，及吾無身，吾有何患。」正申明此意。且「有身」二字前後正相應。下文「何謂貴大患若身」，誤與此同。

**嚴靈峯曰**：依王〈注〉當無「貴」字。釋僧肇曰：「『夫大患莫若於有身』，故滅身以歸無。」是肇所據本亦無「貴」字，下文正作「有身」。

**徐仁甫曰**：此章「若驚」、「若身」，「若」字皆當訓「有」。下文：「吾所以有大患者，爲吾有身。」「有身」即「若身」之複舉，是本文亦以「有」釋「若」也。

**案**：「貴大患若身」，高亨謂當作「大患有身」，嚴靈峯及古棣是其說。河上〈注〉曰：「貴，畏也；若，至也。畏大患至身，故皆驚。」河上訓「貴」爲「畏」，訓

「若」作「至」；謂畏大患之及於身也。此老子言寵、辱大患之可以爲害於人身也。下文云：「何謂貴大患若身？吾所以有大患，爲我有身。及我无身，吾有何患？」謂大患所以爲害於身，以我有身也；若我无身，必無所謂大患也。上文與下文爲兩層意思，一層深似一層。高、嚴並以下文「有身」證此文「若身」之誤，失之於武斷。嚴遵〈指歸〉曰：「貴大亡於身。」嚴本有「貴」字，訓「若」爲「於」（於，至於也），與河上合。王〈注〉曰：「大患，榮寵之屬也。生之厚必入死之地，故謂之大患也。人之迷於榮寵，返之於身。故曰『大患若身』也。」王輔嗣訓「若」爲「返之於」，與河上、嚴遵訓爲「至」，義甚相近；竊疑王本亦有「貴」字（河上：貴，畏也），否則「若」訓爲「至」、「返之於」，則「大患若身」句難通矣。帛書二本皆作「貴大患若身」，是知古本已如此矣。

**二案**：裴學海《古書虛字集釋》卷七訓「若」爲「以」；謂人所以畏大患，以其身也。此說雖可通，然與下文「吾所以有大患，爲我有身」義有重複。河上、嚴遵、王弼之說恐不可非。

## 何謂寵辱？辱為下。得之若驚，失之若驚，是謂寵辱若驚。

**嚴可均曰**：王弼、傅奕作「何謂寵辱若驚？寵爲下」。

**羅振玉曰**：河上、景龍、御〈注〉、景福、敦煌丙諸本均無「若驚」二字。景龍本「辱爲下」，景福本作「寵爲上，辱爲下」。

**俞　樾曰**：河上公本作「何謂寵辱？辱爲下」，〈注〉曰：「辱爲下賤。」疑兩本均有奪誤。當云：「何謂寵辱若驚？寵爲上，辱爲下。」河上公作〈注〉時，上句未奪，亦必有注，當與「辱爲下賤」對文成義，傳寫者失上句，遂並〈注〉失之。陳景元、李道純本均作「何謂寵辱若驚？寵爲上，辱爲下」，可據以訂諸本之誤。

**張舜徽曰**：王弼作「寵爲下」，乃原文也。河上本作「辱爲下」，乃由不解「寵爲下」之義而改「寵」爲「辱」。陳景元、李道純本均作「寵爲上，辱爲下」，以意分爲二事而上下之，尤無謂也。

**楊丙安**首三句作「何謂寵辱若驚？寵，爲下得之若驚」，曰：此處問題主要是在「寵爲下得之若驚」的句讀。據王〈注〉此句，有「爲下得寵辱榮患若驚」一句，可知此句當如上讀。但此句亦可如傅本讀如「寵爲下，得之若驚，失之若驚」。言「下」者，因寵榮皆自上來也。故此言：寵榮，在下位之人得到它，應懷有如若受到驚恐一樣的心理。

**高　明曰**：今依帛書甲、乙本證之，王、傅、范、開元諸本作「寵爲下」者，乃存《老子》之舊；作「辱爲下」或「寵爲上，辱爲下」者，皆由後人增改，均當據以刊正。

**案**：帛書二本並作「何謂寵辱若驚？寵之爲下也」；「寵辱若驚」四字承上文而來；「寵之爲下」，謂寵之爲下賤，與辱無差異也。蓋寵爲常人所欲得，辱爲常人所欲去；然，寵可召患於身，此常人之所未知也。故老子謂寵之爲下賤，亦與辱無差異也。二十章曰：「唯之與阿，相去幾何？善之與惡，相去何若？」唯與阿，善與惡，一併貶抑。六十二章曰：「善，人之寶；不善，人之所不保。美言可以市尊，美行可以加人；人之不善，何棄之有？」善與不善無異，美言、美行不必有。二十章及六十二章所言者，於哲理上及論述方式上與本章相同。河上本此節作「何謂寵辱？辱爲下」（陸德明《音義》曰：「河上本無『若驚』二字。」），「寵」作「辱」；辱之爲下，何煩老子多言乎？此淺人所改也。景龍、御〈注〉及敦煌丙諸本均出自河上，不可從。蔣錫昌《校詁》曰：「寵與辱皆若驚，則寵辱相等，而寵亦下矣；故下文云『寵爲下』。」所言甚塙。

**二案**：王弼本此節作「何謂寵辱若驚？寵爲下……」，與帛書本相距甚近，得古本之眞。想爾索洞本、次解本皆作「何謂寵辱？寵爲下……」，距帛書本漸遠，「寵」字猶未誤。其後，傅本、《文選》〈注〉引皆據此系統，蓋擇善而從之也。唐景福碑本此節作「何謂寵辱？寵爲上，辱爲下」，蓋揉合王本、河上本兩系統，又改「寵爲下」作「寵爲上」而爲之也，最不可取。宋陳景元本、元李道純本、金寇才質本及清潘靜觀本皆以景福本爲據；俞曲園《平議》且謂陳本、李本「可據以訂諸本之誤」（陳、李本有「若驚」二字），蓋皆未明老子本節文義，相率而誤也。古棣及黃釗等從俞說，亦未審耳。《世說》〈注〉引作「寵辱若驚？得之若驚，失之若驚」，無「寵爲下」三字，蓋節引也；馬敘倫據之而欲刪「寵爲下」三字，無乃矯枉過正乎？至於此處之句讀，自王弼創新說後，學者意見頗有分歧；今賴帛書，得知以「下」字句絕乃故讀也。

*　　*　　*　　*

**奚侗曰**：吳澂本無「是謂寵辱若驚」六字；以下文例之，似是。

**朱謙之曰**：林希逸亦無此六字。

**嚴靈峯曰**：林希逸本、吳澄本、明太祖本均無此六字，當從之。蓋上文問曰：「何謂寵辱若驚？」下文已答曰：「寵爲下，得之若驚，失之若驚。」若再加「是謂寵辱若驚」一句，則文複矣。

**案**：帛書二本皆與此本合；奚、嚴並謂「是謂寵辱若驚」一句不當有，不可從。蓋所據各本爲時皆甚晚，後人有刪節也。

## 故貴身於天下，若可託天下；愛以身為天下者，若可寄天下。

**嚴可均曰**：「故貴身於天下」，御〈注〉作「故貴以身爲天下」，與王弼同；河上作「故貴以身爲天下者」。

**案**：「故貴身於天下」當作「故貴以身於天下」，河上本、王本及傅本「貴」下皆有「以」字，《莊子》〈在宥〉及《文子》〈上仁〉用《老子》、《淮南子》〈道應〉引《老子》「貴」下亦皆有「以」字，皆其明證。帛書「以」皆作「爲」；爲，猶以也，亦有此字。

* * * *

河上本「託」「寄」二字互易，**陶方琦曰**：王〈注〉：「無以易其身，故曰貴也；如此，乃可以託天下也。無物可以損其身，故曰愛也；如此，乃可以寄天下也。」是王本亦上句作「託」，下句作「寄」。

**蔣錫昌曰**：陳碧虛云：「王弼本作『故貴以身爲天下者，則可以託天下矣；愛以身爲天下者，則可以寄天下矣』。」陶氏據王〈注〉謂王本上句作「託」，下句作「寄」，正與相合。是陳見王本，與傅、范二本同，蓋古王本如此。唐強思齊《道德眞經玄德纂疏》引河上本作「故貴以身爲天下，若可寄天下；愛以身爲天下，若可託天下」，與宋本、《道藏》本並異，而與今王本則相同。蓋強氏所引，乃古河上本；而今王本之文，則後人以古河上本改成者也。強本引成〈疏〉經文「故貴以身爲天下，若可寄天下；愛以身爲天下，若可託天下」，是成與今王本同，蓋亦古河上本。竊今本應從陳本改正，以復王弼古本之眞。

**朱謙之曰**：傅、范本作「故貴以身爲天下者，則可以託天下矣；愛以身爲天下者，則可以寄天下矣」，范注「古本」二字，陳碧虛引王弼本與傅、范同，當亦王之古本。各本大致與《莊子》文同，而以敦煌本爲優，當據校改。

**高　明曰**：今從帛書甲、乙本勘校，足證《老子》原本當上句作「託」，下句作「寄」，今本與之相反者，皆誤。……從《莊子》〈在宥〉、〈讓王〉、《淮南子》〈原道〉等古籍引述《老子》此語，皆「寄」字在上，「託」字在下，可見此一訛誤來源久矣，非帛書甲、乙本共同證之，此案難以訂正。

**案**：「託天下」、「寄天下」二句，根據諸本歸納，蓋有下述兩種源流：以「託」在先、「寄」在後者，計有帛書二本、《淮南子》引、想爾本、古王本、傅本及范本等；以「寄」在先、「託」在後者，有河上、御〈注〉、今王本及《永樂大典》所據者，《文子》所據者亦此源流也。其他各本之差異者，蔣錫昌《校詁》著錄甚詳，亦不外僅此二種而已。《文子》用老文，則「寄」在先、「託」在後，《莊子》、《淮南子》引、帛書二本並「託」在先、「寄」在後；則西漢或西漢以前，《老子》此節既已參差不一矣！生當今日，若無更早之資料，則此節之原始眞貌，似已無法論斷矣。蔣錫昌謂「應從陳氏改正」，其說雖翔實，亦僅及王弼古本而已。朱謙之謂「以敦煌本爲優，當據校改」，謹愼不若蔣氏。盧育三謂諸本「寄」先「託」後者，皆隨王本「誤倒」，則又不明古本之參差。其他各家於上述二源流或是前非後，或非前是後，皆執著耳。

* * * *

**劉師培曰**：《莊子》〈在宥篇〉云：「故貴以身爲天下，則可寄天下；愛以身爲天下，則可託天下。」《淮南子》〈道應訓〉云：「故老子曰：故貴以身爲天下，焉可寄天下；

愛以身爲天下，焉可託天下。」考老子之書，凡「乃」詞、「則」詞恆用「焉」字，王氏《雜誌》述之甚詳。故知此文古本亦作「焉」。「可」字、「則」字、「乃」字均後人訓釋之詞，校者用以代正字。

**馬敘倫曰：**「故貴以身爲天下者」之「爲」字，羅卷、易州作「於」，與《莊子》同，而《莊子》兼有「於爲」二字者，王念孫謂「於」即「爲」也。《莊子》本作「於天下」，後人依《老子》旁注「爲」字，而寫者因誤合之也。

**朱謙之曰：**於、爲互訓。《莊子》上文作「於天下」，下文「爲天下」，與碑本正相同。

**案：**「於天下」、「爲天下」，朱謂「於」、「爲」互訓（說本王念孫），其說甚是。《文子》用《老子》文曰：「貴以身治天下，可以寄天下；愛以身治天下，所以託天下。」「於」、「爲」皆作「治」，可爲朱說旁證。帛書二本下句作「爲天下」與此本相同；惟上句「於天下」，帛書皆作「于爲天下」，與《莊子》「故貴以身於爲天下」、「愛以身於爲天下」合。王念孫云：「《莊子》本作『故貴以身於天下，愛以身於天下』，於，猶爲也。後人依《老子》傍記『爲』字，而寫者因譌入正文。」王氏之說若可從，則老子此文上下句皆當作「爲天下」（《淮南子》引老子文即如此作）；帛書上句皆作「于爲天下」者，蓋鈔寫者據誤本《莊子》添一「于」字於「爲」字之上也。《文子》用老子文，作「愛以身治天下」，「身」下僅一字，可證王說。

劉師培謂兩「若」字當作「焉」。帛書二本上句皆作「若」，下句均作「如」。如，猶若也。劉說不可必也。

# 十四章

**視之不見，名曰夷；聽之不聞，名曰希；搏之不得，名曰微。**

范本「夷」作「幾」，**范應元曰**：「幾」字，孫登、王弼同古本。傅奕云：「幾者，幽而無象也。」

**陳碧虛曰**：夷，古本作「幾」；幾，幽無象也。

**張松如曰**：帛書甲本作「視之而弗見，名之曰微；聽之而弗聞，名之曰希；捪之弗得，名之曰夷」，乙本同。文雖小異，而古本亦作「夷」，不必作「幾」，足可爲證。以本書四十一章「大音希聲」之文證之，則「聽之不聞名曰希」，更合老義。惟視、聽、搏之與夷、希、微，諸文交錯，似無固誼。

**島邦男曰**：《說文》曰：「幾，微也。」嚴謂「無形之形，天地以生，謂之夷」，則嚴本似作「幾」。幾、夷，草體相近，因譌爲「夷」歟？

**高　明曰**：「幾」、「微」義同，《禮記》〈學記〉「微而臧」，孔穎達〈疏〉謂「微」爲「幽隱」；〈檀弓〉「禮有微情者」，〈疏〉云：「微者，不見也。」幽隱無象，故曰「視之而弗見，名之曰微」。足證帛書甲、乙本保存了《老子》之舊；今本作「視之不見名曰夷」者誤。

**案**：「夷」字古本頗參差。帛書二本皆作「微」，島邦男考訂嚴本當作「幾」，而今本又作「夷」。蓋幾、夷字形相似，夷、幾、微字義相近，故易生相溷也。范所見傅本及范本皆作「幾」，出自嚴本耳。

* * * *

傅本「摶」作「搏」，**易順鼎曰**：「搏」乃「摶」之誤。摶，即《淮南》〈俶眞〉「摶埦剛柔」之「摶」；《一切經音義》引《通俗文》：「手團曰摶。」是也。《易乾鑿度》云：「視之不見，聽之不聞，循之不得。」《列子》〈天瑞篇〉亦同。摶、循古音相近。

**馬敍倫曰**：《莊子》〈知北遊〉「摶之而不得」，蓋本此文；亦作「摶」。《列子》作「循」者，「揗」之借字。老子本文當作「揗」，《說文》：「揗，摩也。」此作「摶」，亦借爲「揗」。

**王叔岷先生曰**：《淮南子》〈俶眞〉：「捫之不可得也。」《說文》：「捫，撫持也。」捫與搏義亦相近。

**古　棣曰**：唐人石刻有作「摶」者，宋元以來刻本多作「搏」。作「搏」誤。……按文義，理應作「搏之不得」，作「搏」則與「不得」不相應。且此句乃句自爲韻，「搏」與「得」押韻，二字皆入職部；作「摶」，與「得」不押韻。

**案**：易考訂「摶」字不誤，馬從之，疑是也。《淮南子》〈原道〉曰：「視之不見其形……聽之不聞其聲，循之不得其身。」循，借爲揗，撫摩也。與《列子》用字相同，與《淮南子》〈俶眞〉作「捫」，取義相同，是其明證。帛書皆作「揗」。揗，正字作「揗」，《說文》：「揗，撫也。」取義亦與摶、揗、捫相近，亦其證。《淮南子》〈道應〉曰：「視之不見其形，聽之不聞其聲，摶之不可得，望之不可極。」用老子文而字作「摶」，則西漢古本亦有作「摶」者耳。

**此三者不可致詰，故混而為一。**

**彭　耜曰**：清源無「此」字。

**馬敍倫曰**：磻溪「故」下有「復」字。

**案**：諸本皆有「此」字，惟帛書二本無。孫盛《老子疑問反訊》亦無「此」字，未知是否有所依據。帛書及諸本「故」下皆無「復」字。

**其上不皦，在下不昧。**

傅本作「一者其上之不皦，其下之不昧」，**馬敍倫曰**：《文選》〈頭陀寺碑文〉〈注〉引有「一者」二字。各本並無「一者」二字及二「之」字，蓋涉上下文而誤衍。

**楊丙安曰**：帛書與傅本句前皆有「一者」二字。有此二字接上文，語義固更明確，唯正因其緊接上句，故無此二字，亦不致產生誤解。

**劉殿爵曰：**「其上不皦」一節，來得突兀，中間似有脫文。帛書多「一者」二字，句法完整，可以補今本之不足。

**高　明曰：**帛書甲、乙本皆有「一者」一句，今本除傅奕本保存此句外，其它皆無。此乃承上文「混而爲一」而言，當有「一者」爲是，無則挩漏，應據甲、乙本補。

**案：**帛書並有「一者」二字，可證傅、范本淵源甚古，並存古本之眞。又帛書本「皦」作「謬」（甲本作「攸」），「在」並作「其」，「昧」並作「忽」；謬、攸，並幽部；皦，宵部。帛書「皦」作「謬」、「攸」，蓋音假也。

## 是謂无狀之狀，无物之象，

**羅振玉曰：**敦煌本無「謂」字。

**島邦男曰：**嚴曰：「無象之象，無所不象。」是嚴本作「無象之象」。

**案：**蘇轍、李道純、林希逸、吳澄及董思靖各本「无物之象」皆作「無象之象」，高亨、朱謙之及古棣皆從之。帛書二本作「无物之象」，《韓非子》〈解老〉、《文子》〈微明〉及《淮南子》〈道應〉引亦皆作「無物之象」，疑古本自作如此。

**執古之道，以語今之有；**

**高　明曰：**托古御今是儒家思想，法家重視現實，反對托古。《史記》〈商君列傳〉曰：「衛鞅曰：『治世不一道，便國不法古。』」……從而足證經文當從帛書甲、乙本作「執今之道，以御今之有」爲是。

**案：**帛書二本「古」並作「今」，許抗生及王垶從之，此非也。楊丙安曰：「帛書作『執今之道』，如此非唯重複，且失其義，故當仍依諸本作『古』。」楊說是，此帛書誤也。

# 十五章

## 古之善為士者，

**俞　樾曰：**河上公〈注〉曰：「謂得道之君也。」則「善爲士者」，當作「善爲上者」，故以得道之君釋之。「上」與「士」形似而誤耳。

**馬敍倫曰：**《後漢》〈黨錮傳〉〈注〉引作「道」；依河上〈注〉，蓋河上亦作「道」字。論文，「道」字爲是。今王本作「士」者，蓋六十八章之文。

**朱謙之曰：**依河上公〈注〉，「善爲士者」當作「善爲道者」；傅奕本「士」作「道」，即其證。此句與六十五章「古之善爲道者」誼同，與下文「保此道者」句亦遙應。

**案：**俞樾謂「士」當作「上」，古棣從之，謂「上，泛指統治者，於義十分妥貼」。然，帛書乙本「士」作「道」，可證馬、朱說之塙。本句河上〈注〉曰：「謂得道之君也。」〈注〉「道」字蓋從經文而來；六十五章「古之善爲道者」，河上〈注〉曰：「謂古之善以道治身及治國者。」所謂「善以道治身及治國者」，蓋即此文河上〈注〉「得道之君」之意，彼經文作「道」，則此文亦當作「道」。據此兩端以觀之，河上本之作「士」者，蓋淺人所改也。想爾本系統亦作「士」，非。

**微妙玄通，深不可識。**

**易順鼎曰**：《文選》〈魏都賦〉張載〈注〉引《老子》曰：「古之士，微妙元通，深不可識。」

**黃釗**據帛書改「通」作「達」，曰：諸本作「通」，《說文》：「通，達也。」今依帛書作「達」。

**案**：「微妙玄通」，與下文「故強爲之容」，「通」、「容」協韻。《後漢書》〈劉祐傳〉曰：「微妙玄通。」用老子文；《文選》〈閒居賦〉李〈注〉、〈魏都賦〉張〈注〉及《論語義疏》〈爲政〉下李充引老子文，字皆作「通」。五十六章曰：「和其光，同其塵，是謂玄同。」玄同，即「玄通」之謂也。此文自以作「通」字爲是。帛書乙本作「達」，或古本此文不協韻歟？惜甲本殘缺，無法考見耳。

**夫唯不可識，故強為之容。**

**易順鼎曰**：《文選》〈注〉引老子曰：「夫唯不可識，故強爲之頌。」作「頌」者，古字；作「容」者，今字。

**馬敘倫曰**：「容」爲籀文「頌」之省，今通作「容」，後同。

案：《漢書》〈王莽傳〉顏師古〈注〉曰：「頌，讀曰容。」〈儒林傳〉顏〈注〉曰：「頌，讀與容同。」是容、頌古通之證。帛書二本與此文相同，字並作「容」；則作「容」者，當是老子舊文耳。《文選》〈注〉「容」作「頌」者，蓋後人所易。

二案：帛書「容」下皆有「曰」字，則下文爲容狀之辭自明。今本無「曰」字，蓋奪。今惟傅本有，與帛書合，至爲可貴。

## 豫若冬涉川，

**奚侗曰：**《文子》〈上仁篇〉：「豫兮若冬涉大川者，不敢行也。」然涉川不必因冬而愼。《文子》作「若冬涉大川」，疑老子原文必作「涉大川」，與「畏四鄰」相偶。《文子》已衍「冬」字，各本又奪「大」字耳。

**高亨曰：**奚謂「若冬涉川」當作「若涉大川」，是也。《易》需、同人、蠱、大畜、頤、益、渙、中孚、未濟並云：「利涉大川。」可證「涉大川」爲古人習用語，又可證涉大川爲古人戒愼之事。故筮其利否也。老子正取譬於此，故曰：「若涉大川。」

**案：**奚謂「冬涉川」當作「涉大川」，俾與下文「畏四鄰」相偶；高是其說，引《周易》諸文以證「涉大川」乃古人習語。古棣並據此改字。竊謂此說未必可信，蓋除《文子》用老子作「涉大川」外，其他《老子》各本皆無不作「冬涉川」；即若《文子》此句，亦有一「冬」字！奚但知「川」上有「大」字，不知「涉」上有「冬」

字，蔽甚。高引《周易》語，謂老子乃沿用古語；檢帛書二本，「冬涉川」並作「冬涉水」，「川」與「水」字不相同，則老子此文與古語恐無必然之關係矣。「冬涉川」與下文「畏四鄰」語法雖不一律，其爲老子舊文，恐無可疑。

## 儼若客，

**嚴可均曰：**河上、王弼「儼」下有「兮其」二字。

**王　昶曰：**河上公作「儼兮其若客」，王弼作「儼兮其若容」；「客」字與下文釋、樸、谷、濁等字爲韻，作「容」者非也。

**蔣錫昌曰：**「儼兮其若客」，猶六十八章所謂「吾不敢爲主而爲客」，言人君當以謙恭卑下自處也。

**古　棣曰：**據蔣錫昌統計，自唐以來有九種版本作「容」，蓋由王弼本沿襲而來。但古逸書王弼本作「客」。傅奕本、帛書甲本和乙本、想爾注本、河上公古本皆作「客」。

**案：**帛書乙本「若」上有「其」字；竊謂古本《老子》此數句「若」上皆當有「其」字。其，語助辭。河上、王弼兩系統此句「若」上有「其」字，即後人刪此數「其」字所殘留之迹也。

**二案：**王弼本系統「客」作「容」，蓋形近而譌。《文子》〈上仁〉用老子文，字亦作「容」，則其譌已甚久矣！或後人據王本回改《文子》歟？

## 渙若冰將釋。

案：帛書二本「若」上咸有「其」字，蓋是。《文子》曰：「渙兮，其若冰之液。」「若」上猶有「其」字，蓋即沿襲古本《老子》而來。

* * * *

嚴可均曰：河上、王弼作「渙兮若冰之將釋」。

羅振玉曰：景龍、英倫、御〈注〉三本均作「渙若冰將釋」。

高亨曰：「將」字衍文。《文子》作「若冰之液」，液與釋通；即《老子》原無「將」字之證。

案：帛書二本「冰」均作「凌」。凌，借爲「凌」；凌，冰也。《文選》張衡〈思玄賦〉「魚矜鱗而并凌兮」〈注〉曰：「凌，冰也。」皆其證。

二案：此本「冰」下有「將」字，河上及王弼兩系統「冰」下皆有「之將」二字，高謂「將」字衍。「若冰釋」，與上文「若客」及下文「若朴」等句法一律，不當有「將」字，「之」字恐據《文子》而誤增。

## 孰能濁以靜之？徐清。

張舜徽曰：此二句各本不同，而皆有「孰能」二字居句首，王弼本作「孰能濁以靜之徐清，孰能安以久動之徐生」，語尤晦解。帛書甲、乙本均無「孰能」二字，文句整齊，今從寫正。

**古　棣曰**：詳其文氣，兩句皆應有「孰能」。

**案**：「孰能濁以靜之」「孰能安以動之」，古本此二句頗參差；或皆無「孰能」二字，帛書二本、想爾注本、索洞本、天寶本、次解本、伯希和二五八四及斯坦因六四五三即此源流；或次句「孰能安以動之」無此二字，龍興觀本即此源流也。王本及古本二句皆有此二字，則又一源流矣。竊疑二「孰能」蓋後人所加，《文子》〈道原〉及《淮南子》〈原道〉用老氏此文皆不見有此二字，與帛書合，是西漢古本無此二「孰能」之證也

* * * *

**畢　沅曰**：河上公作「孰能濁以止靜之？徐清」。

**馬敍倫曰**：宋河上無「止」字，然譣〈注〉曰：「誰知水之濁，止而淨之。」則有「止」字。

**蔣錫昌曰**：顧本引河上〈注〉：「靜，止也。水濁，止而靜之，徐徐自清也。」是河上以「止」解「靜」，非河上經文有「止」字。

**王　卡曰**：馬說是也，《道藏》本正有「止」字，今據補。

**島邦男曰**：《道藏》本「靜」上有「止」字，是依河〈注〉謂「止而靜之」而誤，非河本

有「止」字。

**案**：蔣謂「靜」上不當從馬添「止」字，其說是也。帛書二本及其他各本皆無「止」字，《文子》〈道原〉曰：「濁而靜之。」用老文，亦無「止」字，皆其明證。竊疑河上本作「孰能濁以止靜之，徐清」，河上〈注〉曰：「誰能知水之濁，止而靜之。」是河上本明明有「止」字，蔣據顧本引河上「靜，止也」，謂河上以「止」解「靜」；然，又將何以解釋河上「止而靜之」耶？是知蔣說之牽強也。此文河上本作「濁以止靜之」，自成一源流；《道藏》本有「止」字，猶存河上本之面目。宋河上無「止」字，蓋後人據衆本刪之也。

## 安以動之？徐生。

**嚴可均曰**：御〈注〉作「安以久」，河上、王弼作「孰能安以久」，《大典》作「孰能安以」，無「久」字。

**盧育三曰**：諸本多如王本「安以」下有「久」字，景龍本、吳澄本、帛書甲乙本均無，王弼亦不注「久」字。據刪。

**古　棣曰**：今本「久」字，蓋後人據河上公本所增。《老子》想爾〈注〉本亦無「久」字。「安以動之」，與上句「濁以靜之」相對爲文，不應有「久」字。

**楊丙安曰**：王本「動」前有「久」字，傅本同，而帛書與景龍本則無，查王〈注〉云：

「安以動，物則得生。」是其所據古本亦無此字，故當刪。

**案**：此文河上本作「孰能安以久動之，徐生」，河上〈注〉曰：「誰能安靜以久，徐徐以長生也。」是河上本有「久」字也。前句「濁以止靜之」，此文「安以久動之」，河上本二句相對爲文，句法一律耳。帛書、想爾本系統、御〈注〉本、伯希和、斯坦因六四五三無「久」字。「安以動之」，與上句「濁以靜之」，亦相對爲文，句法一律，此又一源流也。王本、古本及玄宗本諸系統皆作「安以久動之」，乃後人據河上本補此「久」字，宜其與彼等之上句「安以動之」枘鑿矣。學者不明二源流之差別，據其他各本既刪河上本上句「止」字，又欲刪河上本此文「久」字，以河上本曲就其他源流，甚矣其不可從也。

## 保此道者，不欲盈。

**畢　沅曰**：高誘《淮南子》〈注〉云：「保，本或作服。」

**馬敍倫曰**：莊本《淮南》〈道應訓〉引「保」作「復」。

**蔣錫昌曰**：保、復、服雖可通假，然應從莊本《淮南》作「復」。《說文》：「復，往來也。」言返此道者，不欲盈也。

**案**：帛書二本「保」並作「葆」；葆，借爲保，《詩》〈大雅〉〈崧高〉「南土是保」，鄭〈箋〉曰：「保，守也，安也。」謂聖人如欲守有上述之道，惟在不欲盈也。第五章曰：「不如守中。」第三十七章曰：「侯王若能守，萬物將自化。」諸「守」字皆與「保」字同義；保道、守道，是老子習辭也。《文子》〈九守〉用此文作「服」，高誘《淮南子》〈注〉引一本作「服」；服、復古通。竊疑西漢古本此文一本作「保」，一本作「服」；今賴帛書及《文子》，知古本有此不同。

**夫唯不盈，能弊復成。**

**俞　樾曰**：「不新成」三字，景龍碑作「復成」二字。然《淮南子》〈道應〉引《老子》曰：「故能弊而不新成。」則古本如此。

**易順鼎曰**：「能敝而新成」者，即二十二章所云「敝則新」，與上文「能濁而清，能安而生」同意。《淮南子》〈道應訓〉引云云，可證古本原有「而」字，「不」字殆後人臆加。《文子》〈十守篇〉作「是以蔽不新成」，亦後人所改。諸本或作「而不成」者，或作「復成」者，皆不得其誼，而以意改之。

**張舜徽曰**：末句河上、王弼本並作「故能蔽不新成」，今據《淮南子》〈道應篇〉所引改正。「能弊而不新成」，乃道家戒盈求缺之恉。

**楊丙安曰**：此句主要的問題是在「不新成」三字上。歷來衆說紛紜，迄今莫衷一是。分歧有二，即王本與河上、帛書、傅本等作「不新成」或「不成」，吳澄主此說。而景龍本則無「不」字，且「新成」作「復成」，易順鼎主此說……。易謂「不」乃「而」字之誤，或為後人所加，並說《文子》與《淮南》所引均為「後人所改」，此說似失武斷……。老子上句明說「保此道者不欲盈」，那怎麼這裏卻又忽然說他主張求「新」求「成」了呢？……蓋老子之意不在求「新」，也不在求「成」，唯在處「敝」守缺而已。……老子之所以主張「不新成」，正因為這種「新」必將轉化為「敝」、「成」也必將轉化為敗，……那他就不會教人去追求「新」、「成」……。

**高　明曰**：帛書《老子》此文作「是以能敝而不成」，無「新」字；傅奕本經文與帛書同；景龍、遂州、司馬諸本雖誤作「能弊復成」，但也不作「新成」。足以說明《老子》原本即當如此，今本「新」字乃由後人妄增。

**案**：竊疑古本《老子》一本作「能敝而不成」，帛書乙本即此源流也（甲本有「成」字，缺「是以能敝而不」，惟以字數推計之，當為六字之缺）；一本作「能敝而不新」。敝而不成、敝而不新，取義相同，當如楊丙安所言「因為這種『新』必將轉化為『敝』、『成』也必將轉化為敗，那他就不會教人去追求『新』、『成』」，方符合老氏思想矣。

**二案**：《文子》〈九守〉作「弊不新成」，《淮南子》〈道應〉引作「能弊而不新成」，則合二本「不新」「不成」為一，讀作「不新、成」也。後人不明此義，或將「新、成」當「新成」一詞讀，如河上公：「不為新成……新成者貴功名。」或易「新成」為「復成」（新成、復成、義同，古棣已有說），又刪「不」字，如想爾〈注〉曰：

「故能弊爲成耳。」皆未得老義矣。其後，學者或謂當作「能敝而新成」（易順鼎、高亨、蔣錫昌、盧育三、古棣、黃釗及陳鼓應），或謂當作「能敝而復新成」（馬敍倫），或謂當作「能敝而復成」（張松如、王垶），可謂歧途亡羊，愈失老義矣。今賴帛書，考知其源流及譌誤之痕跡。

# 十六章

## 致虛極，守靜篤。

**盧育三曰：**致虛極，至於虛無到極點。守靜篤，固守清靜到純一的程度。

**王　垶曰：**達到虛寂至極、誠守清靜至中的境界。

**案：**此文古有二讀。一將「虛極」、「靜篤」讀作合成詞，河上〈注〉曰：「……五內清靜，至於虛極。守清靜，行篤厚。」即此讀法也。一將「極」、「篤」分開，謂致虛靜至於至極之境地，守清靜至於篤實之境地；嚴遵〈指歸〉曰：「守虛爲常，則神明極而自然窮矣！神守不擾，生氣不勞，趣舍屈伸，正得中道。」想爾〈注〉曰：「強欲令虛詐爲眞，甚極，不如守靜自篤也。」王弼〈注〉曰：「言至虛之極也，守靜之眞也。」（此從樓宇烈校）皆從此讀法也。後之學者，皆不出此二讀耳。

**二案：**帛書甲本「篤」作「表」，乙本作「督」。竊疑此當從乙本作「督」，《六書故》曰：「人身督脈當身之中，衣縫當背之中，亦謂之督。」字通作裻，《國語》〈晉語〉一曰：「衣之偏裻之衣。」韋〈解〉曰：「裻在中，左右異，故曰偏。」

老子蓋謂守靜而不倚左右，乃最適中之道也。與《莊子》〈養生主〉「緣督以爲經」之「督」同義，即至正、至中也。此謂致虛、守靜，乃得道者至高、至中之境地也。帛書甲本作「表」，蓋與「裻」形近而譌也。

**三案：**嚴遵〈指歸〉曰：「神守不擾，生氣不勞，趣舍屈伸，正得中道。」篤，無「中」、「中道」之義，嚴遵不當解下句作「正得中道」。竊謂嚴本正文「篤」亦本作「督」，與帛書乙本相同，故〈指歸〉以「中道」解之。今本作「篤」，蓋後人據他本改之也。今賴帛書出土，得以考見嚴本之淵源也。

## 夫物云云，各歸其根。

**易順鼎曰：**《文選》江淹〈雜擬詩〉善〈注〉引《老子》曰：「夫物云云，復歸其根。」「復」上無「各」字爲是。有「各」字者，蓋因王〈注〉云「各返其所始」而衍之，不知王〈注〉以「各」字解「夫物云云」句，以「返其所始」解「復歸其根」句也。

**馬敍倫曰：**《莊子》〈在宥篇〉曰：「萬物云云，各復其根。」即本此文。王本作「各復歸其根」，**高亨曰：**「復」字涉上下文而衍，傅本可據。此云「各歸其根」，下文云「歸根曰靜」，正相承，故知此「復」字爲衍文。

**勞　健曰：**第十四章「復歸於無物」，第二十八章「復歸於嬰兒」，《莊子》〈知北遊〉「欲復歸根本」，皆「復歸」二字連用，證當如河上諸本。

**案**：易謂「各」字不當有，並引王〈注〉爲據；高謂「復」字衍文，傅本可爲證。竊謂二說皆不可從，帛書二本並作「各復歸於其根」（甲本缺「根」字），《淮南子》〈覽冥〉引作「各復歸其根」，皆其明證。且「復歸」爲本書習詞，勞健已有說，亦其證也。嚴遵〈指歸〉曰：「人復寢寐，故能聰明；飛鳥復集，故能高翔；走獸復止，故能遠騰；龍蛇復蟄，故能章章；草木復本，故能青青。」解說本句時，舉人、鳥、獸、龍蛇及草木爲例，可見嚴本正文亦有「各」字；至於「復」字，〈指歸〉一再出現，是正文亦有此字，蓋無可疑。作「各復歸」者，於文爲古；奈何易、高以晚出本及唐〈注〉爲說乎！古本系統無「復」字，蓋受想爾本影響也。

**二案**：帛書二本「復歸」下並有「於」字，十四章「復歸於無物」，二十八章「復歸於嬰兒」、「復歸於樸」，亦咸有「於」字。

## 歸根曰靜，靜曰復命，

**奚　侗曰**：「靜曰」，各本作「是謂」，與上下文例不合。

**蔣錫昌曰**：強本引成〈疏〉經文「靜曰復命」，是成作「靜曰」；諸本作「靜曰」，是也。二十五章：「強爲之名曰大，大曰逝，逝曰遠，遠曰反。」與此文「歸根曰靜，靜曰復命，復命曰常，知常曰明」之詞例一律，亦可證「是謂」係「靜曰」之誤也。

**古　棣曰**：帛書甲本作「靜，是謂復命。復命，常也。知常，明也」，則完全成了散文，不復是哲理詩人，帛書多有此弊，想是早有一種傳本，傳鈔者不注意《老子》詩韻，故有此誤。

**高　明曰**：此節經文每句皆作連綴重語，今本則將「靜」、「妄」等連綴重語刪去，雖然用字從簡，則經義不若帛書甲、乙本詳實。從經文內容分析，殊覺刪之不當。

**案**：帛書二本二句作「曰靜。靜，是謂復命」（甲本「曰靜」二字缺，惟據字數推之，所缺當即此二字），與各本不同。蔣據二十五章文例，謂此處當作「歸根曰靜，靜曰復命」；考帛書二本，知古本《老子》文例，未若後人所想像之整齊也，蔣說未可必。古棣謂帛書此節已成「散文」，不復爲哲理詩；然，若依帛書，本句亦「靜」、「命」協韻，下句亦「常」、「明」協韻，協韻如故，惟文句未若今本整齊而已。古本《老子》文句，是否如今本整齊，觀帛書本即知之矣。

**二案**：河上本及王弼本系統「靜曰」皆作「是謂」；奪一「靜」字，存「是謂」二字，蓋存古本之跡。

## 復命曰常，知常曰明。

**蔣錫昌曰**：彭耜本無下「曰」字。

**案**：帛書二本並作「復命，常也；知常，明也」，有二「也」字，無二「曰」字。想爾〈注〉本、天寶本、彭耜本及斯坦因六五四三「知常」下皆無「曰」字，蓋有所依據。馬敘倫曰：「館本無『曰』字。」亦無「曰」字。五十五章曰：「知和曰常，知常曰明。」今本此文有二「曰」字，或受彼章影響而增乎？

## 知常容，容能公，公能王，王能天，天能道，道能久，

**勞　健曰**：容、公二字爲韻，道、久二字爲韻，獨「公乃王，王乃天」二句相遠。「王」字義本可疑，王弼注此二句，「周普」顯非釋「王」字。道藏龍興碑本作「生」；「生」字更不可通。《莊子》〈天地〉云：「執道者德全，德全者形全，形全者神全，神全者聖人之道也。」二句「王」字蓋即「全」字之訛。全、天二字爲韻。今本「王」字，碑本「生」字，當並是「全」之壞字。

**蔣錫昌曰**：此「公」「王」「天」三字皆用作實字。二十五章：「故道大，天大，地大，王亦大。」與此文例相似，可證。王〈注〉：「無所不包通，則乃至於蕩然公平；蕩然公平，則乃至於無所不周普也。」解「公」「王」爲虛字，非是。其解「王」爲「無所不周普」，則竟不知所云矣。

**案**：竊謂「公能王，王能天」二句古有不同源流。其一即作「公能王，王能天」，王〈注〉曰：「蕩然公平，則乃至於無所不周普也。」謂大公無私，包容一切，周普萬物，則王本正文即作「公能王，王能天」，蓋無可疑。帛書二本字皆作「王」，河上本同，即王本之所出也。古本及玄宗本系統亦皆作「王」，即此源流之緒也。

其一作「公能生，生能天」，嚴遵〈指歸〉曰：「……故能達生延命，與道爲久。」疑嚴本二「王」字即作「生」，故〈指歸〉以「達生延命」解之。想爾本系統亦作「生」，〈注〉曰：「能行道公政，故常生也；能致長生，則副天地。」所解與〈指歸〉甚近；龍興碑本及景龍鈔本即此本之末緒也。今《老子》各本，不出此二源流也。

二案：勞格於韻讀，據《莊子》謂二句當作「公乃全，全乃天」，張松如、古棣、陳鼓應、王垶及楊丙安等皆從之；其說雖佳，然皆無直接證據，不可據改也。馬敍倫又據王〈注〉「周普」，謂正文二「王」字乃「周」之壞文，恐亦臆斷而已。

# 十七章

## 太上，下知有之；

**紀　昀曰**：「下」，《永樂大典》作「不」，吳澄本亦作「不」。

**朱謙之曰**：王〈注〉舊刻附孫鑛〈考正〉曰：「今本『下』作『不』。」作「不」義亦長。

**嚴靈峯曰**：原第十章云：「生而不有。」是皆「太上，不知有之」之誼也。

**陳鼓應曰**：「不」字，王弼本作「下」。吳澄本、明太祖本、焦竑本、鄧錡本、潘靜觀本、周如砥本都作「不」。本章最後一句：「百姓皆謂我自然。」就是「不知有之」的一個說明。作「不知」意義較爲深長。

**高　明曰**：從帛書甲、乙本觀察，同作「太上，下知有之」。諭之古籍，《韓非子》〈難二〉引此文作「太上，下智有之」，「智」乃「知」之借字。《文子》〈自然〉作「故太上，下知而有之」。足證《老子》原文如此，元明諸本作「太上，不知有之」者，乃由後人竄改。

**案**：《韓非子》〈難三〉、《文子》〈自然〉及《淮南子》〈主術〉用老子此文，字皆作「下知」；高誘注《淮南子》、想爾、河上及王弼注本章，字亦作「下知」；帛書二本亦並作「下知」，是老子此文當作「下知」明矣！陸希聲〈注〉曰：「太古有德之君無爲無迹，故下民知有其上而已，謂帝力何有於我哉。」其說至塙。蓋吳澄最先擅改此文，並解作「民不知有上」；其後各本從之，相沿相襲，老子古義卒完全淹失矣。

## 其次，親之豫之；

**嚴可均曰**：御〈注〉、河上作「親之，譽之」，王弼作「親而譽之」。

**蔣錫昌曰**：親、譽，誼近，故連言之。傅本重「其次」二字，則將親、譽二字分爲道德衰降之二個階段，似非是。

**王叔岷先生曰**：敦煌景龍鈔本豫作譽。譽、豫正、假字。《孟子》〈梁惠王〉：「一遊一豫。」昭二年《左傳》服虔〈注〉引「豫」作「譽」，即二字通用之證。

**島邦男曰**：嚴遵〈注〉：「親之譽之爲常，而畏之爲王。」

**案**：帛書二本「親之豫之」皆作「親譽之」；譽、豫正、假字，王先生有說；「親之」下不重「其次」，可補蔣說，帛書皆作「親譽之」，與河上本、想爾本及玄宗本諸系統作「親之譽之」、王弼本系統作「親而譽之」不同。「親之譽之」，即「親而譽之」；之，猶而也。河上曰：「故親愛而譽之。」即讀「之」爲「而」。帛書無此虛字，古。

## 其次，畏之侮之。

**嚴可均曰**：河上「畏之」下有「其次」字。

**李道純曰**：其次畏之，其次侮之，或曰「畏之、侮之」者，非。

**蔣錫昌曰**：畏、侮二字，誼不相關，在道德衰降上分成二個階段，故重「其次」二字。

《釋文》出「次、侮」二字，可證王本重「其次」二字。諸本不重，非是。

**嚴靈峯曰**：范應元本「畏之」下無「其次」二字，觀上文例，當無此二字。

**案**：「其次，親之豫之；其次，畏之侮之」數句，審諸各本，有三種不同形式之句法。其一作「其次，親之豫之；其次，畏之侮之」二句式者，有想爾本系統、王本、玄宗本系統、范本及景龍本等諸本，從此讀之學者有勞健、于省吾、嚴靈峯及古棣諸人。其一作「其次親之，其次譽之，其次畏之，其次侮之」四句式者，傅本即如此作，而張松如從之。其一作「其次親譽之，其次畏之，其次侮之」三句式者，有帛書二本；據島邦男所見，嚴本蓋亦三句式之讀法耳。從此讀法者有張舜徽、許抗生、陳鼓應、周次吉、盧育三、王垶、黄釗及楊丙安諸人。

**二案**：竊謂此當以帛書作「其次親譽之，其次畏之，其下侮之」三句式爲古。「太上，下知有之」、「其次，親豫之」（或「親之豫之」）兩句相對，「其次，畏之」、

「其下，侮之」兩句又相對，此古本之面貌也。諸本作二句式者，蓋忽略首句「太上，下知有之」之存在，但求此處「其次，親之豫之」、「其次，畏之侮之」之相對，故刪最末「其下」二字；其作四句式者，亦忽略首句之存在，但求「其次親之」、「其次譽之」相對及「其次畏之」、「其次侮之」相對，故於「親之」下添一「其次」耳。實際上，此當合首句觀之，方知「太上，下知有之」與「其次，親之豫之」相儷，「其次，畏之」與「其下，侮之」相儷。帛書本即如此作，當以此本爲古。

**三案**：又末句「其次，侮之」，亦當從帛書作「其下，侮之」。考帛書本《縱橫家書》第十二章曰：「太上破之，其次擯之，其下完交而□講……。」以「太上」、「其次」及「其下」作爲各層次之綴語，與老子此文正相符合，蓋古人習語自是如此。今賴《縱橫家書》，得以與帛書《老子》相互印證，訂正各本「其次」之誤耳。

## 信不足，有不信。

**嚴可均曰**：「信不足」，河上、王弼「足」下有「焉」字。「有不信」，王弼「信」下有「焉」。

**王念孫曰**：無下「焉」者是也。「信不足」爲句，「焉有不信」爲句。焉，於是也；言信不足，於是有不信也。後人不曉「焉」字之義，而誤「信不足焉」爲一句，故又加「焉」字於下句之末，以與上句相對，而不知其繆也。

**古棣曰：**帛書的出土，似乎證實了王說。但愚以爲，只是證實了戰國或漢初有一種傳本作「信不足，焉有不信」，而不能證明《老子》原本必然如此。我認爲從古就有一種傳本作「信不足焉，有不信焉」。先秦，「焉」有不少作「於是」用者，也有不少作句尾助詞用者。……這些「焉」字都是句尾助詞，有甚麼根據斷定《老子》此章的「焉」字一定不是句尾助詞呢？作句尾助詞看，義理並無不順，且合韻：焉、焉、言、然爲韻，而作「信不足，焉有不信」，則失韻。

**案：**帛書乙本作「信不足，安有不信」，安、焉古通；甲本下句作「案有不信」；案，从安得聲，與安相通，《荀子》多此例。據帛書，知「焉」字下屬爲句作「焉有不信」，則今本「不信」下之「焉」字，蓋爲後人所添，似無可疑。王弼本「不信」上之「焉」字猶存，然，王本「不信」下又添一「焉」字，則王本已誤讀作「信不足焉，有不信」，故方於「不信」下添「焉」字耳。古棣以合韻爲由，力證此文當作「信不足焉，有不信焉」；然，據帛書觀之，古文《老子》協韻未若今本之周詳及整齊；又據帛書觀之，「不足」下之「焉」字「一定不是句尾助詞」；古棣以晚出之王弼本爲據，無乃不可乎？

·章七十·

## 成功事遂，百姓謂我自然。

**嚴可均曰：**「成功」，各本作「功成」。

**馬敍倫曰**：《晉書》王坦之〈廢莊論〉曰：「成功遂事，百姓皆曰我自然。」蓋本此文，則王所見本作「成功遂事」。

**朱謙之曰**：景福本、法京敦甲本作「成功遂事」，宜從之。河上本、王弼本「謂」上有「皆」字。范應元本作「百姓皆曰我自然」，《莊子》〈庚桑楚篇〉郭〈注〉引作「而百姓皆謂我自爾」，經訓堂傳本作「百姓皆曰我不然」。

**案**：成、遂，動詞；功、事，名詞；若就語法整齊而言，此文似當作「成功遂事」耳。帛書二本、伯希和二五八四、斯坦因六四五三、四七七、天文鈔本、景福本及《晉書》引皆作「成功遂事」，此蓋古本之舊。《鶡冠子》〈夜行〉及〈泰錄〉亦作「成功遂事」。今本或倒「遂事」作「事遂」，後人爲求語法整齊，又倒「成功」作「功成」。

# 十八章

**大道廢，有人義。智惠出，有大僞。**

**焦竑曰**：「廢」、「出」下，古本有「焉」字。

**畢沅曰**：河上公、王弼無「焉」字。

**王垶曰**：焉，甲本作「案」，乙本作「安」。案，猶于是也，與焉義同。安、案古通。「焉」屬上讀，非。

**古棣曰**：以無四「焉」字爲是。《老子》書中有不少三字句……，這是《老子》哲理詩的一大特點。本章自可三字爲句。無「焉」字，讀起來更合節奏，更有韻味。「大道廢」上，帛書甲、乙本皆有「故」字，其他各本無。此句上無所承，……雖然義可通，但破壞了詩的格律，也不當有。

**案**：安，乃也，於是也。第三十五章曰：「往而不害，安平太。」此安字與彼安同義。《莊子》〈馬蹄〉曰：「道德不廢，安取仁義。」蓋用老子此文，可證古本《老子》正有此字，帛書本「案」、「安」字古。傅本、陸希聲本，乃至河上公天文鈔本、古鈔本、陳本皆有「焉」字，猶存古本之眞。古棣拘於「哲理詩的一大特點」，欲刪此數「焉」字，用意雖善，失原書古樸之貌矣。焦竑「焉」屬上讀，非。

又帛書「大道」上有「故」字，古樸自見。

## 六親不和，有孝慈。

**嚴可均曰**：孝慈，《大典》作「孝子」。

**馬敍倫曰**：吳潘作「孝子」。《抱朴子》〈詰鮑〉引鮑敬論「六親不和而孝慈彰矣」，蓋本此文，則鮑所見本作「孝慈」。作「孝子」是，與「忠臣」對文。

**朱謙之曰**：作「孝慈」二字是。《左傳》昭二十五年〈正義〉、《詩》〈小雅〉〈采芑〉〈正義〉引《老子》有增字與誤倒處，「孝慈」二字則同此石。

**盧育三曰**：「六親不和」，指雙方關係說的，正因爲「六親」之間出現了矛盾，才有父慈、子孝的問題發生。作「孝慈」爲好。

**案**：帛書二本「有」上皆有「安」字。孝慈，甲本作「畜茲」，乙本作「孝茲」；畜，乃孝之誤；茲，乃慈之省，並可證古本亦作「孝慈」。他本欲與下文「忠臣」對舉，乃改作「孝子」，其爲晚出可知；高亨又欲與下文「臣」字協韻，改作「孝孫」；皆不明《老子》原文古樸，不事雕琢耳。

**國家昏亂，有忠臣。**

**范應元曰：**「貞」字，嚴遵、王弼同古本。世本多作「忠」，蓋避諱也。

**馬敍倫曰：**各本及《史記》〈伯夷傳〉〈索隱〉、〈魏豹傳〉〈索隱〉、《漢書》〈魏豹傳〉〈注〉、《後漢書》〈盧植傳〉〈注〉、《文選》〈西征賦〉〈注〉、〈結客出自薊北門行〉〈注〉引並作「忠臣」。《漢書》〈魏豹傳〉：「周市曰：『天下昏亂，忠臣乃見。』」蓋本此文。《淮南》〈道應訓〉引亦同，則漢初本作「忠臣」。

**案：**《詩》〈采芑〉〈正義〉引亦作「忠臣」。帛書二本「忠臣」並作「貞臣」，此西漢古本另一源流，嚴遵即從此本而來，至爲可貴。又王〈注〉曰：「則孝慈、忠臣，不知其所在矣。」則王本自作「忠臣」；范所見王本作「貞忠」，異。

# 十九章

**此三者，為文不足，故令有所屬：**

**武内義雄曰：**遂本「此三者言爲」，景本「此三者爲」，敦本「此三言爲」。

**古　棣曰：**應以作「此三者」爲是。勞健說：「此三者，經文屢見。」且「者」、「足」、「屬」爲韻，作「言」則失韻。

**楊丙安曰：**帛書作「此三言也」，未可據。

**高　明曰：**所謂「三言」，係指前述之「聖智」、「仁義」、「巧利」而言。雖說「三言」、「三者」誼同，但從文義分析，當從帛書甲、乙本作「三言」更爲準確。

**案：**古本此文「此三者」蓋作「此三言」；帛書二本咸作「此三言也」，可爲證。想爾本、索洞本及伯希和二五八四、斯坦因六四五三並作「此三言」，猶存古本之面貌。河上曰：「謂上三事所棄絕也。」王弼曰：「此三者……。」自河上及王弼易「言」爲「者」後，范本及景本等皆從之。想爾次解本、遂州本及景龍本作「此三者言」，蓋合二本爲一；其時代尤晚，蓋可知也。古棣囿於韻讀，以古本就晚出本，蓋不可從。

* * * *

**馬敍倫曰**：范作「三者以爲文不足也」，館本作「此三者爲文不足」，各本並作「此三者以爲文不足」，范謂王弼同古本，則王本亦作「三者以爲文不足也」。今諭王〈注〉曰：「此三者以爲文而未足，故令人有所屬。」則王同此。《晉書》裴頠〈崇有論〉及《治要》引「以爲文不足」五字。

**古棣曰**：按《老子》語法，此句「以」字乃後置，爲了突出「此三者」，所以把它放在句首；猶言「以此三者爲文不足」。

**案**：「爲文不足」上當有「以」字。「以爲文不足」，當如古棣讀作「以此三者爲文，不足」，謂以絕聖棄智、絕仁棄義、絕巧棄利三言爲法則（古棣從《國語》韋〈解〉），猶未足以治國也。然，河上〈注〉曰：「以爲文不足者，文不足以教民。」王〈注〉曰：「文甚不足……故曰：此三者以爲文，而未足。」皆解「文」爲「禮教」，與上文「三言」義雖不相屬，然，此漢魏人之講法也。「文」即解作「禮教」，「以」及「爲」義有相複，後人乃刪「以」字，想爾本、景福本及此本皆如此，蓋非。帛書、王弼本及古本系統皆有「以」字，古。

**二案**：帛書「不」並作「未」；想爾本、傅本、景龍鈔本、伯希和及斯坦因亦並作「未」，與帛書合。王〈注〉曰：「以爲文而未足。」字亦作「未」。

少私寡欲。

案：帛書乙本「少私」下有「而」字；《莊子》〈山木〉曰：「其民愚而朴，少私而寡欲。」用老子語，亦有「而」字。

# 二十章

## 絕學无憂。

**案**：「絕學无憂」四字當在十九章之末，先賢論之至詳，是矣。強思齊〈道德眞經玄德纂疏〉引有〈指歸〉一段文字，乃在訓說第十九章。其文云：「俗學則尊辯貴知，群居黨議，吉人得之以益，兇人得之以損。」云：「天地之內吉人寡而兇人眾，故學之爲利也淺而爲害也深。」即針對十九章「絕聖棄智，民利百倍」、「絕仁棄義，民復孝慈」及「絕巧棄利，盜賊無有」反面爲說耳。云：「夫兇人之爲學也，猶虎之得羽翼，翱翔遊四海，擇肉而食。」則又從正面解說崇學爲聖之大弊。〈指歸〉結尾云：「聖人絕之，天下休息，不教而化，不令而自伏也。」又對經文「絕學无憂」再加以解釋。然則，嚴遵本「絕學无憂」四字在十九章末昭昭甚明，是嚴遵分章猶未誤也。王德有點校〈指歸〉，繫此段文字於二十章，誤。

**二案**：將此四字下讀爲二十章，蓋始於河上公耳。考河上於「人之所畏」下〈注〉曰：「人所畏者，畏不絕學之君也。」又於「荒兮其未央哉」下〈注〉曰：「言世俗之人荒亂，欲進學爲文，未有央止也。」實際上，老子此處乃曰：唯與阿、善與惡之價值判斷甚難有絕對標準；然而，標準雖然混淆難清，吾人對他人所畏懼者，却不能不有所畏懼也。至於「荒兮其未央哉」，乃指其精神廣遠無邊際，非指爲學之未有央止也。今河上公既解「所畏」爲「畏不絕學」，解「未央」乃「進學未有央止」，則知河上本將「絕學无憂」下屬本章也。想爾〈注〉曰：「未知者復怪問之，絕邪學，道與之何？邪與道相去近遠？絕邪學，獨守道，道必與之……。」亦將此四字屬下章讀耳。

## 人之所畏，不可不畏。

**畢　沅曰**：《淮南》〈道應訓〉下有「也」字。

**劉殿爵曰**：帛書本「畏」下多「人」字。今本的意思是，別人所畏懼的，自己也不可不畏懼。而帛書本的意思却是，爲人所畏懼的——就是人君——亦應該畏懼怕他的人。兩者意義很不同，前者是一般的道理，後者則是對君人者所說有關治術的道理。

**張舜徽曰**：各本語意不明，顯有缺奪，今據帛書乙本補正。此言人君爲衆人之所畏，人君亦不可不畏衆人也。

**古　棣曰**：按照古漢語語法，「人之所畏」不能解作人君（爲人所畏懼的），只能解作「人們所畏懼的事情」。如果是劉先生所說的那種意思，按照古漢語語法，老子就該寫成：「爲人之所畏者，亦不可不畏人。」由此看來，帛書的後一個「人」字爲衍文無疑。

**案**：《文子》〈上仁〉用老子文，作「人之所畏，不可不畏也」；《淮南子》引同。「不畏」下並無「人」字。王〈注〉曰：「故人之所畏，吾亦畏焉。」想爾〈注〉曰：「死是人之所畏也，仙、王、士與俗人同知畏死樂生。」據此，二本原文亦無此「人」字。疑帛書乙本「人」乃「也」之譌，《文子》及《淮南子》可爲證。

## 若春登臺。

**俞　樾曰**：「如春登臺」與十五章「若冬涉川」一律。河上公本作「如登春臺」，非是。然其〈注〉曰：「春陰陽交通，萬物感動，登臺觀之意志淫淫然。」是亦未嘗以「春臺」連文。其所據本亦必作「春登臺」，今傳寫誤倒耳。《文選》〈閒居賦〉〈注〉引已誤。

**易順鼎曰**：《文選》張孟陽〈魏都賦〉〈注〉曰：「異乎老子曰：若升春臺之爲樂焉。」〈秋興賦〉云：「登春臺之熙熙。」〈注〉亦引老子作「登春臺」。是魏、晉至唐古本皆作「登春臺」，無作「春登臺」者矣。河上本亦作「如登春臺」，《文選》〈閒居賦〉〈注〉所引不誤。

**蔣錫昌曰**：唐強思齊〈道德眞經玄德纂疏〉引河本經文作「如春登臺」，正與宋河本合。兪氏謂河所據本必作「春登臺」，是也。顧本成〈疏〉：「又如春日登臺。」是成亦作「如春登臺」。王本、河本及各石本皆作「春登臺」，蓋古本如此，似未可據最後諸本擅改也。

案：若就本章句法而論，「若春登臺」自當作「若登春臺」，方始與上句「若享太牢」一律。俞樾謂此文當作「若春登臺」，引十五章「若冬涉川」爲證，捨近取遠，不合常理，宜乎易氏責其辨也。然老子此文未必如易氏所說上下句法一律，蔣氏引王本、河本及各石本爲證，已可證其說之不可必；今檢帛書，此文正作「春登臺」，則易說之不可從，蓋無庸置疑矣。想爾〈注〉曰：「若飲食之，春登高臺也。」猶古。

二案：魏晉以降，此文始易作「登春臺」，王羲之書河上古本作「登春臺」，古注如《文選》〈秋興賦〉、〈閒居賦〉、〈魏都賦〉之〈注〉，引此已「春臺」屬詞，與「太牢」相對；至若類書，《書鈔》一五四、《寶典》三及《御覽》三、十九引，亦「春臺」屬詞。俞樾所見河上本作「登春臺」，亦改於此時之後；其他如說郛本、志本、世德堂本及歸有光本，既爲晚出，尤不免於後人所改矣。

**我魄未兆，**

**嚴可均曰：**御〈注〉作「我獨怕其未兆」，河上作「我獨怕兮其未兆」，傅奕作「我獨魄兮其未兆」，《大典》作「我泊兮其未兆」。

案：帛書甲本「魄」作「泊」；《釋文》所見河上本作「泊」，與此本合。《文選》

〈養生論〉〈注〉引作「泊」，古。帛書乙本作「博」，博、伯古通，《廣韻》十九鐸「博」字下云：「古有博勞，善相馬也。」博勞，即伯勞，即其證。伯、泊皆從「白」得聲，古可相通。王弼本作「廓」，與此不同。

二案：河上本、古本及玄宗本諸系統「我」下皆有「獨」。《文選》〈秋興賦〉〈注〉、《御覽》三、十九引亦皆有「獨」字，與此本異。檢帛書二本，「我」下均無此字；王本作「我獨泊兮其未兆」，輔嗣〈注〉曰：「言我廓然無形之可名……。」「廓然」乃訓說「泊兮」，則王本原文亦無「獨」字，與帛書相合，其古可知。河上本有「獨」字，蓋上文言「眾人」，此文言「我」，與下文兩言「俗人」、兩言「我」有相似之處，故受下文兩「獨」字之影響而添。想爾本系統作「我魄未兆」，亦古。

## 若嬰兒未孩。

**嚴可均曰**：各本作「如嬰兒之未孩」。

**勞　健曰**：傅、范、景福，與《釋文》並作「咳」。景龍、開元作「孩」。孩，即咳之古文。

**蔣錫昌曰**：《說文》：「咳，小兒笑也。孩，古文咳，从子。」是咳、孩一字。

**案**：漢時此文已有二源流：一作「咳」，一作「孩」。帛書乙本作「咳」，《說文》曰：「咳，小兒笑也。」此蓋云聖人渾沌無知，如同還不會笑、無意識、無情欲之嬰兒。古本系統，河上景福碑本及《釋文》所見王本皆作「咳」，存古本之舊。河上〈注〉曰：「如小兒未能答偶人時也。」是河上原本作「咳」，不作「孩」。想爾〈注〉曰：「……不樂惡事，至惡事之間，無心意如嬰兒未生時也。」想爾本字蓋作「孩」，並就其本字讀之，故訓作「嬰兒未生時」也。其後王本、河上道藏本、玄宗本系統皆受此影響，讀成「嬰兒未生時」，卒易作「孩」矣。

**乘乘無所歸。**

**蔣錫昌曰：**范謂此句王弼同古本，河上公作「乘乘兮若无所歸」，今從古本，即范見王本作「儽儽兮其若不足，似無所歸」。今王本作「儽儽兮若無所歸」，上三字爲王本，下四字乃河本也；應從范本改正。

**案：**蔣據范所見，考定王本原作「儽儽兮其若不足，似無所歸」；今王本正文作「儽儽兮若無所歸」，〈注〉曰：「若無所宅。」然則，王本蓋殘奪甚矣。傅本作「儡儡兮其不足，以無所歸」，范本作「儽儽兮其若不足，似無所歸」，「其不足」及「其若不足」，即從王本而來。帛書甲本作「如……」，乙本作「似无所歸」，此西漢古本也，其後想爾本系統、河上道藏本皆其緒也。

**俗人察察，我獨悶悶。**

**案**：帛書乙本「悶悶」作「閩閩」。閩與湣古通；閩閩，即湣湣之謂；《楚辭》〈七諫〉〈怨世〉曰：「處湣湣之濁世兮，今安所達乎吾志。」〈注〉曰：「言己居濁涸之世，無有達我清白之志也。」是「湣湣」有「混濁」、「污濁」之義也。高亨謂字當作「閔閔」，曰：「閔閔，濁也；言眾人皆清我獨濁也。《楚辭》〈漁父〉曰：『安能以身之察察，受物之汶汶者乎。』汶，亦潣之借字；言安能以身之清受物之濁也。」閔、湣古通；閔閔，亦即湣湣也。古本、傅本及范本並作「閔閔」，與帛書乙本同一源流。

**二案**：帛書甲本作「悶悶」，想爾本、王本、敦煌本及開元本諸系統同；此另一源流也。

## 淡若海，

**陸德明曰**：嚴遵作「忽兮若晦」。

**蔣錫昌曰**：強本成〈疏〉：「晦，闇也。」是成蓋作「忽若晦」。

**朱謙之曰**：傅本作「淡兮其若海」，范本作「澹兮若海」，御〈注〉、英倫二本作「忽若晦」，廣明、景福、室町三本作「忽兮其若海」。作「澹」字是也，碑本誤作「淡」。《說文》：「澹，水搖也。」與「淡」迥別。

**案**：帛書乙本「淡」作「沕」；沕，幽深不可分、不可窮極之貌。《淮南子》〈原道〉曰：「沕穆無窮，變無形像。」賈誼〈鵩鳥賦〉云：「沕穆無窮兮，胡可勝言。」

李〈注〉：「沕穆，不可分別也。」《史記》〈索隱〉：「沕穆，深微貌。」此蓋形容海之幽深不可窮極也。帛書甲本作「忽」；忽，亦幽深無窮之貌，與「沕」字音義相同。

二案：西漢之際，此文蓋有參差。帛書作「沕」（忽），河上本、嚴遵本亦同一源流，成〈疏〉本及諸唐本即承此源流之緒耳。另一源流字作「澹」，《淮南子》〈原道〉曰：「澹兮其若深淵。」所據老文，蓋即作「澹」。其後或易作「淡」，如龍興觀碑，或維持「澹」字，若王本系統；而作「沕」（忽）者亡。今賴帛書，得以考存古本。

* * * *

**蔣錫昌曰**：「澹兮其若海」，謂聖人居心一若恬靜之海也。

**張舜徽曰**：「海」字，他本或作「晦」，帛書甲、乙本均作「海」，不誤也。

**案**：帛書甲本「海」字殘，乙本作「海」。《莊子》〈知北遊〉引老聃言曰：「夫道……淵淵乎其若海。」可知先秦古本此文字亦作「海」。《淮南子》〈原道〉曰：「澹兮其若深淵。」深淵，即「海」之謂也；其所據本蓋亦作「海」，似無可疑。河上〈注〉曰：「如江海之流，莫知其所窮極也。」河上本字亦作「海」。然，嚴本字作「晦」；想爾〈注〉曰：「仙士意志道如晦，思臥安牀，不復雜俗事也。」想爾本字亦作「晦」，與嚴本合；其後開元本系統即出自此本。此西漢二源流之梗概耳。



## 我獨異於人，

**易順鼎曰**：王〈注〉：「故曰：我獨欲異於人。」是王本「獨」下有「欲」字之證。

**陶鴻慶曰**：傅奕本「我獨」下有「欲」字。據王〈注〉，是王所見本亦有「欲」字，而傳寫奪之。老子狀道之要妙，多爲支離惝怳之辭，或曰若、曰如、曰似、曰將、曰欲，皆此旨也。當以有「欲」字爲勝。

**高　明曰**：據帛書甲、乙本勘校，「欲」字應在「獨」字之前，讀作「我欲獨異於人」。從文意分析，似較王〈注〉引「我獨欲異於人」貼切，當從。

**案**：帛書二本「獨」上有「欲」字，作「吾欲獨異於人」。陶據王本謂「獨」下有「欲」字，其說甚是；惟帛書「欲」在「獨」字之上，與王本及傅本小異。伯希和二五八四、斯坦因六四五三及遂州本皆作「我欲異於人」，奪「獨」字，「欲」字猶存，至爲可貴。

**二案**：竊疑老子原文本作「欲獨異於人」，其後一本奪「獨」字，若想爾索洞本、次解本、天寶本、伯希和、斯坦因及遂州本即是；一本奪「欲」字，今王本、敦煌本及開元本系統皆如此；諸本之中，惟古王本、傅本及范本保存此二字，雖誤倒作「獨欲」，其可貴之處爲他本所不及也。

# 二十一章

## 忽恍中有象，恍忽中有物。

案：河上本二句作「忽兮怳兮，其中有像；怳兮忽兮，其中有物」，傅本作「芴兮芒兮，其中有象；芒兮芴兮，其中有物」，忽與芴，怳與芒，古皆音同義通。朱謙之《校釋》引褚伯秀曰：「芒芴，讀同『恍惚』。」恍、怳古亦通。此本「忽」「恍」及「恍」「忽」下，皆奪「兮」字，蓋後人所刪也。

二案：帛書甲本作「□□□呵，中有象呵。堅呵怮呵，中有物呵」，乙本作「沕呵望呵，中有象呵。望呵沕呵，中有物呵」，造句用語，爲後來諸本所因襲。竊疑西漢以前，此文造句用語蓋有二源流：其一從肯定中發問者，如帛書本「中有象呵」、「中有物呵」，以及後來諸本之「中有象兮」、「中有物兮」，即此源流；先秦古籍中，《鶡冠子》〈夜行〉作「芴乎芒乎，中有象乎！窈乎芴乎，中有物乎」，爲此源流之最早者。另一源流乃從否定中發問者，《莊子》〈至樂〉曰：「芴乎芒乎，而无有象乎！」雖只用此文之前句，然其後句亦爲否定發問之形式，蓋無可疑。其後，《文子》〈道原〉曰：「忽兮怳兮，不可爲像。」《淮南子》〈原道〉：「忽兮怳兮，不可爲象。」即刪末尾虛字，又變更否定發問爲否定語氣耳。其後，前一源流句尾兩虛字被刪省，又變更爲肯定之語氣，乃成嚴本、河本及王本之情形；而想爾本系統並刪「忽兮怳兮」、「怳兮忽兮」之四「兮」字，使其文字更簡省，則其去古更遠矣。至於後一源流，漢以後不傳焉。

## 窈冥中有精，其精甚真，其中有信。

**嚴可均曰**：「窈冥中有精」，顧歡與此同。御〈注〉作「窈兮冥，其中有精」，河上、王弼作「窈兮冥兮，其中有精」。

**案**：帛書甲本「中有精」與此同，乙本「中」上有「其」字。竊疑古本此文蓋有二源流。一如甲本作「中有精」，《鶡冠子》引作「中有精乎」，即出自此本；范本、館本及此本同。一如乙本作「其中有精」，《淮南子》所據者，蓋即此本；河上本、工本及傅本亦皆出自此本也。

**二案**：西漢以前，「窈」及「冥」下各本分別皆有嘆詞。《鶡冠子》作「窈乎冥乎」，時代最早。帛書二本「窈」、「冥」下分別有「呵」字，《淮南子》〈道應〉引分別亦有「兮」字。其後，王本、古本、河上公本及玄宗本等諸系統皆有此歎詞。想爾本系統皆無此二嘆詞，蓋刪省以就五千言之數也。

## 自古及今，其名不去，

**吳　雲曰**：傅本作「自今及古」，王弼同此石。

范本作「自今及古」，**馬敍倫曰**：各本作「自古及今」，非是。古、去、甫韻。范謂王弼同古本，則今弼〈注〉中兩作「自古及今」，蓋後人依別本改經文，並及弼〈注〉矣。

**蔣錫昌曰**：《道德眞經集註》引王弼曰：「故曰自今及古，其名不去也。」正與范見王本合，足證今本已爲後人所改。

**案**：此文古本自作「自今及古」；古，與下文「去」、「甫」協韻。帛書皆作「自今及古」，嚴本、傅本及范本即沿此而來，至爲可貴。後人欲牽合此句與上文「信」、「眞」及「精」協韻，乃移作「自古及今」矣。想爾本以下，皆不古。

## 以閱衆甫。

**俞　樾曰**：「甫」與「父」通。衆甫者，衆父也。四十二章：「我將以爲教父。」河上公〈注〉曰：「父，始也。」而此〈注〉亦曰：「甫，始也。」然則衆甫，即「衆父」矣。

**高　亨曰**：閱，猶出也。《淮南子》〈原道訓〉曰：「萬物之總，皆閱一孔；百事之根，皆出一門。」言皆出於一之孔，皆出於一之門也。

**蔣錫昌曰**：成〈疏〉：「閱，覽也。」覽者，觀也，與一章「觀其妙」、「觀其徼」之「觀」

同誼。

**朱謙之曰：**《淮南子》〈俶眞訓〉：「夫天之所覆，地之所載，六合所包，陰陽所呴，雨露所濡，道德所扶，此皆生一父母而閱一和也。」高誘〈注〉：「閱，總也。」經典「甫」皆訓「大」；衆甫，即衆大，域中有四大。「以閱衆甫」者，即以總四大也。

**案：**高亨訓「閱」爲「出」，謂道能產生眾父；其說蓋是。《淮南子》〈俶眞〉曰：「道出一原，通九門，散六衢，設於無垓坫之宇。」（高〈注〉：設，施也。）老子所謂「閱眾甫」，蓋即《淮南子》「通九門，散六衢，設於無垓坫之宇」之謂也。朱訓「閱」爲「總」；總，即總聚、總理。「閱眾甫」，即總聚、總理萬物。二家說法，實無差異。《淮南子》曰：「萬物之總，皆閱一孔；百事之根，皆出一門。」蓋自萬物、百事而言，萬物、百事皆出自一孔、一門（即通）；自道而言，道（即一孔、一門）亦總聚、總理萬物、百事也；所謂產生萬物，所謂總聚萬物，其實一也。帛書二本「閱」並作「順」；《說文》曰：「順，理也。」理、總義近。

## 吾何以知衆甫之然？以此。

**案：**諸本「然」下皆有「哉」字，《御覽》六五九引同。五十四章：「吾何以知天下然哉？以此。」五十七章：「吾何以知其然哉？以此。」就老子文例言之，亦當有「哉」字。帛書乙本有「也」字；也、哉，皆歎詞。河上本、王本及古本諸系統皆有此字，惟想爾〈注〉本、索洞本及天寶本缺。

# 二十二章

**曲則全，枉則正；**

**嚴可均曰：**「枉則正」，傅奕與此同，諸本作「則直」。

**蔣錫昌曰：**范謂「正」字王弼同古本，則王本「直」作「正」。

**朱謙之曰：**遂州本、館本、范應元本均作「正」。

**古　棣曰：**從義理上和音韻上看，可知作「正」無疑。「枉」有邪義，與曲不完全相同，故與「正」相反為文。作「正」，與「全」、「盈」、「新」為韻，作「直」則失韻。

**案：**帛書乙本作「正」，甲本作「定」；《說文》曰：「正，古文正从二；二，古文上字。」《集韻》曰：「定，古作正。」古文定、正二字相同，故甲本誤「正」為「定」矣。

**二案：**河上公本「正」作「直」，張舜徽、古棣及楊丙安等諸家皆就韻腳關係，而校定此文當從帛書作「正」。竊謂此文西漢之際蓋有二源流；其一作「正」，帛書、想爾本、古王本及古本諸系統是也。其一作「直」，《淮南子》〈道應〉及《後漢書》〈張衡傳〉〈注〉所據者，即此源流也；河上公本及玄宗本兩系統，即從此源流而來。王本原作「正」，今作「直」者，亦後人據此源流而改。蓋古本《老子》韻讀未必如今本周密，後一源流可爲例證也。

## 是以聖人抱一為天下式。

**馬敘倫曰**：《說文》曰：「式，法也。」

帛書「式」作「牧」，**張舜徽曰**：句尾「牧」字，與「惑」協韻而義亦長。

**古　棣曰**：帛書作「牧」，於義雖勉強可通，但失韻。原文當作「式」。

**高　明曰**：《老子》原本作「聖人執一」，不是「聖人抱一」。帛書甲、乙本保存了原文和原義，今本則有訛誤，且此一誤傳來源很久，早在南北朝期間即已造成，如今有帛書出土，才得見廬山面目。

**案**：帛書「抱」均作「執」，抱與執，取義相近。《韓非子》〈揚搉〉曰：「執一以靜。」以「執一」屬詞。《呂覽》〈執一〉曰：「執一而爲萬物正。」疑即化用老子「枉則正……聖人抱一爲天下式」文字，字亦作「執」。蓋先秦古本，此文有作「執一」者耳。其後或受第十章「載營魄抱一」影響而改作「抱一」歟？又帛書「式」作「牧」，張謂與「惑」協韻，古謂作「牧」者失韻。竊疑古本《老子》用韻或未綿密，後人牽合韻讀，逐次修易而成今日之面貌；此本書傳遞過程之演進現象也。

**不自見，故明；不自是，故彰；**

**朱謙之曰：**遂州本、館本「不自見故明」，在「不自是故彰」句下。

**案：**帛書甲本作「不自視故明，不自見故章」，兩句次第與此本合；王本、古本、河上本及玄宗本諸系統皆如此。帛書乙本兩句互易，作「不自視故章，不自見故明」；許抗生從之。想爾〈注〉本、索洞本、天寶本及次解本皆作「不自是故章，不自見故明」，次序與帛書乙本合；若無帛書出土，幾無法考知想爾本之淵源矣。二十四章曰：「自見者不明，自是者不彰。」若以二十四章律之，自當以前者次第爲勝；然，若自文章變化觀之，又以後者爲佳矣。

**不自矜，故長。**

**古　棣曰：**帛書甲本、乙本作「弗矜故能長」。此句應與上三句句法一律，作「不自矜故長」。帛書與衆本不同……此外無他據，故仍從衆本。

**案：**帛書二本「故長」均作「故能長」。「故有功」、「故能長」相對爲文，猶上文「故明」、「故彰」之相對也。河上公〈注〉曰：「聖人不自貴大，故能長久不危。」可證河上本正文亦有「能」字；今本無此字者，蓋後人所刪也。

**夫唯不爭，故天下莫能與之爭。**

**朱謙之曰：**《群書治要》引此句，作「莫能與之爭」。

**王叔岷先生曰：**敦煌景龍鈔本作「故莫能與爭」。

**高　明曰：**帛書老子甲、乙本此句皆作「故莫能與之爭」，無「天下」二字。諭之北京圖書館藏敦煌寫本殘卷、唐李榮《老子道德經注》、遂州龍興碑亦無「天下」二字，皆與帛書相同。可見《老子》原文當如此。今本作「故天下莫能與之爭」者，爲後人依第六十六章文而贅增「天下」二字。

**案：**西漢之際，此文恐有二源流，一有「天下」二字，一無此二字耳。《莊子》〈天道〉曰：「而天下莫能與之爭美。」《淮南子》〈道應〉引老子曰：「夫唯不爭，故天下莫能與之爭。」所據者皆有「天下」二字；其後，王本、古本等諸系統皆出自此源流耳。帛書二本咸無「天下」二字，則又別出一源流矣。《淮南子》〈原道〉曰：「莫能與之爭。」未詳所據者是否即此源流。想爾本系統皆無此二字，蓋有來歷。

**古之所謂曲則全，豈虛語？**

**魏稼孫曰：**御〈注〉「全」下有「者」字。

**朱謙之曰**：「曲則全」爲古語，《孫子》〈九地篇〉：「善爲道者，以曲而全。」即其明證。

**案**：王本、古本、河上本及玄宗本諸系統「曲則全」均作「曲則全者」，多「者」字；帛書乙本作「曲全者」，無「則」字，亦有「者」字（甲本缺）；均與此本參差。竊疑兩漢時此文或有二源流；一作「曲全者」，「曲全」，即「曲則全」之省語，《莊子》〈天下〉曰：「人皆求福，己獨曲全。」即「曲全」屬詞，省一「則」字，帛書即此源流矣。其一作「曲則全」，全引古語，省一「者」字，想爾本系統即如此作，可爲證。其後傳鈔者合併之，卒成「古之所謂曲則全者」；王本、古本、河上本及玄宗本諸系統，莫不如此。今賴帛書及想爾本，得以明考各本之淵源及關係。古棣謂帛書漏抄「則」字，黃釗謂帛書當從今本作「曲則全」，蓋昧於源流也。

# 二十三章

## 飄風不終朝，驟雨不終日。

**王叔岷先生曰：**《文子》〈九守篇〉、《列子》〈說符篇〉「驟」並作「暴」。《事文類聚》〈前集〉五引《莊子》亦云：「驟雨不終日。」

**古　棣曰：**《老子》故書，究竟是「驟雨」還是「暴雨」，難以考實。但似乎「驟雨」於義爲長。「驟」來得急，去得快，故云「驟雨不終日」。「驟雨」也正與「飄風」相對。飄風，即今日所謂旋風。

**案：**帛書二本「驟雨」均作「暴雨」；作「暴雨」者，古。《列子》曰：「飄風、暴雨不終朝。」《呂覽》、〈愼大覽〉曰：「飄風、暴雨，日中不須臾。」均以「飄風」「暴雨」對舉，恐有來歷，字正作「暴」；《文子》〈九守〉曰：「飄風、暴雨不終日。」蓋用老子文，字亦作「暴」。皆其明證。《禮記》〈月令〉曰：「飄風、暴雨總至。」《管子》〈小匡〉曰：「飄風、暴雨數臻。」《韓非子》〈用人〉曰：「暴雨疾風必壞。」皆以「飄風」（「疾風」）、「暴雨」對舉，亦其證。西漢末年，傳鈔者易作「驟雨」，揚雄〈太玄賦〉曰：「飄風不終朝兮，驟雨不終日兮。」蓋本老子，而所據本已易「暴」作「驟」矣。河上公〈注〉曰：「驟雨，暴雨也。言……暴雨不能久也。」河上〈注〉蓋成於西漢末及魏晉之間，字作「驟」，乃當然之事耳。其後「驟雨」本流行，王本系統、傅本及玄宗本系統均作「驟雨」，而「暴雨」本幾成絕響。惟《御覽》十引作「暴雨不終日」，范本作「暴雨」，則「暴雨」本不絕如縷，唐、宋之間猶有傳本焉。

**孰為此？天地。天地尚不能久，而況於人？**

**高　亨曰**：「天地」二字衍，妄人之所加也。請列二說以明之。七章曰：「天長地久。」則此處豈能又云「天地尚不能久」，以自相矛盾，此一說也。「尚不能久」者，謂飄風驟雨不能久，承上省「飄風驟雨」四字，王〈注〉曰：「言暴疾每興不長也。」河上〈注〉曰：「不終於朝暮也。」是皆謂飄風驟雨之不長久，非謂天地也；此二說也。蓋後人不識省文，故加「天地」二字。

**許抗生曰**：按帛書的意思是說，天地爲此（飄風暴雨）尚不能久，并不是指天地本身不能久。後人不解其義，以爲天地尚不能久，故妄增「天地」兩字。

**古　棣曰**：我認爲，不是衍「天地」二字，而是脫「爲此」二字，應作：「天地爲此尚不能久，而況於人乎！」如此，則文從字順。「況於人」，正是與「天地爲此」相比，說人爲之事，當然也不能久。

**徐仁甫曰**：「天地」及「人」下，均承上句「孰爲」而省「爲」字。上句曰：「孰爲此者？」即答曰：「天地。」此「天地」下，已省「爲」字。河上公曰：「孰，誰也；誰爲此飄風暴雨者乎？天地所爲。」是也。接言天地爲尚不能久，而況於人爲乎？老子文多承上省略，補出省略讀之，則怡然理順，其義自明。若不知其省，妄衍原文，反成窒礙矣。

**高　明曰**：帛書甲、乙作「孰爲此，天地而弗能久，又況於人乎」，是一陳述句，猶言孰使飄風暴雨如此，天地尚不能常久，又何況於人！不僅文暢義顯，而且符合「萬物作焉而不辭，生而不有，爲而不恃」之道義。由此可見，今本中之「者」與「天地」三字，皆爲後人妄增，非《老子》舊文，當從帛書本爲是。

**案**：此文當如徐仁甫所云，讀作「天地爲尚不能久，而況於人爲」，指天地所爲之飄風、暴雨尚且不能長久，何況於人所爲者乎！正文無二「爲」字，老子省略之也。觀河上〈注〉「誰爲此飄風暴雨者乎？天地所爲」，想爾〈注〉「天地尚不能久，人欲爲煩躁之事……安能得久乎」；二家蓋知老子省略，故能增字解說，還老子本義耳。

**二案**：帛書乙本作「孰爲此？天地，而弗能久，而況於人乎」；蓋謂天地爲此飄風、暴雨竟無法長久，然則人爲之事又可長久乎？據老子原義，此文當作「天地爲此而弗能久，而況於人乎」，然爲變化文句，且從提問發端，乃加一「孰」字，又倒裝文句作「孰爲此？天地，而弗能久，而況於人乎」。河上公〈注〉曰：「誰爲此飄風暴雨者乎？天地所爲，不能終於朝暮也。」細嚼河上〈注〉文，河上本正文蓋不重「天地」二字。後人不知爲倒裝句，乃將「天地」屬上爲句；「尚不能久」缺主語，乃添「天地」二字，作「天地尚不能久」。想爾〈注〉曰：「天地尚不能久……。」然則，「天地」之重爲時已久矣！若就帛書而論之，徐所云者義是而文非，古所增者純爲臆斷；而高亨謂後人加「天地」二字以致於誤讀此文，乃因「不識省文」，則高亦讀「孰爲此？天地」句斷，誤。

**故從事而道者，道德之；同於德者，德德之；同於失者，道失之。**

**嚴可均曰**：古「得」「德」字通；德之，即「得之」也。

**馬敍倫曰**：此節各本多異。……蓋老子古本當作「故從事於道，同於道者，道得之；同於德者，德得之；同於失者，道失之」。

**許抗生**從帛書作「故從事而道者同於道，得者同於得，失者同於失。同於得者，道亦得之。同於失者，道亦失之」，曰：所以從事於「道」的行爲同於「道」，從事於得的行爲同於得，從事於失的行爲同於失。行爲與得相同的，「道」就能得到。行爲與失相同的，「道」就會失掉。

**周次吉曰**：帛書兩本是也。蓋古文質樸，不若後世之縟麗也；「從事」二字，乃總提下文之綱契，不必若排偶之句句標注也。

**古棣**從高亨，將「失」改作「天」，又訂正全文作「故從事於道者同於道，於德者同於德，於天者同於天。同於道者，道亦樂得之；同於德者，德亦樂得之；同於天者，天亦樂得之」，曰：尋求道的，要同於道；尋求德的，要同於德；尋求天的，要同於天。這裏指的是修道、得道的聖人。它強調是得道的聖人要與道同體。

**案**：此文各本差異甚大，而各家說法紛紜，莫衷一是；帛書之出土，不但對此文之解說大有裨益，對於各本之參差現象，亦有助於瞭解。

帛書二本皆作「故從事而道者同於道，德者同於德，失者同於失。同於德者，道亦德之；同於失者，道亦失之」（甲本「同於德者」，無「於」字，蓋奪；「從事而道者」，而，於也），此當是本文早期之情形。其文蓋分前後二節；前節論及「從事於道者」、「從事於德者」及「從事於失者」，而總冒以「從事於」三字，故行文作「從事於道者同於道，德者同於德，失者同於失」，第二、三句均省「從事於」三字，周次吉謂「古文質樸」是也。後半節論道與德、失兩者之關係；謂能同於德者，自然能獲得「道」；而不能同於德者（即行爲與「失」相同者），則自然失去「道」。後半節雖只兩句，實際上已將道、德、失三者之關係遍而論及矣。

後人見前半節論道、德、失三者，又見後半節兩句只論及「德」與「失」，誤以爲獨缺一「道」，乃於兩句之首加入「同於道者，道得之」，又小改後二句作「同於德者，德得之；同於失者，失得之」——

| | | |
|---|---|---|
| 1. | 故從事於道者同於道，德者同於德，失者同於失。 | 同於德者，道亦德之；同於失者，道亦失之。 |
| 2. | 同　上 | 同於道者，道亦得之；同於德者，德亦得之；同於失者，失亦得之。 |

（范本所自來）

使用字更整齊相應，不知其失老子原義遠矣！更不知「失亦得之」「究竟說的是甚麼意思，實在難以捉摸」（楊丙安語）！此時約在東漢之季，後來之范本蓋出自此源流耳。

東漢之際，除演變成上述第二本之外，傳鈔者又添三「樂」字，使正文後半節作——

| | | |
|---|---|---|
| 3. | 同　上 | 同於道者，道亦樂得之；同於德者，德 |

亦樂得之；同於失者，失亦樂得之。

河上本及王本兩系統諸本即出自此第三本也，而其行文更累贅。除此二本外，東漢又有合前後兩節爲三句之簡本——

4.

| | |
|---|---|
| 故從事於道者， | 道得之；同於德者，德亦得之；同於失者，道亦失之。 |

此本蓋直承西漢古本，故無「同於道者，道亦得之」一句之污染，而後半節末句「道亦失之」猶未改；東漢以後想爾本系統內諸本，即受其影響而小作變化耳。《三國志》〈鍾會傳〉裴〈注〉引作「同於道者，道得之；同於失者，道失之」，即據此第四本而又受第二、三本污染者也。

南北朝以後，此兩節文字變化更大，皆無可觀矣。其變化小者爲——

5.

| | |
|---|---|
| 故從事於道者，道者同於道，德者同於德，失者同於失。 | 同於道者，道亦得之；同於德者，德亦得之；同於失者，失亦得之。 |

前半節憑空增「道者」二字，與上句重複；玄宗本系統內諸本即承此餘緒。其變化大者爲——

6.

| | |
|---|---|
| 故從事於道者，道者同於道；從事於得者，得者同於得；從事於失者，失者同於失。 | 於道者，道亦得之；於得者，得亦得之；於失者，失亦得之。 |

試觀此本，淺人不但增「道者」、「從事於德者」、「從事於失者」，使經文累贅煩疊，又刪後半節三「同」字，使原文經義有缺損；而傅本即直承此本，甚矣其最不足觀者也。

晚近學者對本文之整理，眾說紛紜，使人如墜五里霧中。而其說之最遠者，莫若高亨所謂「老、莊特重『道』、『德』、『天』三字，《莊子》〈天下篇〉天、德、道三字並舉，可爲佐證」，乃強改後半節兩「失」字作「天」，不知所據者「失亦失之」乃後人所改，其「其文難通，老子之指晦」自是當然之事耳。而古棣等猶從之，無乃不可乎！

## 信不足，有不信！

**馬敍倫曰**：此二句疑十七章錯簡在此，校者不敢刪，因複記之，成今文矣。

**案**：帛書二本均無此二句。十七章「信不足焉」下，河上〈注〉曰：「君信不足於下，下則應之以不信。」與此文河上〈注〉「君信不足於下，下則應君以不信也」幾完全相同，蓋後人並彼注移錄於此也。嚴遵、河上及王弼此文皆有〈注〉，則其錯簡時代蓋在西漢中期以後矣。

# 二十四章

## 企者不久，夸者不行

**嚴可均曰**：御〈注〉、河上作「跂者不立」，王弼作「企者不立」。

**羅振玉曰**：企，《釋文》：「河上作跂。」跂，殆「跂」之誤。御〈注〉、廣明二本亦作「跂」。廣明本此上有「喘者不久」句。

**朱謙之曰**：企與跂古通用。《莊子》〈秋水〉：「掇而不跂。」《釋文》：「跂，一作企。」〈庚桑楚〉：「人見其跂。」古鈔卷子本作「企」。

**高　明曰**：河上公釋「不立」爲「不可久立」，隨後因襲此〈注〉而有「企者不久」、「喘者不久」繼踵而出，皆非《老子》之文。再如，今本「企者不立」下有「跨者不行」一句，兩句相對成偶，顯然出自六朝人之手，取用駢體對偶之文體……。今從帛書本所見，「跨者不行」四字恐非《老子》舊文，無疑爲後人增入。

**案**：帛書二本此章均在前二章「孔得之容」下，章次與今本不同。帛書本「企者不久」作「炊者不立」，無下句「夸者不行」四字。「企者不久」，即河上本之「跂者不立」，亦即王弼本之「企者不立」；企、跂古通；久，乃立之譌。竊疑此文古本文句頗不穩定，帛書作「炊者不立」（即「企者不立」、「跂者不立」），當是古本之一；而另一古本又有作「跨者不行」者，與前一本同時流行。其後，想爾〈注〉本、索洞本、天寶本即出自後一古本，而於句前又增「喘者不久」四字；而河上本則合二古本爲一，作「跂者不立，跨者不行」，王弼本、古本及玄宗本諸系統即淵源於此。時代更晚之廣明碑本，則集前後三種之大成，演變爲「喘者不久，跂者不立，跨者不行」，甚矣其最不足取者也。

## 自見不明，自是不彰，自伐無功，自矜不長。

**嚴可均曰：**河上、王弼「自見」下有「者」字，下四句皆然。

**馬敘倫曰：**《文選》〈奏彈王源文〉〈注〉引「自伐」二句亦無「者」字；《莊子》〈山木篇〉引大成之人曰：「自伐者無功。」《論語》〈義疏〉三引李充曰：「自伐者無功，自矜者不莊。」蓋即此文，則古本有「者」字。

**案**：河上本、王本及傅本「自見」「自是」「自伐」「自矜」下，皆有「者」字，與帛書甲、乙本合（甲本「自是」下無「者」字，蓋奪），此皆古。馬據《莊子》及《論語》〈義疏〉證古本「自伐」「自矜」下皆當有「者」字，其說可從。想爾本系統、御〈注〉本下三句無「者」字，館本、龍本及此本並首句亦無之，蓋後人刪省以就五千言之數也。

# 二十五章

## 周行不殆

**案**：「周行而不殆」，與上句「獨立而不改」相對。帛書乙本無此句；甲本此處殘缺，以字數推計之，亦無此數字。周次吉以爲今本有此句，乃「後之淺人所加之贅言」；古棣則以爲帛書無此句，乃抄者所漏耳。考《韓非子》〈解老〉曰：「聖人觀玄虛，用其周行，強字之曰道。」本書「周行」只此一見，韓非此文蓋即化用老子本章「……周行不殆……吾不知其名，字之曰道」而來，疑先秦古本自有「周行不殆」一句；降至西漢時，一本無此句，蓋即帛書本所自出也。

## 可以為天下母。

范本「下」作「地」，**范應元曰**：「天地」字古本如此，一作「天下母」，宜從古本。

**馬敍倫曰**：范說是也。上謂「先天地生」，則此自當作「爲天地母」。成〈疏〉曰：「間化陰陽，安立天地。」則成亦作「天地」。

**周次吉曰**：本書「天下」、「天地」連用者，凡三十章有奇；凡言及「物」者，則恆用「天地」詞；凡言及「事」者，則恆用「天下」字。本章開宗已言「有物昆成」，則其後當謂「可以爲天地母」矣。

**盧育三曰**：從全章文義考察，似仍依王本作「天下」爲好。所謂「天下」，亦即地上，指天地間萬物而言。

**案**：帛書二本均作「天地母」，周次吉謂當以帛書爲是，王垶、古棣及楊丙安諸家亦均從帛書。東漢以後，諸本皆已作「天下母」；范所見古本猶作「天地母」，與帛書合，至爲可貴。

## 吾不知其名，字之曰道；

范本「字」上有「故強」二字，**范應元曰**：王弼同古本，河上本無「強」字，今從古本。

**劉師培曰**：《韓非子》〈解老篇〉：「聖人觀其玄虛，用其周行，強字之曰道。」則「字」上當有「強」字，與下「強爲之名曰大」一律，今本脫。牟子〈理惑論〉引亦有「強」字，是東漢本尚未脫。

**易順鼎曰**：《周易集解》卷十七引干寶曰：「老子曰：吾不知其名，強字之曰道。」「字」上有「強」字。

**馬敍倫曰**：河上〈注〉曰：「見萬物皆從道生，故字之曰道。」則河上有「故」字。成

〈疏〉曰：「……故字之曰道。」是成亦有「故」字。

**蔣錫昌曰**：《莊子》〈則陽〉郭〈注〉：「而強字之曰道。」是郭本亦有「強」字。

**古棣曰**：第一章說：「道可道，非常道；名可名，非常名。」只好勉強地給「道」起名字；所以此處應作「強字之曰道」，與下句「強爲之名曰大」一律，從詩的整齊美來考慮，也應有「強」字。

**案**：諸家均據《韓非子》、〈理惑論〉、《周易集解》引干寶及《莊子》〈注〉引於「字之」上添「強」字，作「強字之曰道」；竊疑此當是古別本也。想爾本於此文注曰：「吾，道也；還歎道美，難可名字，故曰道也。」於下句「吾強爲之名曰大」下注曰：「言強者，恐不復，不能副其德也。」若老子此處有「強」字，想爾當於此句發注，不當於下句始云「強者……」，方合古注體例。王本此句注曰：「夫名以定形，字以稱可。」下句注曰：「……故曰強爲之名曰大。」可知王本「強」字在下句，不在此句，情形與想爾本相同。帛書本亦均無此「強」字，當時流行本固如此也。據此，則知兩漢以至魏、晉年間，《老子》傳本作「字之曰道」者居多矣。《韓非子》作「強字之曰道」者，蓋先秦古本也。范應元所見古本亦猶有「強」字，淵源甚遠。《文子》〈道原〉曰：「吾強之爲名，字之曰道。」考本章曰：「吾不知其名，字之曰道，吾強爲之名……。」《文子》蓋用老子文而顛倒其次第，又省「曰大」二字；不知韓子是否亦顛倒「字之曰道，吾強爲之名曰大」二句，並刪省而作「強字之曰道」乎？

一案：據馬敍倫考訂，河上本原作「吾不知其名，故字之曰道，強爲之名曰大……」，「字之」上有「故」字，此漢代另一源流也；其後成〈疏〉本即出自此本。傅、范本則合「故」、「強」二本爲一，作「故強字之曰道」矣。

## 吾強為之名曰大。

**王叔岷先生曰**：敦煌景龍鈔本有「吾」字，《文選》任彥昇〈宣德皇后令〉〈注〉引同，與此石合。唐《无能子》〈聖過篇〉：「吾彊名之曰人。」即本此文，亦有「吾」字。

**案**：帛書二本「強」上均有「吾」字。今河上本作「強爲之名曰大」，與各本合，皆無「吾」字；惟敦煌卷伯希和二五八四及斯坦因六四五三並作「吾強爲之名曰大」，與此本合。竊疑古本此文當如帛書有一「吾」字；「吾未知其名」、「吾強爲之名」，老子文字樸質，不避重疊也。諸本之中，惟想爾本系統有此「吾」字，古。

## 道大，天大，地大，王大。

**范應元曰**：「人」字傅奕同古本，河上公本作「王」；觀河上公之意，以爲王者人中之尊，固有尊君之義，然按後文「人法地」，則古本文義相貫。

**陳　柱曰**：《說文》大部「大」下云：「天大，地大，人亦大焉，象人形。」是許君所見作「人亦大」也。

**張松如曰：**《老子》曾屢以「天」、「地」、「侯王」與「道」并言；蓋以三者皆爲道所生，而得其一體故也。此章所講的是體道之人，不是一般的人，所以仍依王弼及諸家寫定作「王」；且證之帛書，亦曰「王亦大」，又焉知作「人」者非「妄改之」邪？

**王　垶曰：**老子是把「人」作爲自然物，和「道」、「天」、「地」一起稱爲「四大」的，而「王」是社會產物，怎能混淆呢？因此，我同意改爲「人亦大」，「而人居其一焉」。

**案：**竊疑西漢此文蓋當作「王」，不當作「人」；帛書二本、河上本、《淮南子》〈道應〉所見者皆作「王」，即其明證。下文云：「城中有四大，而王居其一焉。」此「王」字即與彼「王」字呼應；若此文「王」字易作「人」，則「王居其一」失其根矣。許君《説文》引作「人亦大」，則「王」作「人」，蓋東漢人所改也。下文曰：「人法地，地法天，天法道，道法自然。」傳鈔者見彼文云道、天、地及人，而此文亦云道、天、地、王，獨「王」字與彼文「人」不相應，乃改作「人」矣。

**二案：**楊丙安曰：「且先秦諸子貴『人』的思想特點在老子哲學中也必有所反映，故作『人』也并非拔高他。」謂老子有貴「人」之思想，故此文當作「人亦大」。《莊子》〈知北遊〉曰：「夫道窅然難言哉！……帝之所興，王之所起也。」與老子此處「有物混成……吾不知其名，字之曰道……王大……而王處其一」云云，恐有關係；彼文云「帝」、云「王」耳。

# 二十六章

## 是以君子終日行，不離輜重。

**嚴可均曰**：河上、王弼作「是以聖人」。

**蔣錫昌曰**：顧本成〈疏〉：「言君子達人終日行化，同塵處世而不離重靜。」則成作「君子」。《韓非》〈喻老篇〉亦作「君子」。誼作「君子」爲是，當據諸本改正。

**盧育三曰**：老子往往抬出「聖人」抨擊時君，此章亦然，似當如王本作「聖人」。

**王　垶曰**：今存《老子》諸本中，提到「君子」者只有三處。此節中的「君子」顯然與文義不合，居「榮觀」、「終日行不離其輜重」者，不是「君子」，而是「侯王」，老子習慣稱之謂「聖人」——在位的「聖人」。「君子」二字是後人妄改的。

**古　棣**舉五證反駁蔣錫昌「誼作『君子』」，又曰：此句的「聖人」正與下文「以身輕於天下」的「萬乘之主」相對比而言。按韓非〈喻老〉，以其上下文求之，亦應作「聖人」，不可能作「君子」。

**高　明曰**：由帛書甲、乙本證之，作「君子」者是，「聖人」乃後人妄改。

案：此文「君子」二字不誤，《韓非子》曰：「故曰：君子終日行，不離輜重也。邦者，人君之輜重也。」引老子文，字作「君子」；「人君」二字，亦在訓釋「君子」；然則先秦此文作「君子」，蓋無可疑。降至漢初，字猶未改，帛書二本亦作「君子」，是其明證。想爾本及古本系統猶維持古本面貌，可貴。東漢以後，一本改「君子」作「聖人」，河上及王弼兩系統即此源流也。盧、王欲依據老子行文習慣改「君子」作「聖人」，古欲據舊〈注〉並《韓非子》而改之，均不可從；蓋老子祖本用字用詞古樸直質，文律亦不整齊嚴密，必待西漢以後多次傳鈔，經後人加工整飭，始演變成今日之面貌也。

二案：帛書乙本「離」作「遠」（甲本作「離」）；不離、不遠，取義相近。古棣謂「遠」當是「離」之誤，不可必。《老子》古本用字用詞尚未十分穩定，此即其例；焉可以後來定型之本子非議未穩定之古本乎？又帛書二本「輜重」上咸有「其」字，傅本同；河上公〈注〉曰：「不離其靜與重也。」所據本蓋亦有「其」字。張衡〈東京賦〉曰：「終日不離其輜重。」所據者古。

**雖有榮觀，燕處超然。**

案：榮觀，馬敘倫釋作「營衛」，其說蓋近。帛書二本「榮」均作「環」；環，即睘字；睘、瞏正、俗字。睘與煢古通，《詩》〈唐風〉〈杕杜〉曰：「獨行睘睘。」

《釋文》曰：「罃，本亦作熒。」即其證。且罃與熒、營同在耕部，故得通假。營，即軍營、軍壘之謂也。《六韜》〈軍略〉曰：「衛其兩旁，設營壘。」即其比。帛書「觀」皆作「官」；官，即館之省。館，館舍也。上文言輜重，此文言營館，皆以行軍爲說。

## 如何萬乘之王，以身輕天下？

**嚴可均曰**：「如何」，各本作「奈何」。

**焦竑曰**：「奈何」，古本作「如之何」。

**蔣錫昌曰**：強本成〈疏〉：「如何，奈何也。」則或作「如何」。

**朱謙之曰**：傅、范古本並作「如之何」，「之」字疑衍；「奈何」乃註文，強本成〈疏〉：「如何，奈何也。」可證。

**案**：「如何」二字，古本頗參差；或作「如何」，如想爾本系統者；或作「若何」，如帛書二本者；或作「如之何」，如頗有來歷之傅、范本也；此種參差，最足以證明木書古本尚未定型之現象。東漢以後，或易作「奈何」，河上公本及王本兩系統即出自此源流；其後，玄宗本系統亦從之。朱以爲「奈何」乃「如何」之注文，恐未必然。

## 輕則失臣，躁則失君。

范本「臣」作「本」，**范應元曰**：「本」字，嚴遵、王弼同古本。河上公作「輕則失臣」，與前文不相貫，宜從古本。

**俞　樾曰**：《永樂大典》作「輕則失根」，當從之。蓋此章首云：「重為輕根，靜為躁君。」故終之曰：「輕則失根，重則失君。」言不重則無根，不靜則無君也。河上公作「失臣」，殆因下句「失君」之文，而臆改耳。

**劉師培曰**：《韓非子》〈喻老篇〉曰：「……故曰：輕則失臣，躁則失君；主父之謂也。」據《韓非子》此文，則老子古本當作「臣」。河上本所據，蓋不誤也。

**馬敘倫曰**：「輕」「躁」義非絕異，「君」「臣」不得對舉。今作「臣」者，後人據誤本《老子》改之耳。老子本作「根」，傳寫脫譌成「木」，後人改為「本」以就義。亦有作「艮」者，後人以形近改為「臣」，以就下句之「君」字。

**蔣錫昌曰**：強本成〈疏〉：「忠良竄匿，失臣也。」是成作「臣」。「本」當作「根」，以與首句相應。

**島邦男曰**：嚴云：「失臣作失本。」則嚴遵所據底本作「失臣」，而改之作「失本」也。

**張松如曰**：韓喻中所謂「失臣」、「失君」云云，顯係韓非從法家立場演義生出，未必為老氏原義也。一章首尾，文誼相應，理所當然，并非牽附；如若說有了「君子」云云，

「萬乘之主」云云的發揮，末二句「失根」、「失君」的涵義更豐富或更具體了，那是可以的；但決不是與章首設喻之詞義別無涉。

**高　明曰**：韓非以「主父生傳其邦」爲喻，則稱「輕則失臣，躁則失君，主父之謂也」。豈不知此乃以法釋道，甚違道家之旨。老子主張「功遂身退天之道」，主父所爲正合此旨，韓非將其喻爲「輕則失臣，躁則失君」，不僅違背老子清靜無爲思想，並與本章「雖有營觀，燕處超然」相抵牾。尤其是改「本」字爲「臣」，謂「輕則失臣，躁則失君」。上言「臣」，下言「君」，君臣倒置，違反常理，故韓非之說不足據也。

**案**：此章主句在首兩句：「重爲輕根，靜爲躁君。」謂靜重爲立身處世之根本。中間「君子不離輜重」、「萬乘之主身輕天下」不過舉例說明及詰問而已，並無特別之新義，而結尾「輕則失根，躁則失君」又回說主題，再三申言本義。張松如謂「一章首尾，文義相應」，是也。韓子引作「輕則失臣，躁則失君」，使本章結尾與開首不相應，且以人事說解結尾；與前一源流有別。然，韓子必有所依據，不宜以一句「韓非從法家立場演義生出」而論定韓子擅改老文。蓋古本文字樸實，結構鬆弛，有待後來者之整飭齊一，方始嚴密也。嚴遵所據底本作「失臣」，即承自先秦古本也。其他若河上本，字亦作「臣」，蓋有來歷。降至西漢初年，「失臣」乃易作「失根」，與首句「根」字相應，文理卒趨嚴密矣。帛書二本作「失本」；本、根字異而義近，或爲「根」之壞文。想爾本、王本及古本諸系統字並作「本」，即來自西漢耳。顧廣圻曰：「『臣』當作『本』，河上非是。」非議河上本，蓋不明古本有不同源流之別；高亨從「失臣」本，並欲改末句作「躁則失民」，既不明源流，又失之於悍矣。

# 二十七章

**善行，无轍迹；**

**羅振玉曰：**景福本「行」下有「者」字，善言、善教、善閉、善結下並同，廣明本同。

**蔣錫昌曰：**《淮南子》〈道應訓〉引下文「善閉」、「善結」下，均有「者」字；由此以推，則「善行」五句，淮南所據本並有「者」字。《左傳》襄公二十九年〈正義〉引此亦有「者」字。

**案：**《淮南子》〈說山〉曰：「夫至巧不用劍，善閉者不用關楗。」用老子下文「善閉無關鍵不可開」，「閉」下有「者」字；則淮南所見《老子》此數句皆當有「者」字明矣。帛書二本此數句皆有「者」字，西漢傳本固如此也。河上〈注〉曰：「善行道者。」下文河上〈注〉曰：「善言者。」「善以道計事者。」「善以道……守精神者。」「善以道結事者。」〈注〉文皆有「者」字，疑河上公正文亦有此數字，蓋淵源久遠也；其後古本系統即承其緒耳。想爾本及王本兩系統均無此數「者」字，蓋後人所刪以就五千言之數也。《文選》劉伯倫〈酒德頌〉、〈酒德頌〉〈注〉、

《閒居賦》〈注〉及《御覽》一八四、三九〇、七七六等引均無「者」字，所據者不古。《莊子》〈天地〉曰：「行而无迹。」

**善計，不用籌策；**

**范應元曰**：數，嚴本同古本。

**嚴可均曰**：「善計」，王弼作「善數」。

**王叔岷先生曰**：傅奕本作「善數」；數，亦計也。

**案**：西漢此文恐有二源流；一作「善數」，今所能見者以帛書本爲最早，王本及古本系統諸本皆所自出，嚴遵本蓋亦作「善數」。其一作「善計」，河上本及想爾本二系統即承此源流。作「數」者，於文爲舊。

**是以聖人常善救人，而无棄人；常善救物，而无棄物；是謂襲明。**

**晁說之曰**：「常善救人，故無棄人；常善救物，故無棄物」，獨得諸河上公，而古本無有也，賴傅奕辨之爾。

**劉師培曰**：《淮南子》〈道應訓〉引老子作「人無棄人，物無棄物」，則上句「故」下當有「人」字，下句亦當有「物」字。今本均脫，當從《淮南》補。傅本與《淮南子》同。

**張舜徽曰**：「常善救物，而無棄物」，甲、乙本但作「物無棄財」，與上句語例不協，恐有奪脫，今不從之。

**周次吉曰：**「常善救物」兩本並無此句。老氏不尚文，所謂「信言不美」者是，故鮮有對仗之句者；後人未審，以爲沒有「物無棄……」句，謂當有本句也，乃妄加耳。此於本書常有此例，因刪。

**古　棣曰：**河上公本等「無棄人」、「無棄物」語意似不完備，作「人無棄人」、「物無棄物」更加允當。帛書作「物無棄財」，可知帛書抄寫者所據本猶存上「物」字，與此相對應，其所據本上句當作「人無棄人」。帛書「物無棄財」前，顯然是抄漏了「恒善救物」一句。

**高　明曰：**帛書皆作「是以聖人恆善救人，而無棄人，物無棄材，是謂襲明」。中間「而無棄人」與「物無棄材」兩句銜接，無「常善救物」一句，此正與《淮南》〈道應訓〉所引「人無棄人，物無棄物」句型相近，可見《老子》古本當如此。但因《淮南》引文有誤，故奚侗疑爲脫句。《文子》〈自然篇〉引此文正作「人無棄人，物無棄材」，與帛書本相同，只第一個「人」字甲、乙本作「而」，從經義分析，前一個「人」字當作虛詞「而」字爲是。足證帛書當爲《老子》原文之舊，今本經文與各家校釋，皆有訛誤。

**案：**《文子》〈自然〉曰：「故人無棄人，物無棄物。」蓋用老子文也。《淮南子》〈道應〉引老子語曰：「人無棄人，物無棄物，是謂襲明。」出自本章，蓋無可疑。據此，則西漢初年「而无棄人」作「而人无棄人」、「而无棄物」作「而物无棄物」；而全節作「聖人常善救人，而人无棄人；常善救物，而物无棄物」明矣。劉師培即主此說，而從者不乏其人。竊謂此說不可從，蓋「救人而无棄人」，即「人无棄人」；「救物而无棄物」，即「物无棄物」；兩「无」上再添「人」及「物」，豈不累贅乎！帛書二本此四句作「恆善救人，而无棄人，物无棄財」（標點從整理小組）；帛書雖僅三句，實際上當讀爲四句作「恆善救人，而无棄人；（恆善救）物，而无棄財」（棄物、棄財，義近）；「物」上「恆善救」三字，前句已有，故此處可省略也。其後傳鈔者深恐後人誤讀，乃補足此三字，卒與前句並儷耳。「常善救人，而无棄人」，即《文子》、《淮南子》之「人無棄人」；「（常善救）物，而无棄物」，即《文子》、《淮南子》之「物無棄物」；並非《文子》及《淮南子》所據者「无」上再有「人」及「物」字也。後人不知「物无棄物」當補足「常善救」三字，且斷句作「（常善救）物，而无棄物」，卒以爲上文「无棄人」與此處「物，无棄物」不能相應，乃於「无棄人」上更添「人」字，讀作「人无棄人」，不知其累贅也。《文子》及《淮南子》固不作如是讀也。周謂「老子不尚文，鮮有對仗之句」，從帛書而刪「常善救物」一句，非善讀帛書者也；古則斥帛書「抄漏」，尤不明帛書無此句之緣由。傅本、范本並作「故人無棄人」、「故物無棄物」，蓋據《文子》及《淮南子》而妄增，不可從。

**二案**：陸德明《釋文》出「所好，呼報反；裕，羊注反；長，丁丈反」三者，均不見於今本《老子》，蔣錫昌曰：「老子原文究竟如何，書缺有間，旁證又少，故亦斷非後人所能知也。」今檢帛書，亦無此三字，但不知誤在《釋文》，或帛書亦有缺？

## 不貴其師，不愛其資；

**馬敍倫曰**：《治要》引「貴」上無「不」字；誼義，無「不」字長。

**朱謙之曰**：日本天明本《群書治要》作「貴其師」，眉註：「舊無『貴其師』三字，補之。」此無「不」字，是所見舊本作「貴其師，不貴其資」，於義爲長。此言「不善人，善人之資」，與上文「常善救人，故無棄人」之旨相合。河上公「不貴其師」注：「獨無輔也。」「不愛其資」注：「無所使也。」獨無輔而無所使，似經文亦以作「貴其師，不愛其資」，於義爲長。

**高　明曰**：《韓非》〈喻老篇〉所解《老子》此文，必與帛書相同。從而又可證明帛書本「故善人，善人之師；不善人，善人之資」是正確的，保存了《老子》原文。今本所謂「故善人，不善人之師」者，無疑是由後人妄改，舊注亦多訛誤。

**案**：《韓非子》〈喻老〉曰：「文王舉太公於渭濱者，貴之也；而資費仲玉版者，是愛之也。故曰：不貴其師，不愛其資；雖知，大迷，是謂要妙。」韓子所見《老子》，不但正文有二「不」字；據韓子之喻說，《老子》正文亦應有二「不」字矣。古本固如此，降至西漢之帛書本，亦皆無異。盧育三曰：「這句有兩種相反的解釋：一爲師資雙

爲師資雙遣，既不貴師，也不愛資；一爲師資并重，既貴其師，又愛其資。」此文若不從雙遣上解説，即當從雙貴上論釋；馬、朱欲據《治要》，從一貴一遣上説之，恐難周圓。

# 二十八章



**知其雄，守其雌，為天下蹊。**

**嚴可均曰：**各本作「谿」，《釋文》：「谿，或作溪。」

**朱謙之曰：**作「谿」是也。《莊子》〈天下篇〉、《淮南》〈道應訓〉引作「谿」，與下文「爲天下谷」義重。敦煌作「奚」，「奚」乃古奴僕之稱。《周禮》〈天官〉〈序官〉「奚三百人」〈注〉：「古者從坐男女沒入縣官爲奴，其少才知以爲奚。」爲天下奚，猶今言公僕，與知雄、守雌之旨正合。

**案：**蹊，當從河上本、傅本作「溪」爲正；河上公〈注〉曰：「如是，則天下歸之，如水流入深谿也。」（谿、溪同）爲天下溪，與下文「爲天下谷」義同；謂天下附之，如眾水之歸溪谷也。帛書甲本作「溪」，乙本作「鷄」；鷄與溪，皆從奚得聲，因而致誤也。朱訓爲奴僕，其說甚新，然古無「公僕」之觀念；蓋非老子本義也。且敦煌爲唐本，去古甚遠，謂「蹊」「溪」壞作「奚」則可；謂「奚」改作「谿」，則恐無是理也。

為天下蹊，常得不離，復歸於嬰兒。

羅振玉曰：「爲天下蹊」，敦煌本無此句。

蔣錫昌曰：強本成〈疏〉：「『知其雄，守其雌，爲天下谿』；谿，逕也。……『常得不離，復歸於嬰兒』；離，散也。」是成無下「爲天下蹊」四字。

案：自帛書本觀之，老子此章概用頂針句式；如此節，作「知其雄，守其雌，爲天下溪。爲天下溪，恆德不離。恆德不離，復歸於嬰兒」；下兩節則分別作「知其白，守其辱，爲天下谷。爲天下谷，恆德乃足；恆德乃足，復歸於樸」、「知其白，守其黑，爲天下式。爲天下式，恆德不忒；恆得不忒，復歸於無極」。《老子》祖本質樸，不拘重複，於此可見矣。古棣謂此種句式，「讀起來別有韻致，此種格律，民歌常有之」；是也。其後，傳鈔者或嫌語義重複，最先刪除「常得不離」、「常德乃足」及「常德不忒」三句，河上本、王本、古本及玄宗本諸系統皆如此；而想爾本系統則並「爲天下蹊」、「爲天下式」及「爲天下谷」三句亦刪之，其時代更晚，而有意屈從五千言之數明也。

知其白，守其黑，為天下式；常得不忒，復歸於无極。知其榮，守其辱，為天下谷；為天下谷，常得乃足，復歸於朴。

**易順鼎曰**：此章有後人竄入之語，非盡老子原文。《莊子》〈天下篇〉引老聃曰：「知其雄，守其雌，爲天下谿。知其白，守其辱，爲天下谷。」此老子原文也。蓋本以雌對雄，以辱對白。辱有黑義……後人不知，以爲必「黑」始可對「白」，必「榮」始可對「辱」，如是，加「守其黑」一句於「知其白」之下，加「知其榮」一句於「守其辱」之上；又加「爲天下式，爲天下式，常德不忒，復歸於無極」四句，以叶「黑」韻，而竄改之迹顯然矣。

**馬敘倫曰**：易說是也。……古書「榮」「辱」字皆「寵」「辱」之借。本書上文「寵辱若驚」，不作「榮辱」；此作「榮」「辱」，亦妄增之證。然《淮南》〈道應訓〉已引作「知其榮，守其辱，爲天下谷」，則自漢初已然矣。

**高　亨曰**：蓋《老子》原文作「知其雄，守其雌，爲天下谿；爲天下谿，常德不離，復歸於嬰兒。知其白，守其辱，爲天下谷；爲天下谷，常德乃足，復歸於樸」；其「守其黑，爲天下式；爲天下式，常德不忒，復歸於無極。知其榮」二十三字，後人之所加也。請更列五證以明之……。

**案**：自易順鼎以下諸家，皆謂本章「守其黑」至「知其榮」六句二十三字不當有；彼等所據理由，約有下列數端。第一、《莊子》〈天下〉引老聃之語，無此六句；第二、《淮南子》〈道應〉引「知其雄，守其雌，爲天下谿」，復引「知其榮，守其辱，爲天下谷」，不及「爲天下式」數句；第三、古以白辱對舉，老子書亦復如此，上節「知其白，守其黑」，以白黑對舉，與老子文例不合，可證「守其黑」至「知其榮」六句爲後人所添。第四、老子以寵辱對舉，此文「知其榮，守其辱」，以榮辱對舉，有乖老子文例，可證「知其榮」以上六句，皆爲後人所增。

今考帛書二本，云：「知其白，守其辱，爲天下谷；爲天下谷，恆德乃足；恆德乃足，復歸於朴。知其白，守其黑，爲天下式；爲天下式，恆德不忒；恆德不忒，復歸於无極。」與今本相較，可知西漢古本「爲天下式」、「復歸於无極」數句在「爲天下谷」、「復歸於朴」之下；然則西漢《老子》「爲天下溪」「復歸於嬰兒」爲本章第一節，「爲天下谷」「復歸於朴」爲第二節，「爲天下式」「復歸於无極」方始爲第三節矣。《莊子》引《老子》首節爲「爲天下谿」「復歸於嬰兒」，第二節爲「爲天下谷」「復歸於朴」，略第三節不引，所見節次正與西漢古本相合。《淮南子》分別引「爲天下谿」爲第一節，引「爲天下谷」爲第二節，亦略第三節不引，所見節次正與西漢古本相符。易順鼎等據《莊子》及《淮南子》引文，謂二書不及「爲天下式」「復歸於无極」一節，可證「爲天下谿」「爲天下谷」中間「爲天下式」一節，乃後人所妄增；不知西漢以前古本「爲天下式」爲第三節，在「爲天下谷」之後也。且《淮南子》引老文，乃分開徵錄，不可據此以證明上下引文之中間，是否有所增益或刪省也。古棣曰：「《莊子》與《淮南子》所引不能爲據，因其所引并非全文，而是摘引，古人引書常常如此。如說《莊子》、《淮南子》

所引無『知其白，守其黑』一段，就是《老子》原本無此一段，那麼兩書也未引『爲天下谿，常德不離，復歸於嬰兒』，未引『爲天下谷，常德乃足，復歸於朴』，能說《老子》也無此六句？」其說在拙書之後，可參看。

**二案**：又考帛書二本「爲天下谷」上，作「知其白，守其辱」（甲本「知」字殘），白、辱對舉，與四十一章「大白若辱」相符，且與《莊子》所見者相合；是知古本此處「榮」亦有作「白」者；西漢初年，傳鈔者或改作「榮」；《淮南子》所據者即此本也。

**三案**：據《莊子》及《淮南子》所見，自先秦至於西漢初年，此處各節次第與今本不同，「復歸於嬰兒」爲第一節，「復歸於朴」爲第二節，而「復歸於无極」則爲最後一節。帛書乃西漢初年傳本，故其節次與《淮南子》所見者合。東漢以後，傳鈔者乃將「復歸於无極」易爲第二節，又將「復歸於朴」移入最後一節；今所見各本，率皆如此。

## 是以大制无割。

**范應元曰**：嚴遵、王弼同古本，河上與《世本》作「不割」。

河上本「无」作「不」，**易順鼎曰**：「不割」當作「無割」，王〈注〉云：「以天下之心爲心，故無割也。」足證王本作「無」。〈道應訓〉正作「大制無割」，此作「不」者，後人因下篇有「方而不割」之語改之。

案：河上公本及玄宗本兩系統「无割」均作「不割」，嚴遵本、傅本及范本並作「无割」；无、不義近，惟作「无」字者古。帛書本及《淮南子》引皆作「无」。

# 二十九章

**天下神器，不可為。**

**劉師培曰**：王〈注〉：「萬物以自然爲性，故可因而不可爲也，可通而不可執也。物有常性而造爲之，故必敗也；物有往來而執之，故必失矣。」據王〈注〉觀之，則本文「不可爲也」下當有「不可執也」一語。《文子》引《老子》曰：「天下大器也，不可執也，不可爲也；爲者敗之，執者失之。」

**易順鼎曰**：「不可爲也」下當有「不可執也」一句，請舉三證以明之。《文選》干令升〈晉紀總論〉〈注〉引《文子》稱《老子》曰：「天下大器也……。」其證一。王〈注〉云云，其證二。下篇六十四章曰：「爲者敗之，執者失之。是以聖人無爲，故無敗；無執，故無失。」無爲，即「不可爲」；無執，即「不可執」；彼文有，則此文亦有。其證三。

**周次吉曰**：或謂「不可爲也」下當有「不可執也」句，然案諸現行各本略無此句，且老氏之文未必規規於此對仗句式。

**盧育三曰**：「天下神器，不可爲也」一句亦可說是承接「將欲取天下而爲之，吾見其不得已」而言，「不可爲也」與「爲之」相應，「爲者敗之，執者失之」與「吾見其不得已」相應。這樣解釋似亦可通，易說不必從。

**案**：劉師培考訂「不可爲」下當有「不可執也」一句，易順鼎、馬敍倫、高亨、蔣錫昌、朱謙之及嚴靈峯皆是其說；陳鼓應、王垶、古棣、黃釗及楊丙安且爲補此四字。《淮南子》〈原道〉引老子此文，作「故天下神器，不可爲也；爲者敗之，執者失之」，與今本合。王叔岷先生《淮南子斠證補遺》曰：「此本《老子》。『爲者敗之』承『不可爲也』而言；『執者失之』四字無著。《文子》〈道德篇〉作『天下大器也；不可執也，不可爲也；爲者敗之，執者失之』，多『不可執也』四字，與『執者失之』相應，極是！今本《老子》、《淮南子》並脫四字，當補。」謂《淮南子》原文亦缺「不可執也」四字。考帛書二本此文作「夫天下神器也，非可爲者也」（甲本「夫天下神」四字缺），無「不可執也」四字，與《淮南子》所據者相符；然則西漢古本固有一本無此四字也。《文子》引有此四字，乃西漢另一古本也。蓋西漢初年，本書尚未完全定型，一本有「不可執也」四字，與下文「執者失之」相應；一本無此一句，亦顯行文差落之美。

## 為者敗之，執者失之。

案：帛書甲本與此同；乙本作「爲之者敗之，執之者失之」，多兩「之」字。《文子》〈上仁〉、《淮南子》及《文選》〈注〉引均作「爲者敗之，執者失之」，皆與甲本合。蓋古本未定型，文字參差宜然也。

**夫物或行或隨，或噓或吹，**

王本「噓」作「歔」，**易順鼎曰：**「歔」本字當作「噓」，下文「或強或羸」，「強」與「羸」反，則「噓」亦與「吹」反。《玉篇》引〈聲類〉云：「出氣急曰吹，緩曰噓。」此吹、噓之別，即老子古義也。

**徐仁甫曰：**「行」與「隨」對，「隨」爲「後」，則「行」當訓「首」、訓「先」。「行」訓「首」、訓「先」，在古籍中本少見。

**案：**帛書甲本「或噓」作「或炅」；炅，炔相同。《玉篇》曰：「炔，煙出皃。炅，同炔。」噓，出氣也；炅，出煙也；取義略近。炅，又有「熱」義，《素問》〈舉痛論〉「得炅則痛立止」〈注〉：「炅，熱也。」故帛書乙本又易爲「熱」矣。

**或強或羸，或接或隳。**

**案：**帛書皆無「或強或羸」四字。「或行或隨，或噓或吹，或接或隳」三句並行；東漢之際，傳鈔者始添「或強或羸」四字也。

**是以聖人去甚，去奢，去泰。**

**朱謙之曰：**《韓非子》〈外儲說左下〉引作「故君子去泰，去甚」。

**張舜徽曰：**帛書甲、乙本「去太」在「去甚」下，而《韓非子》又引作「故君子去泰，去甚」，蓋久歷傳寫，文有互倒耳。

**案：**此句文次亦頗不一律。《韓非子》〈外儲說〉引作「故君子去泰，去甚」，〈揚榷〉引作「去甚，去奢」；然則，韓子所據者作「去泰，去甚，去奢」乎？抑韓子信手引錄，不計先後乎？帛書二本「泰」作「大」，作「去甚，去大，去奢」，文次又與韓子所見者不同。《文選》左思〈魏都賦〉曰：「去泰去甚。」所據者文次豈與韓子相合乎？李〈注〉引作「去甚，去泰」，則省中間「去奢」一事，非所據者有異。

# 三十章

**師之所處，荊棘生。**

**嚴可均曰：**此句下各本有「大軍之後，必有凶年」八字，蓋注語羼入正文，此本無。王氏引邢州本亦無。

**勞　健曰：**「大軍之後，必有凶年」，景龍、敦煌與道藏龍興碑本無此二句，他本皆有之。《漢書》〈嚴助傳〉淮南王安上書云：「臣聞軍旅之後，必有凶年。」又云：「此老子所謂師之所處，荊棘生之者也。」按其詞意，軍旅凶年當別屬古語，非同出老子。又王弼〈注〉止云：「賊害人民，殘荒田畝，故曰荊棘生焉。」亦似本無其語。

**古　棣曰：**王〈注〉極尙簡要，不能由注推出經文定無「大軍之後，必有凶年」二句。傅奕本、范應元本亦有此二句。帛書的出土，證明漢初即有兩種《老子》傳本，一本有此二句（如傅奕本、河上公古本），一本無此二句。筆者以爲《老子》原本應有此二句……看此處後兩句與前兩句的對偶，與《老子》文風十分相合，故不會是後人注語。

**案：**王本、古本、河上本及玄宗本諸系統「荊棘生」下均有「大軍之後，有凶年」二句，嚴可均及勞健考訂此二句乃後人所增入，非《老子》本文。《漢書》記淮南王劉安語曰：「臣聞軍旅之後，必有凶年……此老子所謂師之所處，荊棘生之者也。」詳審劉安此言，「軍旅之後，必有凶年」恐是古諺，非老氏之文。《文子》〈微明〉曰：「師旅之後，必有凶年。」蓋劉安所自聞，亦未明言出於老氏。《鹽鐵論》〈未通〉引傳曰：「大軍之後，累世不復。」蓋當時流行古諺，故或作「必有凶年」，或作「累世不復」，尚未定型也。嚴、勞均謂《老子》不當有此二句，蓋是。帛書二本正無此八字，可為明證。然王本、傅本、河上公本及范本皆有此二句，蓋亦淵源有自，不可輕非；或如古棣所云，西漢之際，此處有二源流也。

## 故善者果而已，不以取強。

河上本「不」下有「敢」字，**俞樾曰**：「「取」字衍文。河上〈注〉曰：「不以果敢取強大之名也。」〈注〉中「不以」二字，即本經文。其「果敢」字乃釋上文「果」字之義，非此文又有「果」字也。

**蔣錫昌曰**：「不敢」二字為老子所常言。六十九章：「吾不敢為主而為客，不敢進寸而退尺。」七十三章：「勇於不敢則活。」均其證。俞說非是。

**案**：此文古本蓋有二源流；一作「不以取強」，就今日所能見，以帛書為此源流之最早者，想爾本系統亦如此作，古。其一有「敢」字，作「不敢以取強」，王本、河上本及古本諸系統皆此源流。「不敢」爲老子習語，此文諸本作「不敢」，淵源有自。

## 果而勿驕，果而勿矜，果而勿伐，

**嚴可均曰**：各本「果而勿驕」句，在「果而勿伐」下。

河上本「果而勿驕」在「果而勿伐」下，**蔣錫昌曰**：顧本成〈疏〉：「驕謂慢上；矜謂誇下；……伐，取也。」是成本「果而勿驕」句亦在「果而勿矜」之前。

**案**：古本此文蓋有二源流；其一「果而勿驕」在「果而勿伐」下，河上本、王本及傅本等屬之；其一「果而勿驕」在「果而勿矜」之前，帛書二本、顧本及遂州本等屬之。

## 果而不得以，是果而勿強。

**俞　樾曰**：傅奕本作「是果而勿強」，當從之。上文云「善者果而已，不以取強」，又云「果而勿矜，果而勿伐，果而勿驕，果而不得已」，皆言其果，不言其強，故總之曰：「是果而勿強。」正與上文「果而已，不以取強」相應。讀者誤謂此句與「果而勿矜」諸句一律，遂妄刪「是」字耳。

**蔣錫昌曰**：下「果」上當從范本增「是謂」二字。「是謂果而勿強」，與下文「是謂不道」

並列。十四章：「是謂無狀之狀……是謂惚恍……是謂道紀。」連用三「是謂」，與此文連用二「是謂」文例正相同。

**張舜徽曰**：「果而不強」，各本與上四句平例，帛書甲、乙本作「是謂果而不強」，乃總結勿驕、勿矜、勿伐、不得已四者之辭，於義尤安，今據寫正。

**古　棣曰**：第五句應從帛書作「是謂果而不強」，這一句是總括前四句的。這五句話的意思是說：勝利了不要驕傲，勝利了不要夸耀，勝利了不要尅伐自己，勝利是不得已，這就叫作「果而不強」。由此也可知「是謂」二字不可少。

**案**：自「果而勿驕」至「是果而勿強」，兩漢至魏晉之間，讀法頗有差異。河上公每句下注曰：「當果敢謙卑，勿自矜大也。」「當果敢推讓，勿自伐取其美也。」「果敢，勿以驕欺人。」「當果敢至誠，不當迫不得已也。」「果敢，勿以爲強兵堅甲以侵凌人也。」河上公每句獨立爲說，則河上公以爲句與句之間無意義上之關連矣。王弼則於首三句注曰：「吾不以師道爲尚，不得已而用，何矜驕之有也。」於此二句注曰：「言用兵雖趣功濟難，然時故不得已後用者，但當以除暴亂，不遂用果以爲強也。」（注文從陶鴻慶有校改）觀輔嗣之意，前三句自爲一小節，此二句又自爲一小節，上下節意義無必然之關係，而彼此意義自圓滿。再觀想爾〈注〉，想爾於首三句分別注以「至誠守善，勿驕上人。」「至誠守善，勿矜身。」「至誠守善，勿伐身也。」而於此二句則注：「至誠守善，勿貪兵威，設當時佐帝王圖兵，當不得已而有，勿甘樂也，勿以常爲強也。」然則，想爾蓋以前三句每句獨立爲言，而此二句則上下相應，自爲一個意義矣。此三種讀法，皆影響此文之斷句。帛書末句作「是謂果而勿強」，蓋以末句爲前四句之總結，則又另一種讀法矣。范本有「是謂」，即承此讀法之餘緒也。

# 三十一章

**夫佳兵者，不祥之器，**

**王念孫曰：**《釋文》曰：「佳，善也。」河上云：「飾也。」善、飾二訓，皆於義未安。古所謂兵者，皆指五兵而言，故曰「兵者，不祥之器」。若自用兵者言之，則但可謂之不祥，而不可謂之「不祥之器」矣。佳，當作「隹」，字之誤也。「隹」，古「唯」字也（唯，或作惟，又作維）；唯兵爲不祥之器，故有道者不處。上言「夫唯」，下言「故」，文義正相承也。八章曰：「夫唯不爭，故無尤。」……皆其證也。古鐘鼎文「唯」字作「隹」，石鼓文亦然。

**朱謙之曰：**「佳」字，傅奕本作「美」，室町本作「飾」，《史記》〈倉公傳〉引作「美好者，不祥之器」，皆爲望文生義。

**案：**歷代先賢訓釋「佳」字，無慮十餘家；余參閱諸說，比勘帛書，當以王念孫之說爲是。王氏以爲「佳」當作「隹」；隹，即古唯字，作虛字之用。帛書此章首句皆作「夫兵者」；「兵」上無「佳」字，蓋「佳」作虛字用，故帛書鈔寫者或所據者得刪省之也。使此文作「佳」，訓如美、飾等之義，作實字之用，則鈔者不當省略之矣。蓋古本一作「夫」，一作「佳」，後人乃合而爲一耳。

## 兵者不祥之器，非君子之器。

**紀　昀曰：**自「兵者不祥之器」至「言以喪禮處之」，似有注語雜入。

**高　明曰：**因本章王本失注，故引起學者對經文之懷疑和猜測，馬氏竟以個人臆斷剪裁經文，實不可信。今同帛書甲、乙本校之，世傳今本除個別語序稍有顛倒之外，別無差誤。

**案：**先賢謂本節古注疏語雜入經文，除上錄紀說外，尚有劉師培、奚侗、馬敍倫、蔣錫昌及朱謙之等。帛書二本作「故兵者非君子之器，兵者不祥之器也」（甲本「君子之器」下有「也」，次「兵者」殘）、「非君子之器」在「不祥之器」前，其上又多「故兵者」三字；所謂古注疏語羼入正文，恐未必然也。

## 恬淡為上，故不美。

**勞　健曰：**「恬淡」二字諸本異同，自古紛歧，循其音義，皆不可通。今考二字乃銛鋭之訛，謂兵器但取銛鋭，無用華飾也。

**張舜徽曰：**銛襲，各本作「恬淡」，或作「恬澹」。銛，鋭利也；襲，攻敵也。謂用兵以鋭利襲敵爲上，然有道之主，不加稱美也。

**張松如曰：**今帛書作「銛庬」，庬疑爲庬字之變，敦庬、駿庬，皆有厚大之義，誼與銛銳爲近，均指兵器言，故云「勿美也」。河上、王弼增字作「勝而不美」，則更扞格難解矣。

**案：**勞健考訂「恬惔」當作「銛銳」；謂「兵器但取銛銳，無用華飾」，張松如從之。下句「勝而不美；若美之，是樂殺人」，河上公〈注〉曰：「美得勝者……。」河上公「美」作「讚美」解也。張曰：「用兵以銳利襲敵爲上，然有道之主，不加稱美也。」其說視勞爲長，當從之。河上本、王本兩系統「故不美」作「勝而不美」，張松如謂此乃河上及王弼所增，「扞格難解」；惟《文子》〈上仁〉曰：「用之殺傷人，勝而勿美。」（「用之」從〈纘義〉補）蓋據老文也。河上、王弼「勝而」二字恐有來歷，不可輕非。

## 殺人衆多，以悲哀泣之。

**案：**帛書甲本「殺人眾多」作「殺人眾」（乙本「人眾」殘）；古本蓋作「殺人眾」，其後一本作「殺人之眾」，河上本、王弼本即出自此本；一本作「殺人眾多」，范本、傅本及《治要》本等即出自此本。自「上將軍居右」以下，歷來學者多謂爲古注雜入之文字；然，此節與帛書無大出入，諸說皆不妥。蓋老子祖本，文字質樸，結構鬆散，此章最能顯此特色也。

# 三十二章

## 天地相合，以降甘露，人莫之令而自均。

**易順鼎曰：**唐《歲華紀麗》引作「民莫之合而自均」；令，疑「合」等之誤。莫之合，即聽其自然之意。

**馬叙倫曰：**「之令」，蓋「之合」之譌；譣義，「合」字是。

**案：**帛書二本「降」作「俞」；俞，借爲渝。《爾雅》〈釋言〉曰：「渝，變也。」謂天地陰陽相合，乃變易甘露也；變易爲甘露，降甘露，義略近。俞，亦可借爲「輸」；《穀梁傳》隱公六年「鄭人來輸乎」，《傳》曰：「輸者，墮也。」降、墮，義同。帛書「露」並作「洛」；洛，即露之省耳。

**二案：**《紀麗》引「令」作「合」；人莫之合而自均，義雖可通，然此文當以作「令」字爲是。帛書乙本作「令」，河上本、王弼本等皆同；五十一章：「失莫之命而常自然。」「命」與「令」古爲一字，即其明證。《紀麗》引作「合」者，蓋涉上文「合」字而誤也。易、馬捨河上、王本而就類書，頗不足取。

## 知止不殆。

**嚴可均曰**：御〈注〉作「知止所以不殆」，河上作「知之所以不殆」，王弼作「知止可以不殆」

**俞　樾曰**：唐景龍碑無「可以」二字，是也。王〈注〉曰：「知止所以不殆也。」蓋加「所以」二字以足句，而寫者誤入正文，故今河上作「知之所以不殆」，此作「可以」者，又「所以」之誤矣。

**案**：「知止」下古本、河上公本、玄宗本諸系統皆有「所以」二字，道藏王本同；武英殿王本作「可以」。俞據唐碑本欲刪此二字，朱謙之從之，悍。帛書二本均有「所以」二字，可證諸本皆有來歷。想爾本系統無此二字，蓋刪省也，不可據。

## 譬道在天下，猶川谷與江海。

**嚴可均曰**：河上、王弼「道」下有「之」字。「與江海」，御〈注〉、河上作「之與江海」，王弼作「之於江海」。

**易順鼎曰**：王〈注〉云：「猶川谷之與江海也。」是本文「於江海」當作「與江海」。牟子引此云：「譬道於天下，猶川谷與江海。」字正作「與」。

**徐仁甫曰**：與，猶於也；於，猶在也。「譬道之在天下，猶川谷之在江海也」，上文曰：

「道常無名樸，雖小天下莫能臣。」已言道之小，道雖小，然而天下莫能臣；猶川谷雖小，江海又豈能臣之哉？甘露降而民自均，道行而天下化，猶川谷流而江海歸也。

**案**：此文西漢恐有兩解法。其一如帛書本作「譬道之在天下，猶川谷之與江海」，謂道在天下，爲天下萬物之所歸；就如江海之在川谷，爲川谷之所歸也。若從此說，則老子此文「川谷」及「江海」有密切關係，不可刪省其一。王弼〈注〉曰：「川谷之與江海，非江海召之，不召不求而自歸者也；行道於天下，不令而自求，不求而自得……。」即作如此解。盧育三曰：「聖人守道爲天下所歸，猶如江海爲川谷所歸。」爲此解中之善說者也。然，西漢恐有另一解法。《文子》〈上仁〉曰：「道之在於天下也，譬猶江海也。」即據老子此文。《文子》僅及「江海」，不及「川谷」，則《文子》所見本《老子》恐無「川谷」二字。若此，則此文當讀爲「譬道在天下，猶江海（在天下）」；謂道在天下，爲天下萬物之所歸，就如江海在天下，爲天下萬川之所歸也。想爾〈注〉曰：「道在天下，譬如江海；人一心志道，當如谷水之欲歸海也。」即作如此解。後人不知「猶江海」蒙上句省「在天下」三字，以爲僅「江海」既不成義，又與上句「道」「天下」不相稱，乃添字作「猶川谷與江海」、「猶川谷之與江海」矣。此蓋前說產生之緣由歟？

# 三十三章

## 知人者智，自知者明。

案：《呂覽》〈先己〉曰：「欲知人者，必先自知。」蓋化用老子文字。《韓非子》〈喻老〉引下句作「自見之謂明」，「知」作「見」與此本不同。疑韓子信手引錄，不拘拘文字。

# 三十四章

**大道氾，其可左右。**

**張舜徽曰**：帛書均無「大」字，疑傳寫誤脫。

**周次吉曰**：本書「大道」凡四見，……河上〈注〉曰：「言道氾氾若浮若沉。」則原無「大」字可證。

**高　明曰**：河上公注此文只言「道氾氾」，不言「大道氾氾」。「道」與「大道」義雖無別，但是，河上公〈注〉本凡經言「大道」者，〈注〉必以「大道」釋之……可見河上本原亦作「道氾兮」，與帛書本合，足證《老子》原本即當如此。

**案**：帛書二本並無「大」字；下文曰：「常無欲，可名於小；萬物歸焉而不爲主，可名爲大。」河上〈注〉曰：「道，匿德藏名，怕然無爲，似若微小也；萬物橫來橫去，使各自在，故不若於大也。」道蓋可大可小，不必拘言也。帛書均無「大」字，於義爲勝。

## 萬物恃之以生而不辭，成功不名有。

**張松如**合帛書、傅本及范本，寫定作「萬物恃之以生而弗辭。成功遂事而弗名有」。

**古　棣曰：**帛書甲本、乙本無「萬物恃之以生而不辭」一句，顯然是抄漏了。此句與「功成而不有」相應爲文，與下文「……可名於小」、「……可名於大」相對爲文一致；且無此一句，在意義上亦不完整。於義理上看，於文義上看，當有「萬物恃之以生而不辭」。

**案：**此節古本與今本頗多歧異。帛書乙本無「萬物恃之以生而不辭」九字（甲本雖殘，就字數推之，亦無此九字），下句作「成功遂□□弗名有也」；甲本下句作「□□遂事而弗名有也」。綜合帛書，下句蓋作「成功遂事而弗名有也」。自帛書本觀察，西漢古本此節蓋僅「成功遂事而弗名有也」一句，與下句「萬物歸焉而弗爲主」（此據帛書）並儷。第二章曰：「萬物作而不辭，生而不有，爲而不恃，成功不居。」一本蓋受第二章之影響，乃於「成功遂事而弗名有」前，加入「萬物恃之以生而不辭」，而將「成功遂事而弗名有也」省作「成功而不名有」，並與新加入者連讀爲一句，作「萬物恃之以生而不辭，成功而不名有」。《文子》〈道原〉曰：「萬物恃之而生，莫之知德。」所據者疑即此本也。其後前者不流行，後者以「文字完整」而爲人所接受，卒獨存而流傳焉。東漢以後諸本，皆其緒也。古棣執今本以非古本，泥。

## 愛養萬物不為主，可名於大。

**張松如**參照帛書、傅本及范本等，寫定作「衣被萬物而弗爲主：則恒無欲，可名於小。萬物歸焉而弗知主：則恒無名也，可名於大」。

**古　棣**：「衣被萬物而不爲主，可名於小矣；萬物歸焉而不知主，可名於大矣」，兩句相對爲文，整齊對應，加「故常無欲」，有乖老子文風。而且，這裏跟「無欲」、「有欲」無干，不應橫生枝節，沒有「故常無欲」，文從、字順、義通，加上這四個字就扞格不通了。又傅本、范本、河上公古本作「萬物歸焉而不知主」，今河上公本「知主」作「爲主」，乃後人所改。

**高　明曰**：從經文內容分析，「可名於小」與「可名於大」的區分，主要在於句前有無「則恒无欲也」一語，有之則「名於小」，無之則「名於大」。如此看來，「常無欲」三字非如奚侗所言「誤贅」當刪，乃爲本文之關鍵內容……。

**案**：帛書此節咸作「萬物歸焉而弗爲主，則恒无欲也，可名於小。萬物歸焉而弗爲主，可名於大」，各家於本節文字之寫定頗多分歧。翻檢各本，除首句「萬物歸焉而弗爲主」作「衣養萬物而不爲主」（王本）、「愛養萬物而不爲主」（河上本）及「衣被萬物不爲主」（想爾本）外，王本、古本、河上本及玄宗本諸系統大致上均與帛書本相合，惟想爾本系統獨無「則恒无欲也」數字。想爾本蓋刪省以就五千言之數，未必可從。帛書「萬物歸焉而弗爲主」出現二次，語義重複；蓋未經後人潤色修訂之原始面貌也。其後在流傳之過程中，經後人修改加工，乃將首句「萬物歸焉而弗爲主」易作「愛養萬物而不爲主」（河上本）等，以避重複，卒成今本之面貌矣。

**是以聖人終不為大，故能成其大。**

**朱謙之曰**：王羲之本「大」下「故」上，有「也以其不自大」六字，傅本同王弼；范本作「是以聖人以其終不自爲大」，引「嚴遵、王弼同古本」。

**案**：帛書二本均作「是以聖人之能成大也，以其不爲大也，故能成大」（甲本「以聖」二字闕），無「終」字，「聖人」下有「之能成大也以其」七字，「不爲大」下又有「也」字。竊疑此文當以帛書本爲古，此謂聖人所以能成其大，以其無心爲大，故能成之也；道藏本、傅本並作「是以聖人能成其大也，以其終不自大，故能成其大」，「終」字蓋從河上及王弼本而來，「聖人」下並有「能成其大也以其」數字，即存古本之眞，最爲可貴。河上本作「是以聖人終不爲大，故能成其大」，無「之能成大也以其」數字，則此數字之敚落，爲時久遠。王弼本作「以其終不自爲大，故能成其大」，以「其」字代「聖人」二字，「不」下又增「自」字，離原文愈遠矣。

二案：《老子》六十三章曰：「是以聖人終不爲大，故能成其大。」與此文相同。歷來學者或疑本章此二句乃彼六十三章之錯簡，馬敍倫、奚侗及嚴靈峯等諸先生皆有此說。今檢帛書，此章固有此數句，彼六十三章亦有此數句；蓋非錯簡矣。

# 三十五章

## 往而不害，安平太。

紀　昀曰：「平太」，河上本作「太平」。

蔣錫昌曰：河上〈注〉曰：「萬物歸往而不傷害，則國安家寧而致太平矣。」是河上以「太平」釋「平太」，非所據之本作「太平」也。

徐仁甫曰：「安平太」三字平列，與《書》言「人用側頗辟」相同，三字皆爲形況之詞，則「安」亦實詞，不當訓「乃」。

案：《御覽》六五九引「安平太」作「安於太平」；若《御覽》所據者爲河上本，則古本河上此文似當作「安太平」，方與河上〈注〉「而致太平」相符。此說若可信，今河上本正文作「平太」，蓋後人據王本、傅本及范本而改移也。

## 道出言：淡无味。

嚴可均曰：御〈注〉、河上、王弼作「道之出口」，傅奕作「道之出言」。

王叔岷先生曰：卷子本《玉篇》水部引此作「道之出言」。

**張舜徽曰**：帛書甲、乙本並作「出言」，乃原文也。他本作「出口」者，乃由「言」字缺爛而爲「口」耳。惟帛書「道之出言也」句，上有「故」字，下有「曰」字，皆傳寫者所加。

**古　棣曰**：加「也」、「曰」，破壞了詩韻，《老子》原文必不如此。

**楊丙安曰**：帛書作「故道之出言也，淡呵其无味也」，非唯文字複贅，且亦將老子哲理詩的風格完全破壞而成散文了。

**高　明曰**：今諭之帛書甲、乙本，《老子》原本作「出言」，「口」字乃後人妄改。

**案**：河上及御〈注〉本「道出言」皆作「道之出口」，此一源流也。傅本、范本等並作「道之出言」，此又一源流也。至於王弼本，當如陶方琦及馬敍倫之說，與傅、范本相合；今王本作「道之出口」，蓋淺人據河上本改之也。帛書均作「道之出言」，則傅、范本淵源有自矣。

**二案**：帛書「出言」下並有「也曰」二字；「也」屬上讀，「曰」統領下文。有「曰」字者，於義爲勝。竊疑河上公所據本原文蓋作「道之出言，曰」，其後奪「言」字，「曰」譌作「口」，卒有「道之出口」一源流；而河上乃據此立說，解「出」爲「出入」，訓「味」作「酸鹹苦甘辛」，說雖可通，似嫌落實。「味」下當從二十三章王〈注〉引添一「也」字，帛書皆有此字，即其明證。卷子本《玉篇》引，尚存此字耳。

# 三十六章

**將欲翕之，必故張之；**

**嚴可均曰**：「必故」，各本作「必固」，下三句皆然。

**馬敍倫曰**：固，讀爲姑且之姑。《韓非》〈說林〉上：「《周書》曰：將欲取之，必姑予之。」是其證，下同。

帛書本「故」作「古」，**許抗生曰**：古，實爲「姑」之誤。

**古　棣曰**：古，爲「固」之僞，更是無疑。

**案**：故，各本皆作「固」；馬謂當讀爲姑且之姑，其說蓋是。故、固及姑，皆從古得聲，故可通假；帛書並作「古」，亦記其聲耳。《戰國策》〈魏策〉一引《周書》曰：「將欲敗之，必姑輔之；將欲取之，必姑與之。」可補馬說。

**將欲奪之，必固與之，是謂微明。**

**勞　健曰**：翕、弱，張、強，廢、奪，舉、與，皆兩句相間成韻，當作「奪」無疑。

**馬叙倫曰**：奪，范及《韓非》〈喻老篇〉引並作「取」。〈說林〉上篇引《周書》亦作「取」。各本及《後漢書》〈桓譚傳〉引同此。

**蔣錫昌曰**：《史記》〈管晏列傳〉云：「故曰：知與之爲取，政之實也。」〈索隱〉：「老子曰：將欲取之，必固與之。」看《史記》用「故曰」云云，疑「與之爲取」即本之《老子》「將欲取之，必固與之」而來。是《史記》與〈索隱〉並作「取」也。諭義，亦以作「取」爲是。當據《韓非》改正。

**案**：古本此文蓋有二源流：其一作「取之」，《韓非子》〈喻老〉所據者即此本也；《史記》、〈索隱〉及《後漢書》所據者亦此本也。《戰國策》〈魏策一〉、《韓非子》〈說林〉上引《周書》並作「取」，可知此源流之影響。其一作「奪之」，帛書及河上等諸本皆此源流也。蓋古本此節未必相間成韻，其後於流傳過程中，經鈔傳者加工，易「取」爲「奪」，韻腳乃整齊矣。

## 柔勝剛，弱勝強。

**嚴可均曰**：《大典》與此同。御〈注〉、河上、王弼作「柔弱勝剛強」，傅奕作「柔之勝剛，弱之勝強」。

**劉師培曰**：《韓非》〈喻老篇〉曰：「處小弱而重自卑，謂損弱勝強也。」是《老子》古本「柔」當作「損」，「強」上無「剛」字。

**高　亨曰**：七十八章曰：「弱之勝強，柔之勝剛，天下莫不知，莫能行。」則《大典》所作較勝。

**張舜徽曰**：帛書甲本奪「剛」字，乙本亦奪「剛」字。

**周次吉曰**：本書「柔弱」連用者凡五見；其分用者，殆五十五章、七十八章二見耳。本章當作「柔弱勝強」，其作「柔之勝剛，弱之勝強」者，殆因七十八章而誤增。

**高　明曰**：與今本勘校，世傳今本多同王本作「柔弱勝剛強」，也有作「柔勝剛，弱勝強」或「柔之勝剛，弱之勝強」。諭之帛書，「柔弱」亦均爲一句；不僅一句，且無「剛」字，作「柔弱勝強」。《韓非子》〈喻老篇〉云：「處小弱而重自卑，謂損弱勝強也。」亦謂「勝強」，與帛書同，足證《老子》原本當如此。

**案**：高明謂古本此文當如帛書本作「柔弱勝強」，無「剛」字，蓋是也。後人爲求文句整飭，乃於「勝」下增「剛」字，河上本、王弼本、想爾本及玄宗本諸系統即出自此本也。其後，傳鈔者受七十八章之影響，或作「柔勝剛，弱勝強」，或作「柔之勝剛，弱之勝強」，自一句鋪排爲二句。古棣曰：「兩句併作一句，於節奏不諧。」倒序爲說耳。

## 魚不可脫於淵。

**蔣錫昌曰**：《後漢書》〈隗囂公孫述列傳〉〈注〉曰：「老子曰：『魚不可脫於泉。』脫，失也；失泉，則涸矣。」又〈翟酺傳〉〈注〉引「淵」亦作「泉」，是古本「淵」或作「泉」也。

**案**：帛書乙本「淵」字同，甲本作「潚」；第八章曰：「心善淵。」帛書甲本「淵」亦作「潚」；此甲本常例也。《說文》曰：「潚，深清也。」潚有深義，故深、潚二字可通用，第四章：「深乎萬物宗。」帛書甲本「深」作「潚」（乙本及河上本、王弼本皆作「淵」），即其明證。深、淵古通，《文選》枚乘〈上書諫吳王〉曰：「上懸之无極之高，下垂之不測之淵。」《藝文類聚》二四引「淵」作「深」，即其證。深、潚古通，深、淵亦古通，故潚、淵亦可相通矣。《韓非子》〈喻老〉引此文作「魚不可脫於深淵」，王先愼曰：「『深』字衍，唐避淵改深，後人回改，兼改深字耳。」朱謙之《老子校釋》是其說。竊疑「淵」之作「深」，恐非避唐諱而改；古本《老子》或作「深」，或作「淵」，後人合二本爲一也。

## 國有利器，不可示人。

**案**：河上本及王本系統「有」皆作「之」，《莊子》〈胠篋〉、《韓非子》〈喻老〉、《淮南子》〈道應〉、《說苑》〈君道〉、《後漢書》〈翟酺傳〉引均同，蓋同一源流也。想爾本系統作「有」，別一源流耳。有與之，義同。

# 三十七章

## 道常无為而无不為。

**張舜徽曰**：此文首句，帛書甲、乙本並作「道恒無名」，疑沿下文「無名」二字而誤。且首句「爲」字與「化」協韻，通行諸本皆如此作，不誤也。

**王　垶曰**：甲、乙本此節與舊三十二章首句同作「道恒无名」。傅本三十二章首句作「道常无名」，此章首句作「道常无爲而无不爲」，似爲後人妄改的。

**古　棣曰**：帛書只作「無名」兩字。基本思想與此章相通的三十二章作「道常，無名之樸」，該章突出道的「無名」特性，下文又有「始制有名」，可證彼章自應作「無名之樸」；此章不應與之完全重複，此章突出道的「無爲而无不爲」之特性，與五十七章「我无爲而民自化」一致，故應作「无爲而无不爲」。

**高　明曰**：與今本勘校，甲、乙本「道恒无名」，世傳本皆同王本作「道常無爲而無不爲」，彼此經文出入甚大，而且此一差異不限於本章，凡今本所見「無爲而無不爲」者，在帛書本中均無踪迹。……「無爲」是老子哲學中最重要的觀念……在他那五千餘言的著作中，反復講了十一次。……從帛書本考察，上述十一處皆言「無爲」，而無一處言「無不爲」。今本則不然，在上述經文中，有的本子則將「無爲」改作「無爲而無不爲」。……由此可見，經文「道常無名」，最初僅誤「名」字爲「爲」，故河上公〈注〉云：「道以無爲爲常也。」後又誤增「而無不爲」四字，河上公於此文無注，足證誤「名」字爲「爲」應在注前，誤增四字在注後。……通過帛書全面勘校，得知《老子》原本只講「無爲」，或曰「無爲而無以爲」，從未講過「無爲而無不爲」。「無爲而無不爲」的思想本不出於《老子》，它是戰國末年出現的一種新的觀念，可以說是對老子「無爲」思想的改造，曾散見於《莊子》〈外篇〉、《韓非子》、《呂覽》及《淮南子》等書……。

**案**：帛書二本此句均作「道恆无名」，「爲」作「名」，並無「而无不爲」四字。「道常无名，侯王若能守（之），萬物將自化」，與三十二章「道常无名。……侯王若能守之，萬物將自賓」，非特句法相同，語義亦全合；《老子》古本未經加工，樸質原始，此亦其例也。二十五章曰：「有物混成，先天地生，吾不知其名。」所謂「有物先天地生」，即指「道」而言；所謂「不知其名」，即「无名」；亦可爲此說之旁證。古棣以「重複」而否決帛書，張舜徽以「沿誤」而肯定今本，蓋皆不知古籍有加工演進之過程也。

**二案**：「无爲」乃老子重要哲學之一，書中論述至詳；其後，莊子於〈天道〉曰：

「上必無爲而用天下，下必有爲爲天下用，此不易之道也。」承繼老子「無爲」，又另創「有爲」之說，以施於政治。韓非順源而下，謂人君治國當自居「無爲」，而使臣下「無不爲」；此法家至高之政治理想也。晚近學者多據此以論老學與法家之關係，馮友蘭曰：「故『帝王之德』，必以『無爲爲常』，一切事皆使人爲之，則人盡其能而無廢事，此所以『無爲』則『用天下而有餘』也。」（《中國哲學史》第十三章第九節）錢賓四先生曰：「『無爲而無不爲』『後其身而身先』，此乃完全在人事利害得失上著眼，完全在應付權謀上打算也。」（《莊老通辨》卷中〈道家政治思想〉）或謂法家此說「歸本於黃老」，或謂老子此說富權謀、多利害；今帛書出土，又稽考第三十二章，知本文自作「道常无名」；其作「道常无爲而无不爲」者，蓋法家者流或後人之所改也。數千年學術思想，賴帛書之出土，眞相乃始大白；而後方知韓非別創「人君無爲，臣下無不爲」，乃於閱老之餘，另有會心之見耳。

**三案**：此文被改爲「无爲而无不爲」，時代甚早。《莊子》〈至樂〉曰：「天地无爲也而无不爲。」〈庚桑楚〉曰：「虛則无爲而无不爲。」〈則陽〉曰：「道……无名，故无爲而无不爲。」〈至樂〉及〈則陽〉乃外、雜篇，作成時代頗晚，則所見《老子》恐已改作「无爲而无不爲」矣。

## 侯王若能守，萬物將自化。

**蔣錫昌曰**：十章弼〈注〉「侯王若能守」，當爲古本，宜從之。強本成〈疏〉引經文云：「侯王若能守。」朱謙之曰：傅、范本「侯王」作「王侯」。

**案**：帛書作「侯王若能守之」（甲本奪「能」字）。三十二章亦曰：「侯王若能守之，萬物將自賓。」所言與此合。想爾本及古本二系統均作「王侯」，蓋別一源流也。

## 无名之朴，亦將不欲。

**高　亨曰**：疑此文當作「吾將鎭之以无名之朴。鎭之以无名之朴，夫亦將无欲」，轉寫挩去「鎭之」二字耳。「夫」，彼也，指萬物言。謂萬物欲作，吾將鎭之以无名之朴。既鎭之以无名之朴，則萬物亦將无欲也。本章皆連環句法，「化」字疊，「鎭之以无名之朴」七字疊，「无欲」二字疊。則重「无名之朴」非衍文，而有挩文，明矣。

**案**：檢帛書，乙本「无名之朴」作「闐之以无名之朴」，甲本作「□□□无名之握」；則漢初《老子》非惟重複「无名之朴」四字，亦重複「鎭之以」三字也。高說極是。河上於上句「吾將鎭之以無名之朴」下，注曰：「侯王當身鎭撫以道德也。」於本句下注曰：「言侯王鎭撫以道德……。」以彼例此，河上本此句蓋當有「鎭之以」三字甚明，故〈注〉方云「鎭撫以道德」矣。今河上本經文無「鎭之以」三字，蓋傳鈔者據他本刪之也。

## 不欲以靜，天下將自正。

**朱謙之曰**：正，諸王本與宋刊河上本作「定」。正、定義通。

**王叔岷先生曰**：敦煌景龍鈔本作「无欲以靜，天地自正」；「天下」作「天地」。

**張舜徽曰**：「天地」乃「天下」之譌，此處不合言「天地」也。

**高　明曰**：帛書「天地將自正」，今本「天地」二字誤作「天下」，想爾〈注〉本作「天地自正」，與甲、乙本同。前文既爲「天地」，當以「自正」爲是，「定」乃「正」之借字。

**案**：帛書「天下」均作「天地」，今惟伯希和二五八四及斯坦因六四五三與帛書合，蓋有所依據也。四十五章曰：「清靜以爲天下正。」語義與此甚近，字作「天下」；可見作「天下」者，亦未可非。《莊子》〈天地〉曰：「无欲而天下足……淵靜而百姓定。」云「无欲」，云「天下」。

# 三十八章

## 上德無為而無以為，下德為之而有以為。

**范應元曰**：「上德無爲」兩句，韓非、王誗、王弼、郭雲、傅奕同古本，河上公作「上德无爲而无以爲，下德爲之而有以爲」，今從古本。

傅本「無以爲」作「無不爲」，**俞　樾曰**：《韓非子》〈解老篇〉作「上德無爲而無不爲也」，蓋古本如此。今作「無以爲」者，涉下「上仁」句而誤耳。

**朱謙之曰**：碑本作「無以爲」，是也。「上德無爲而無以爲」，較之「上德無爲而無不爲」，於義爲優。蓋太上下知之，故不爲而成也。五十七章所云「我無爲而民自化」是也。「無爲」與「無以爲」似無所區別，然而「無爲而無以爲」與「無爲而有以爲」，則區別甚大。

**許抗生曰**：傅奕本亦與〈解老〉同，今據〈解老〉改。「无爲而无不爲」亦符合老子思想，因爲上德者是得道的人，道是无爲而无不爲的，所以上德的人，亦應是无爲而无不爲的。

**周次吉曰**：老氏之意，殆以爲「德」者「道」之華末耳，故曰「失道而後德」；則其無

「下德」者顯而易見，此特標「下德」者，蓋強調有作有爲之失之敗也，故曰「不失德，則以無德」。既無德矣，何有於爲不爲哉？此其文當刪者一……。

**案**：「上德無爲」二句非惟各本差別最大，歷來學者意見亦最分歧；今撮其要試論如次。

上句「上德無爲而無以爲」，河上本、王弼本並與此本相同；《韓非子》引作「上德無爲而無不爲」，與此獨異。俞樾謂韓非所據者爲古本，今本作「無以爲」者，蓋涉下文而誤。同此說者甚多，有陶方琦、馬敍倫、高亨、蔣錫昌及嚴靈峯等諸人，文繁不能盡錄。朱謙之於《校釋》一反彼等之說，力主今本之優，且引述五十七章爲證。考帛書乙本作「上德无爲而无以爲也」，甲本作「上德无□□无以爲也」，則漢初古本此文自作「上德无爲而无以爲也」；「上德无爲而无以爲」、「上仁爲之而無以爲」蓋皆同一境界，而「无爲而无以爲」高於「爲之而無以爲」，故雖在同一境界，前者爲上德，後者爲上仁，高低亦有分別也；下句「上義爲之而有以爲」，爲之又有所爲，境界又視「上仁」爲低；而其境界最低下者，莫過於「上禮」者，爲之而無應，則攘臂而喧叫也。

三十七章曰：「道常无名。」後人或法家者流改「无名」爲「无爲」；又於「无爲」下增「而无不爲」；老子樸素哲學遽然轉爲權謀法術，此後學讀《老子》別有會心之處也。此文「上德無爲而無以爲」，韓非引作「上德無爲而無不爲」，例與三十七章同。今賴帛書出土，三十七章與此文恢復舊觀，而後老子乃始安於樸素之本眞矣。

二案：下句「下德爲之而有以爲」，河上本、王弼本並作「下德爲之而有以爲」，傅本、范本並作「下德爲之而無以爲」；陶鴻慶、馬敍倫、高亨、蔣錫昌及嚴靈峯等皆謂此文當作「下德爲之而有不爲」，奚侗、朱謙之等又謂當作「下德無爲而有以爲」，諸說文繁，未能備錄。今檢帛書，皆無此一句八字；又考韓非〈解老〉，由次段開始，即依次徵引「上德無爲」、「上仁爲之」、「上義爲之」、「上禮爲文」，以及下文「失道」、「失德」、「失仁」、「失義」、「禮者」、「前識者」及「去彼取此」等諸文，惟獨不及此一句之八字；據此以觀之，蓋古本《老子》無此文也。章首「上德不德，是以有德；下德不失德，是以無德」，所謂「上德」「下德」，指德之多寡而言；此節「上德」、「上仁」、「上義」及「上禮」，謂崇尚德、仁、義及禮者；上下二節之「上」字，文義互異。淺人未能詳究之，因章首有「上德」、「下德」，而此節言「上德」外，獨缺「下德」一句，乃妄撰以增之，不知其隔絕「上德」與「上仁」、「上義」、「上禮」之文義甚矣。

* * * *

案：上述案語，寫成於一九七八年年底，刊佈於次年四月《大陸雜誌》第五十八卷第四期內。今讀古棣《校詁》曾舉五證反駁拙說；古棣從俞樾及陶鴻慶校，謂二句當作「上德旡爲而無不爲，下德爲之而有不爲」，與帛書本不同，故不同意拙說。近得高明《校注》，書中曾舉例論帛書本首句「上德無爲而無以爲」之確，又論帛書無下句「下德爲之而有以爲」之是，與拙說頗有相合之處。其他各家，或從帛書，或從流行本，或折衷於兩者之間；衆說不同，頗多歧異。蓋治學之難，於此可知也。

## 前識者，道之華，而愚之始。

**畢　沅曰**：《韓非》〈解老篇〉「始」作「首」。

**蔣錫昌曰**：王〈注〉：「道之華而愚之首。」是王本「始」亦作「首」，與《韓非》同，當據改正。

**古　棣曰**：應以作「始」爲是。作「首」與上句「而亂之首」重複，既有「始」字可用以達意，講究作文的老子必用「始」字，而不用「首」字。而且作「始」，於義妥貼。

**高明曰**：帛書末句「而愚之首也」，世傳本多同王本作「而愚之始」，唯傅奕本與帛書同。《韓非子》引亦作「首」，王本原亦作「首」，故知此文當從帛書本作「愚之首」是。

**案**：易順鼎解「愚」作「遇」，即《尚書》「暫遇姦宄」之「遇」，其說甚是。《韓非子》舉例以明老子此文，云：「而使五尺之愚童子視之。」就字面解之，誤。《韓非子》引「始」作「首」，與帛書二本相合，此古本《老子》也。蔣謂王本作「首」，是王本猶存古本之眞。其後於流傳過程中，傳鈔者爲避免與上文「亂之首」

重複，乃將此文「首」字易爲「始」，此後人加工之例也。孫盛《老子疑問反訊》引作「愚之首」，是晉代此古本猶見傳於世。

# 三十九章

## 萬物得一以生，

**王　垶曰**：依甲、乙本無「萬物得一以生」六字。「神」、「谷」、「侯王」皆萬物之屬也，非「神」、「谷」、「侯王」之外另有萬物也。

**古　棣曰**：帛書本、嚴遵本、敦煌戊本无「萬物得一以生」和下段的「萬物無以生將恐滅」。從老子哲學基本精神看，從老子屢言道爲「萬物之母」，可知此兩句必有。

**高　明曰**：河上公本「其致之」三字之注文云：「致，誠也。謂下五事也。」下五事，顯然是指以下天、地、神、谷、萬物、侯王而言。但是，如依帛書將「萬物」一事刪去，則正與河上公所講「五事」相合，否則就爲六事。由此可見，河上公注《老子》時，經文只五事，而無「萬物」一事。足以說明二句是在河上公注釋之後增入的。嚴遵、敦煌戊本及《文選》江文通〈雜體詩〉〈注〉引皆無此二句，足證二句絕非《老子》原文。

**案**：諸家謂當從帛書本無此句及下文「萬物無以生將恐滅」，是也。《抱朴子》〈地眞〉引天、地、人、神四句，《晉書》〈裴楷傳〉引天、地、王侯三句，皆不及

「萬物得一以生」六字，亦可爲此說旁證。《呂覽》〈論人〉曰：「知神之謂得一，凡彼萬形得一後成，故知一則應物變化。」萬形，即萬物之謂也。從《呂覽》之言，可知萬物即包括神以外之天、地、谷及侯王等；此文若再增「萬物得一以生」，形同附贅耳。王〈注〉曰：「各以其一，致此清、寧、靈、盈、生、貞。」「生」就「萬物」一句而言；然則，添此一句及下文「萬物」句，蓋始於輔嗣乎？

## 其致之，

**張舜徽曰：**「其致之一也」，當連上文讀，乃總結上文之辭。或以爲領起下文，非是。

**古　棣曰：**此句爲總結上文，說明它們（六者）的本質都是由「一」決定的。作「其致之」屬下句讀，則非常牽強。

**案：**帛書甲本作「其致之也」，乙本作「其至也」；下句「天無以清將恐裂」上，帛書皆有「謂」字；然則，帛書以「其致之」一句屬下連讀明矣。河上公於「其致之」下注曰：「謂下六事也。」河上本「天無以清將恐裂」上雖無一「謂」字，然河上公謂「其致之」乃「謂」下列「六事」耳；則河上公亦將此句屬下連讀。其讀法與帛書無差別。嚴遵〈指歸〉曰：「凡此五者得一行之，與而不廢，成而不缺，流而不絕，光而不滅。夫何故哉？性命自然，動而由一也。」細嚼〈指歸〉，嚴本「其致之」蓋作「其致之一也」；且上讀爲文，故方於〈注〉末以「動而由一也」訓釋

「其致之一」，總括前文耳。王〈注〉曰：「各以其一，致此清、寧、靈、盈、生、貞。」輔嗣蓋屬上爲文，與嚴本合。據此，漢季此文蓋有二讀法，其一以「其致之」下屬爲句，其下屬爲句者，下句之首往往有一「謂」字；其一則上屬爲文，其上屬爲文者，亦往往增「一」字以足其義耳。往後各家，皆不出此二源流。

**二案**：「其致之一也」若上讀爲句，則「昔之得一者」至此爲一小節，兩「一」字前後呼應，結構嚴謹；若下屬爲文，則總提下文「天無以清將恐裂」數句，與前節首句「昔之得一者」處同等地位，並爲開啓下文之開端語。

**三案**：高明據河上〈注〉訂正此句爲「其誠之也」；檢河上公〈注〉曰：「致，誠也。」若經文本作「誠」，則何勞河上公注乎？高說不可從。

**天無以清將恐裂，地無以寧將恐發，神無以靈將恐歇，谷無以盈將恐竭……。**

**朱謙之曰**：《莊子》〈至樂篇〉：「天無爲以之清，地無爲以之寧。」語意本此。

**王　垶曰**：天如果沒有自然之力，不能保持清明，恐怕將要破裂……。

**古　棣曰**：第一句是說天如不「得一以清」，就要破裂、墜毀，即不成其爲天了。只說「爲以清」，無「得一」二字，乃行文之省略。其下五句同此。

**高　明曰**：帛書則作「天毋已清」、「地毋已寧」、「神毋已靈」、「谷毋已盈」、「侯王毋已貴以高」，今本將「毋已」二字改作「無以」，尤其是將其中一個關鍵字「已」改作「以」，則原義全失。傅奕、范應元又將「毋已」改作「無以爲」，失誤更甚。……河上公〈注〉：「言天當有陰陽施張，晝夜更用，不可但欲清明無已時，將恐分裂不爲天。」可見河上本「無以」原作「無已」。……後人誤將「天無已清」等諸「已」字，同前文「天得一以清」諸「以」字聯繫在一起，故將諸句「已」字皆改作「以」。

**案**：此數句晚近各家解釋頗有歧異；王垶據王弼之說，從本字解「以」字，謂天若不能持清，則將恐破裂；高明從帛書立說，讀「無以」爲「無已」，謂天若但欲清明無已時，則將崩裂無疑。二說之異，全在「以」字之解釋耳。高說有河上公〈注〉佐證，較優。然此文承上節「昔之得一者」而來，就反面角度繼續申論「得一」之效用，故「天無以清將恐裂」，若讀作「天無得一以清，將恐裂」，應上節「天得一以清」而來，亦可通耳。今作「天無以清，將恐裂」，蓋省文。古棣之說可參考。

**二案**：《莊子》〈至樂〉曰：「請嘗試言之，天无爲以之清，地无爲以之寧。」竊疑〈至樂〉作者蓋見及老子此文，惟該作者僅摭取「天無以清將恐裂」之前半句。據其解釋，蓋謂天當無所作爲，時時保持清明；若此，〈至樂〉作者「以」字不改讀，說法蓋與後來之河上公不同也。

**故貴以賤為本，高以下為基。**

**畢　沅曰：**河上公「以」上並有「必」字，《文選》〈藉田賦〉〈注〉同。

**蔣錫昌曰：**《淮南子》〈道應訓〉引《老子》曰：「貴必以賤爲本，高必以下爲基。」是爲《老子》原文。《戰國策》〈齊策四〉引《老子》曰：「雖貴必以賤爲本，雖高必以下爲基。」除多二「雖」外，與〈道應訓〉所引全同。四十章王〈注〉：「高以下爲基，貴以賤爲本。」《左傳》昭五年〈正義〉：「高以下爲基，貴以賤爲本。」二引文均與〈道應訓〉不同，當非《老子》原文。

**王叔岷先生曰：**《文子》〈道原篇〉兩「以」字上亦並有「必」字。《劉子》〈明謙篇〉：「高必以下爲基，貴則以賤爲本。」必、則互文；則，猶必也。

**案：**西漢時此文蓋有二源流，差別在於「必」字之有無。《戰國策》、《文子》、《淮南子》所據者皆有二「必」字，《文子》〈符言〉曰：「貴以賤爲本、高以下爲基。」所據者似無兩「必」字。前者盛行於西漢及西漢以前，其後僅河上公本系統保留其眞貌；後者盛行於西漢及西漢以後，嚴本、想爾本、王本及古本等諸系統皆此源流也。有二「必」字者，古。《文選》〈勵志詩〉〈注〉引「高以下爲基」句，亦有「必」字。

## 是以侯王自謂孤寡不穀，

**易順鼎曰：**「自謂」當作「自稱」。四十二章云：「人之所惡，唯孤寡不穀，而王公以爲稱。」則此亦必作「稱」也。《淮南》高〈注〉正作「稱」。《文選》邱希範〈與陳伯之書〉〈注〉引此作「王侯自稱孤寡不穀」，皆其證。

**蔣錫昌曰：**《戰國策》〈齊四〉引作「是以侯王稱孤寡不穀」，可證古本作「稱」。

**案：帛書「自謂」與此同。竊疑古本此文有二源流：一作「自稱」，此《戰國策》、《淮南子》高〈注〉及《文選》〈注〉所據者；一作「自謂」，帛書、河上本、傅本、《漢書》〈魏豹傳〉〈注〉及《文選》〈雪賦〉〈注〉所據者。謂、稱，義雖相同；古本用字未必整齊劃一，此亦其例也。**

## 此其以賤為本耶？非？

**范應元曰：**王弼同古本。河上公作「此非以賤爲本邪？非乎」，今從古本。

**蔣錫昌曰：**范謂王弼同古本，則范見王本作「是其以賤爲本也？非歟」，今本蓋後人以河上本改之，當據范本改正。強本榮〈注〉引經文曰：「此其以賤爲本耶非。」則榮作「此其以賤爲本耶非」。

**徐仁甫曰：**兩「非」字不能同用。此兩種句法誤合爲一。一本作「此非以賤爲本耶」，一本作「此以賤爲本邪非乎」。《戰國策》〈齊策〉引作「是其賤之本與，非夫」，即後一種句法。今本則誤合兩句爲一。

**嚴靈峯曰：**下有「非乎」二字，不應再加否定之詞，作「其」於義爲長。

**案**：此文古本蓋有二源流，一作「此其以賤爲本」，一作「此非以賤爲本」，皆疑問句式表示肯定之語氣。《戰國策》引作「是其賤之本與」，帛書二本皆作「其」，是知作「其」字者古。「非」乃感歎詞，通作「悲夫」、「非夫」、「非乎」，與上句無意義上之關連；《戰國策》引作「非夫」，即「悲夫」之省。河上公於「此非以賤爲本耶」下注曰：「……此非以賤爲本乎？以曉人。」於「非乎」下注曰：「嗟歎之辭。」然則，河上公「非」讀作「悲」明矣。皆其明證。嚴謂「下有『非乎』二字，不應再加否定詞，作『其』於義爲長」，徐謂二「非」字不可同時出現，皆由於誤讀次「非」字之含義。

## 故致數車無車。

王弼本二「車」作「輿」，**范應元曰**：王弼同古本，河上公作「數車无車」。

**馬敍倫曰**：《莊子》〈知北遊篇〉曰：「至譽無譽。」此文當作「致譽無譽」，「致」有誤作「數」者，校者彼此旁注，後人傳寫誤入正文耳。

**羅運賢曰**：疑此文本作「致數與無與」，與、譽古通。數，計也；數譽無譽，言計譽反無譽也。侯王自謂孤寡不穀，此不計譽矣，而譽自歸之，然則計譽無譽明甚。

**案**：歷來學者頗受《莊子》「至譽無譽」四字之影響，謂此文兩「車」字本作「譽」，譽、與通，與、輿又通，乃三寫作「車」矣。此文若作「致數譽無譽」，「致數」

二字文頗不通；羅運賢訓「數」爲「計」，謂「侯王自謂孤寡不穀，此不計譽矣，而譽自歸之，然則計譽無譽明甚」，說似可通，然「致」字不得不刪。馬敍倫謂「致」爲「至」，以《莊》解《老》，強通此文，故不得不云「數」字爲「致」字之誤衍。帛書甲本作「故致數與無與」，乙本作「故致數輿無輿」，與、輿古通。竊疑此文可就字面解之；致、聚也，《周禮》〈小司寇〉：「以致萬民。」鄭〈注〉曰：「致萬民，聚萬民也。」此謂雖聚有數輿車，當自謙無輿車；猶侯王富有民人，當自謙孤寡不穀也。今本作「車」，車與輿古通，或爲輿之省形。

* * * *

**案**：余於一九七九年刊佈《新校》後，曾另撰〈論帛書本老子〉一文，後搜入拙作《竹簡帛書論文集》內（一九八二，北京中華）。文中，曾改寫此則，列入「帛書可澄清被誤解之文字」項目內。古棣書中引入拙見，提出三點加以反駁，並提出己見。〈論帛書老子〉乃白話文，行文不免嚕囌，拙論當以此則爲準，故不擬對古文加以詰駁。古解「數」爲「屢次」、「頻繁」；緻數譽，即頻繁地追求榮譽。若如古說，則此文當作「數緻譽」矣。今《老子》作「緻數譽」，則知古說之難通。《淮南子》〈道應〉引亦作「故致數輿無輿也」。

# 四十章

## 天下萬物生於有，有生於無。

**嚴靈峯曰：**巴黎國立圖書館藏唐天寶十年《道德經》殘卷，「天下萬物」作「天地之物」。

**案：**帛書首句並作「天下之物生於有」，是也。王弼〈注〉曰：「天下之物皆有以爲生。」是王本亦作「天下之物」，與帛書合；河上本作「天下萬物」，「天下」二字猶未誤。河上本、傅本及此本皆作「萬物」，蓋「之」譌作「万」，又改作「萬」矣。朱謙之以「萬物」爲據，「萬物」與「天地」相對，引首章爲證，謂此文「天下」當作「天地」；不知「萬物」乃「之物」之譌也。

# 四十一章

## 下士聞道，大笑之。

**王念孫曰**：「大笑之」本作「大而笑之」猶言迂而笑之也。《牟子》引《老子》正作「大而笑之」。《抱朴子》〈微旨篇〉亦云「大而笑之」，其來久矣。

**俞　樾曰**：王說是也。「下士聞道，大而笑之」，與上文「上士聞道，勤而行之」兩句相對。傅奕本作「上士聞道，而勤行之；下士聞道，而大笑之」，蓋誤移兩「而」字於句首，然下句之有「而」字，則尚可藉以考見也。

**案**：自王念孫謂「大笑之」當作「大而笑之」後，俞樾、馬敘倫、高亨、蔣錫昌、朱謙之及嚴靈峯等皆同其說。檢帛書乙本，此句亦作「大笑之」（此本「笑」作「咲」；咲、笑古，今字），與此本合。河上〈注〉曰：「見道質朴，謂之鄙陋，故大笑之。」〈指歸〉曰：「……而下士之所大笑也……下士所笑……。」亦皆無「而」字。《史記》〈酷吏傳〉引作「下士聞道，大笑之」，亦與此合。古本《老子》，文句未必如此整齊也。

**故建言有之：**

范本「之」下有「曰」字，**范應元曰**：王弼、孫登、阮咸同古本，河上公本无「曰」字。

**羅振玉曰**：敦煌本作「是以建言有之曰」。

**蔣錫昌曰**：范謂王弼同古本，則范見王本作「故建言有之曰」；今本當於「之」下增一「曰」字。

**王叔岷先生曰**：敦煌天寶鈔本作「是以建言有之」。

**張舜徽曰**：敦煌本亦作「是以建言有之曰」，與乙本同，蓋原文如此。有一「曰」字以領起下文，尤勝，今本脫去久矣。

**古　棣曰**：無「曰」字爲是，有之則於文重複，和六十九章「古之用兵者有言曰」不同，彼處非有「曰」字不可。此處可省，且四句并列，一句四字，雖第一句不入韻，但仍然是詩，按其節奏，亦應省「曰」字。

案：帛書乙本「故」作「是以」，「之」下有「曰」字。今所見各本：「故」或作「是以」，如伯希和二四一七、斯坦因六四五三及中村不折藏本等；或「之」下有「曰」字，如傅本、范本及敦煌本等；參差不一律。

**廣德若不足，**

**馬敘倫曰**：《莊子》〈寓言篇〉引「廣」作「盛」。《史記》〈老子傳〉「君子盛德，容貌若愚」，蓋即此義。疑當從《莊子》作「盛」，是故書。《淮南》〈說林訓〉引作「大」。各本及《文選》〈竟陵王行狀〉〈注〉引同此。

**朱謙之曰**：嚴遵本作「盛德」，當從之。

**案**：古本此文蓋有二源流，一作「盛德」，一作「廣德」。《莊子》、《史記》所據者爲前一源流，嚴本即承其緒耳。《文子》〈上德〉引作「廣德」，蓋爲另一源流，帛書即來自此源流也。其後，「廣德」本流行，爲王本、古本、河上本等諸系統所依據，而「盛德」本乃少爲人所知矣。《淮南子》引作「大德」，蓋易字爲說耳。

## 夫唯道，善貸且善。

傅本「且善」作「且成」，**范應元曰**：嚴遵、王弼同古本。河上公作「善貸且成」，今從古本。

**馬敘倫曰**：諭弼〈注〉曰：「故曰善貸……故曰善成。」則王作「善成」。《宋書》謝靈運〈山居賦〉自〈注〉及《類聚》六四引並作「善成」。

**于省吾曰**：景龍本作「善貸且善」，當脫「成」字。敦煌「貸」作「始」，乃聲之轉。《書》〈皋陶謨〉「簫韶九成」鄭〈注〉：「成，猶終也。」成、終義同。然則「善始且成」，即善始且終也。六十四章：「愼終如始。」亦終、始對文。

**高明曰**：帛書乙本作「善始且善成」，即善始且善終也，而爲于說得一確證。王本經文「善貸且成」，奪一「善」字，但注文不奪。

**案**：嚴本、古本及河上公本諸系統皆作「善貸且成」，〈指歸〉曰：「貸於不貸，動而萬物成，靜而天下遂也。」河上公〈注〉曰：「言道善稟貸人精氣，且成就之也。」是作「善貸且成」，義亦可通。《文選》〈初發石首城〉及〈解尚書表〉〈注〉引均作「善貸且成」，蓋即據此本也。王本作「善成」，別一源流也。此本奪一「成」字，義不可通。

# 四十二章

## 萬物負陰而抱陽，

**盧育三曰：**《淮南子》〈精神訓〉、《文子》〈上德篇〉引均作「萬物背陰而抱陽」。

**島邦男曰：**「背」字，今本作「負」，〈指歸〉曰：「背陰向陽。」則嚴本作「背」。其作「負」者，始於《文子》。王弼從嚴本，應作「背」。

**案：**《淮南子》〈兵略〉曰：「道者，體圓而法方，背陰而抱陽。」〈精神〉引此文作「萬物背陰而裒陽」，高〈注〉曰：「萬物以背爲陰，以腹爲陽。」《文子》曰：「萬物背陰而抱陽。」諸書或用、或引本文，字皆作「背陰」。疑古本此文有一源流作「背陰」者，島邦男謂嚴本及王本原作「背陰」，即此源流之餘緒也。

## 人之所惡，

**高　明曰：**甲本「天下之所惡」，乙本作「人之所惡」，彼此各異。與今本勘校，世傳本皆作「人之所惡」，與乙本相同，無作「天下之所惡」者，可見甲本已曾被人改動。

案：帛書乙本「人」字同，甲本作「天下」；「天下之所惡」與「人之所惡」，取義相同。第二章曰：「天下皆知美之爲美，斯惡已。」二十二章曰：「故天下莫能與之爭。」諸「天下」皆可作「人」解。二十章「人之所畏」，與此「人之所惡」語法用字相合。

## 故物或損之而益，或益之而損。

**羅振玉曰**：敦煌本無「或」字。

**王叔岷先生曰**：「或益之而損」，敦煌天寶鈔本無「或」字，《意林》引同。

**案**：帛書乙本次句無「或」字，甲本次句句首殘缺，以字數推之，亦無「或」字。西漢古本次句蓋一本有「或」字，《淮南子》所據者即此本，河上本、王本及古本三系統皆從此而來；一本無「或」字，帛書本即來自此本，敦煌諸本及《意林》所據者，亦此源流耳。

## 人之所教，我亦教之；

**范應元曰**：王弼、嚴遵同古本，河上公作「人之所教，亦我義教之」。

**羅振玉曰**：御〈注〉本、敦煌本均作「亦我義教之」。

**張松如曰**：下句似仍當從帛書作「亦議而教人」，意即凡前人之所教我者，我亦發爲議論去用以教人。後世諸本「義」字正是從帛書中的「議」字演化而來。

**許抗生曰**：孫盛《老子疑問反訊》：「人之所教，我亦以教之。」故「議」字是「以」字之誤。

**高　明曰**：帛書乙本已全部殘壞。甲本「故人之所教，夕議而教人」，「故」、「夕」、「議」三字皆爲假借字。「故」字當假爲「古」，「夕」字當假爲「亦」，「議」乃「我」之假借字。當讀作：「古人之所教，亦我而教人。」不難想像，諸唐本中之「義」字，猶若甲本中的「議」字，因後人不理解「義」乃「我」之借字，故衍入經文，踵訛襲謬，傳至如今。而，在此作「以」用。

**案**：帛書甲本「人」上有「故」字，高明自奚侗說得啓示，解「故」爲「古」，謂此二句之意當如奚侗之言：「凡古人流傳之善言以教我者，我亦以之教人。」竊謂此說並非古義。〈指歸〉曰：「故眾人之教，變愚爲智，化弱爲強……聖人之教則反之，愚以之智，辱以之榮……。」嚴本經文無「故」字，讀「人」爲「眾人」之義；據〈指歸〉之言，蓋謂人教我爲智持強，我則教人守愚處辱。河上公〈注〉曰：「謂眾人所教，去弱爲強，去柔爲剛。言我教眾人，使去強爲弱，去剛爲柔。」河上公亦解「人」爲「眾人」；據河上公所言，人教我及我教人之內容皆不相同，其說與〈指歸〉相合。再如王〈注〉曰：「故人相教，違之必自取其凶也。亦如我之教人，勿違之也。」（「必」字從樓宇烈校補）亦不解「人」爲「古人」。此兩漢及魏晉人讀法也。下句「之」字乃首句「人」之代詞，至爲明顯。若如奚侗、高明之說，解「人」爲「古人」，則下句「之」字又當作何解？若如奚、高說，則二句當作「古人之所教，我亦教人」；「人」與「古人」所指不同，則下句不可以「之」作爲代詞矣。今既作「我亦教之」，「之」當指首句明矣。奚、高說蓋不可從。下文云：「強梁者不得其死，吾將以爲教父。」「強梁者不得其死」，即「吾」作爲「教父」，所以教人之內容也。惟其與「人之所教」者不同，故特舉出明言之耳。

**二案**：「我亦教之」，帛書甲本作「夕議而教人」，高明謂「夕」當借爲「亦」，「議」乃「我」之借字，其說是也。蓋古本此文一作「我亦教之」（河上公本及王本），一作「議亦教之」；後人不知「議」乃假字，乃合二本爲一，又省「議」爲「義」，卒作「我義亦教之」。然，「我義亦教之」不可通，乃易作「亦我義教之」（想爾本及玄宗本），或作「我亦義教之」（顧歡本、邵若愚本）矣。嚴本作「亦我教之」，即從想爾本「亦我義教之」簡化而來也。傅、范本兩句作「人之所以教我，亦我之所以教人」，乃於每句增入「之所以」三字成之也，與上述諸源流不同。

## 吾將以為教父。

范本「教父」作「學父」，**范應元曰**：《音辯》云：「古本作學父，河上公作教父。」《尚書》「惟斅學半」，古本並作「學」，則「學」宜音「斅」，亦教也，義同。「父」，始也。今並從古本。

**馬敍倫曰**：《弘明集》六釋慧通〈駁顧道士夷夏論〉並作「學父」。成〈疏〉曰：「將爲學道之先，父亦本也。」是成亦作「學父」。

**王叔岷先生曰**：敦煌天寶鈔本「教」作「學」；學，猶教也。《廣雅》〈釋詁〉：「學，教也。」

**張舜徽曰**：河上、王弼本、景龍碑本均作「吾將以爲教父」。帛書甲本作「學父」，與敦煌本、傅、范本合，蓋原文也。父，猶始也，本也。

**李水海曰**：父，實爲楚方言，它是楚地人們對老年人的尊稱。揚雄《方言》六云：「凡尊老，楚謂之『父』，或謂之『父老』。」《楚辭》中的名篇〈漁父〉，就指的是「捕魚的老人」。

**案**：嚴遵〈指歸〉曰：「聖人悲之，以爲教先。」河上〈注〉曰：「父，始也。老子以強梁之人爲教戒之始也。」漢人蓋皆讀「父」爲「始」、爲「先」也。王〈注〉曰：「故得其違教之徒，適可以爲教父也。」輔嗣之後，始從楚語讀之，解爲「師長」耳。教父，帛書甲本作「學父」，古本系統及敦煌己本、《弘明集》六及成〈疏〉引咸作「學父」，蓋同一源流耳。嚴本、想爾本、王本及河上公本諸系統均作「教父」，其傳承亦源遠流長。

# 四十三章

**天下之至柔，馳騁天下之至堅。**

范本「馳騁」下有「於」字，**范應元曰**：《淮南子》有「於」字，與古本同。

**馬敘倫曰**：各本及《淮南》〈原道訓〉、〈道應訓〉、《文子》〈道原篇〉引並無「於」字。《說苑》〈敬愼篇〉引有「乎」字，於、乎古通。是古本當有「於」字。

**王叔岷先生曰**：「天下之至柔」，《記纂淵海》一引「天」上有「水」字。景宋本及道藏本《淮南子》〈原道〉、〈道應〉二篇引「馳騁」下並有「於」字，與范所見同。

**古　棣曰**：此「於」字當有，無介詞，句子不完整。

**高　明曰**：從文義分析，應有介詞，當從帛書作「馳騁於天下之至堅」爲是。

**案**：《記纂淵海》一引「天下」上有「水」字，恐是類書編者據河上〈注〉而增耳。河上公〈注〉曰：「至柔者，水也。」若《老子》原文有「水」字，則不勞河上公訓說矣。「馳騁」下「於」字，漢代古本頗參差：《淮南子》〈原道〉引有「於」字，《說苑》〈敬愼〉引有「乎」字；於、乎，皆爲介詞。帛書甲本有「于」字，與《淮南子》所據者合；乙本有「乎」字，與《說苑》合。此源流之古本影響頗遠，范本猶存「於」字，即其遺跡。另一源流之古本則無此介詞，《文子》〈道原〉、《淮南子》〈道應〉所引者皆無此「於」字，則此源流之時代亦甚久遠；其後嚴本、想爾本、王本及河上公本等諸系統，莫不出自此源流也。影響深遠，且爲大多數傳本所接受。

## 無有，入於無間。

**嚴可均曰**：御〈注〉、河上、王弼無「於」字，傅奕、《淮南子》作「出於無有，入於無間」。

**劉師培曰**：《淮南》〈原道訓〉引作「出於無有，入於無間」，此《老子》古本也。王本亦有「出於」二字。王弼上文注云：「氣無所不入，水無所不出於經。」〈注〉文「無所不出於經」，當作「無所不經」，與上「無所不入」對立。「出於」二字必「無有」上之正文。蓋王本亦作「出於無有，入於無間」，而「出於」二字誤入注文也。

**劉文典曰**：河上〈注〉：「故能出入無間。」是所見本尚未敓「出」字。

**張舜徽曰**：帛書甲本作「無有入于無間」，蓋亦上奪二字矣。水之爲物至柔，及其積厚勢重，可以潰決隄防，漂沒城邑。泛濫所至，無隙不入，可以知其威力之大。老子有見及此，因悟柔弱可勝剛強，爲人君者，宜去健羨，黜聰明，任人而不任智，而收無爲之效。

**張松如曰**：此句「無有入於無間」，實即上文「天下之至柔，馳騁於天下之至堅」的申說。如云：「出於無有，入於無間。」便不知所云爲何物矣。

**古　棣曰**：此句承上句「天下之至柔，馳騁於天下之至聖」而來；「無有」指至柔之水，「無間」指金石之類，言其無間隙也。「無有，入於無間」，正是對「天下之至柔，馳騁於天下之至堅」的解釋和抽象，這裏用不著「出於」二字，有「出於」則不通。

**高　明**：如依易、劉二氏之說，而在句前增添「出於」二字，讀作「出於無有，入於無間」，則與經義相違。今以帛書經文證之，易、劉之說不確，而傅、范二本俱有衍誤。

**案**：西漢以前，此文已有二源流，一作「出於無有，入於無間」。《淮南子》〈原道〉所據者，即此源流。〈精神〉曰：「出入無間……入於無間。」雖未明言出於本書，然而，恐亦與老子此文有關；言「出」，言「入」，蓋所見者亦屬此源流之句型耳。《莊子》〈庚桑楚〉曰：「萬物出乎无有，有不能以有爲，必出乎無有。」亦一再言「出於無有」。然則，此源流蓋可上溯至先秦矣。古王本、古本系統及河上公本皆有「出於」二字，可知此源流亦深受學林所接受。〈指歸〉曰：「出入無外而無圻……出無間，入無孔，俯仰之頃經千里。」疑嚴本有「出於」二字，亦此源流之句型耳。另一源流作「無有，入於無間」，帛書甲本即如此作，乙本漫漶，存「无間」二字，是否即此源流，蓋不可知。《文子》〈道原〉、《說苑》〈敬愼〉引皆無「出於」二字，所據者即此源流耳。想爾本亦無此二字。二源流之不同，涇渭分明。

二案：二句蓋承上文而言，謂天下至柔，其威力之大，可以出無有、入無間，神明而不可測，威嚇而不可明。〈指歸〉曰：「夫道……出入無外而無圻，經歷珠玉而無朕。……神明在身，出無間，入無孔……。」河上〈注〉曰：「道無形質，故能出入無間，通神明、濟群生也。」均就「出於無有，入於無間」闡發經義，說亦可通。張松如、盧育三、古棣及高明諸家皆斥其非，恐未可執著。

## 是以知無為有益。

**魏稼孫曰**：御〈注〉「是」上（有）「吾」字。

**蔣錫昌曰**：《文子》〈自然篇〉作「是以知其無爲而有益也」。

**朱謙之曰**：諸河、王本均作「吾是以知無爲之有益」，景福、室町、范本同。顧歡作「吾是以知无爲有益」，彭耜作「是以知無爲之有益也」。

**案**：帛書「是以」上均有「吾」字，《淮南子》〈原道〉及〈道應〉同引此文，亦均有「吾」字；《文子》〈自然〉用此文，作「是以知其無爲而有益也」，所據本蓋無「吾」字。西漢古本此文蓋有分歧。除想爾本系統外，其後各傳本俱有此「吾」字。

## 不言之教，無為之益，天下希及之。

**高　明曰**：與今本勘校，惟甲本「希」下有「能」字。從經義分析，「希」下當有「能」字，義如第七十章：「吾言甚易知，甚易行，天下莫能知，莫能行。」足證此文當從帛書甲本作「天下希能及之矣」爲是，今本皆脫「能」字。再如河上公〈注〉：「天下之人主也，希能有及道無爲之治身治國也。」可見河上本原亦有「能」字，與帛書《老子》經文相同。

**案**：〈指歸〉曰：「何則？廣大深遠，而眾人莫能及也；上而若反，而眾人莫能入也；淡淡濫濫，而世人莫能聞也；窅窅冥冥，而俗主莫能行也。」據〈指歸〉演繹之文字觀之，嚴本正文蓋亦有「能」字。今本無者，蓋後人刪之也。《管子》〈心術〉上曰：「必知不言、無爲之事，然後知道之紀。」《淮南子》〈主術〉曰：「人主之術，處無爲之事，而行不言之教。」

# 四十四章

**是故甚愛必大費，多藏必厚亡。**

**嚴可均曰**：河上無「是故」。

**馬敘倫曰**：奈卷、臧〈疏〉無「是故」二字。

**盧育三曰**：有「是故」不通，當刪。

**高　明曰**：帛書無「是故」二字。今本「是故」之「故」字，當在下文「知足不辱」之前，後人誤將其竄前而又贅增「是」字。

**案**：下文曰：「故知足不辱……。」與此文「是故」重見。諸家皆以此文「是故」二字不當有，或斥之重複，或斥爲不通。然，縱觀各傳本，嚴本及想爾本兩系統此文有「是故」二字，下文存一「故」字；王本、古本及玄宗本三系統此文有「是故」，下文無「故」字；河上公本系統則上、下文皆無此數字。據此，配合帛書本觀之，此節蓋有兩源流；一「是故」在此二句之首，「甚愛」以下至「長久」自爲一小節；一「故」在下文「知足」之上，「甚愛」兩句爲一小節，「知足」三句又爲一小節；

西漢以前傳本，此節文字之歧異，當是此種情形也。《韓詩外傳》九引《老子》文曰：「是故甚愛必大費，多藏必厚亡，知足不辱，知止不殆，可以長久。」即爲前一源流之保存者；嚴本此文有「是故」，下文有「故」，則又合二源流於一處之傳本也。諸家不明二源流之分別及傳承，執此以非彼，泥。

# 四十五章

**大直若屈，**

傳本「屈」作「詘」，**范應元曰**：詘，音屈，枉曲也。太史公司馬談同古本。

**孫詒讓曰**：《韓詩外傳》九引《老子》「屈」亦作「詘」，與傳本同。

**馬敘倫曰**：各本及《淮南》〈道應訓〉、《後漢書》〈荀爽傳〉〈注〉引並作「屈」，古書屈申字亦多用「詘」。

**案**：帛書甲本「屈」作「詘」。古本此文一作「詘」，《韓詩外傳》引即作「詘」，《荀子》〈天論〉曰：「老子有見於詘。」所據者，蓋亦此本也。傅、范二本同。一本作「屈」，《淮南子》、《後漢書》〈荀爽傳〉及〈注〉引此，字皆作「屈」；嚴本、河上本、想爾本及王本諸系統同。

**大辯若訥。**

**孫詒讓曰**：《韓詩外傳》九引又有「其用不屈」四字，以上文「其用不弊」、「其用不窮」

二句例之，則有者是也。韓所據者，猶是先秦西漢古本，故獨完備，魏晉以後本皆挩此句矣。

**易順鼎曰**：〈指歸〉「大巧若拙」下，又云：「是以贏而若詘。」疑所據本有「大贏若詘」一句，無「大辯若訥」一句。

**張舜徽曰**：「大辯若訥」下，疑原文尚有「大贏若絀」一句。久經傳寫，脫去四字耳。帛書乙本「趮勝寒」前，尚存一「絀」字，可證也。必有「大贏若絀」一語，然後四句兩兩相對，順理成章。按之文例，當如此耳。

**張松如**據《外傳》將「大直」、「大巧」及「大辯」三句次序移作「大直」、「大辯」及「大巧」，並增「其用不屈」一句四字，曰：帛書《老子甲本釋文》注曰：「疑此處有脫文，原文當作『大贏如絀，大辯如訥』。」今乙本仍殘留一「納」字，說明這一推斷，似不無道理。

**楊丙安**於「大辯若訥」下增「大贏若絀」，曰：有此一句，非惟文意較爲完整，且亦於讀爲善，故增之是也。

**高　明曰**：易氏從嚴遵《道德指歸論》中，首先覺察出嚴氏所據《老子》似有「大贏若詘」，而無「大辯若訥」，實屬獨到，頗有見地。《道德指歸論》所講「贏而若詘」，即帛書甲本之「大贏若肭」。帛書「大贏如肭」當是《老子》原文，今本「大辯若訥」乃爲後人竄改。

**案**：此文當如易、高所校，「大辯若訥」作「大贏若肭（絀）」。《外傳》引有「其用不屈」一句，爲各本所無。考〈指歸〉曰：「……其用不弊……盈而若冲……其用不窮……直而若屈……大巧若拙……贏而若納……。」〈指歸〉云云，皆與經文表裏相應，若合符節然。若經文有「其用不屈」四字，〈指歸〉何以未出文以解釋之？何況帛書亦無此四字？是知《外傳》此四字非《老子》本文所必有者也。張松如增此一句，蓋求兩兩相對有以致之也。許抗生、王垶及楊丙安從易說，又於此句下增「大贏若絀」一句，云「非惟文義較爲完整，且亦於讀爲善」，蓋亦此種心理作祟耳。《老子》原文古樸直質，未若後世鋪排雕琢也。

## 躁勝寒，靜勝熱，

**馬敘倫曰**：以義推之，當作「寒勝躁」。此當作「燥」，《說文》曰：「乾也。」

**蔣錫昌曰**：此文疑作「靜勝躁，寒勝熱」，二句詞異誼同，皆所以喻清靜無爲勝於擾動有爲也。

**高　明曰**：「躁勝寒，靜勝躁」，帛書甲、乙本與世傳今本相同，不必改字。

**案**：高據帛書謂二句不必改作，是也。〈指歸〉曰：「其除禍亂，猶躁之勝寒而靜之勝者也。」除「熱」作「暑」之外，其他出文皆與帛書合，可知古本自作如此，未曾有誤也。

## 清靜以為天下正。

范本「清靜」上有「知」字，**范應元曰**：古本有「知」。

**易順鼎曰**：《文選》揚雄〈解嘲〉〈注〉引作「知清知靜，爲天下正」。

**馬敍倫曰**：各本及《文選》〈東征賦〉〈注〉引作「清靜爲天下正」，諗河上〈注〉曰：「能清能靜，則爲天下長。」則河上作「能清能靜，爲天下正」。

**張舜徽曰**：帛書甲本「清靜」下有「可以」二字，語意較足。

**古　棣曰**：應作「知清知靜，爲天下正」。「知」訓主，此處和《易傳》「乾知大始」之「知」字一樣用法，都是「主」的意思。嚴遵本作「能清能靜」，其義亦可與「知清知靜」及上面的解說相通，但作「知清知靜」於義爲長。

**案**：古本此文頗分歧，嚴本「清靜」作「能靜能清」，傅、范本並作「知清靜」，《文選》〈解嘲〉〈注〉引作「知清知靜」，彼此皆不同。帛書作「可以爲天下正」，《文子》〈道德〉曰：「守靜，能爲天下正。」能爲天下正，即可以爲天下正也。想爾次解本即作「清靜，能爲天下政」，淵源甚古。

# 四十六章

## 天下有道，却走馬以糞；天下無道，戎馬生於郊。

**吳　澄曰：**〈東京賦〉云：「卻走馬以糞車。」是用《老子》全句，則東漢之末，「車」字未闕。魏王弼去衡未遠，而已闕矣。蓋其初偶脫一字，後人承舛，遂不知補。車、郊協韻，闕「車」字則無韻。

**易順鼎曰：**《文子》〈精誠篇〉云：「惟夜者能有之，故走馬以糞，車軌不接於遠方之外。」或以「車」字連上讀，亦可爲吳說作證。《淮南》〈覽冥訓〉云：「故卻走馬以糞，而車軌不接於遠方之外。」「糞」下有「而」字，則「車軌」當連讀矣。……張衡殆讀《文子》與？

**古　棣曰：**「卻走馬以糞車」於文辭不通，且亦非如吳澄所說「車」、「郊」協韻。張衡引句之「糞車」，乃「糞耬」之誤。如是，於義通。「卻走馬以糞耬」，即驅走馬拉播種器、摩田器進行播種；於韻協。

**案：**或謂「糞」下當有「車」字，或謂當有「耬」字，皆不可從。《韓非子》〈解老〉

引作「卻走馬以糞也」，以「糞」字句絕；《淮南子》〈覽冥〉高〈注〉曰：「卻走馬以糞，老子辭也。」是先秦兩漢皆僅作「糞」字。張衡作「糞車」，蓋誤讀《文子》文也。《文選》〈七命〉、〈東京賦〉〈注〉及《漢書》〈西域傳〉〈注〉引此亦僅作「糞」，可見歷來傳本亦均無異辭。

**二案**：帛書甲本四句與此本合；乙本無次「天下」二字，蓋省。《韓非子》〈解老〉引此四句，有前後「天下」二字；〈喻老〉曰：「天下有道無急……故曰卻走馬以糞。天下無道，攻擊不休……故曰戎馬生於郊。」用老子文，前後亦有此二字。

**罪莫大於可欲，**

**孫詒讓曰**：《韓詩外傳》九引「可欲」作「多欲」。

**案**：《韓非子》〈解老〉、〈喻老〉引「可欲」並同，帛書二本「可欲」亦同；《外傳》引作「多欲」者，恐非《老子》故文。〈指歸〉曰：「可欲之故，非天下之罪也。」嚴本字亦作「可」。王本系統俱無此句，王本蓋求下文「禍莫大於不知足，咎莫大於欲得」兩句相對，故刪之也。

**咎莫大於欲得。**

**劉師培曰**：《韓非子》〈解老〉、〈喻老〉二篇引「咎莫大於欲得」，〈解老篇〉「得」

作「利」……則涉上文「欲利」而訛。

**島邦男曰**：〈指歸〉解此句云：「追患之大數而得咎之至要也。」則更含強意以解之，乃知嚴本不作「大」，而如《韓非子》作「憯」。

**案**：大，《韓非子》兩引皆作「憯」，帛書甲本同。想爾本系統作「甚」，河上本、王本及玄宗本三系統均作「大」。作「憯」者，古。今惟嚴本及古本系統保留此古本面貌。又〈指歸〉解此句時，曰：「故不在於道也，利心常起，……追患之大數而得咎之至要也。」〈注〉出「咎」、出「利」，未詳是否與經文有關。《韓非子》〈解老〉「得」作「利」，不可輕非。

# 四十七章

**不出戶，知天下。**

**羅振玉曰：**景福本「戶」下及下句「牖」下，均有「以」字。

**朱謙之曰：**奈卷、室町及《淮南》〈道應訓〉、《文子》〈道原篇〉、《治要》、《意林》引與景福同。又《文子》〈精誠篇〉、〈下德篇〉引「戶」下有「以」字，《淮南》〈主術訓〉、《後漢書》〈張衡傳〉〈注〉、《文選》〈思齊賦〉〈注〉、《韓詩外傳》三引有「而」字。《呂氏春秋》〈君守篇〉引作「不出於戶而知天下」，傅、范本作「不出戶，可以知天下」，《韓非子》〈喻老篇〉作「不出於戶，可以知天下」。

**張舜徽**寫正作「不出於戶，以知天下；不窺於牖，以知天道」，曰：此四語皆四字成句，與下文「其出彌遠，其知彌近」，語例正同。

**楊丙安曰：**《韓非》〈喻老〉與《呂覽》〈君守〉等所引，於諸介詞亦有參差，均無關文意，且原文簡質，亦了無疑滯，故仍之。

**島邦男曰：**〈指歸〉曰：「是以聖人不出於戶。」則嚴本有「於」字，與《韓非子》、

《呂覽》同。

**案**：《韓非子》〈喻老〉、《呂覽》〈君守〉、《文子》〈精誠〉引「不出」下俱有「於」字。帛書二本皆同。「知天下」，竊疑古本「知」上有「而」字，《呂覽》、《外傳》、《淮南子》、《後漢書》及《文選》〈注〉引皆有「而」字。帛書「知」上並有「以」字，河上〈注〉曰：「聖人不出户，以知天下者。」河上本正文當有「以」字，以、而同義。《文子》兩引亦同。皆其明證。《韓非子》引作「可以」，傅、范本同，蓋別一源流也。張松如、許抗生及高明等皆從帛書，寫正作「不出於户，以知天下。不窺於牖，以知天道」，與下文四句更整齊。

## 其出彌遠，其知彌近。

**畢　沅曰**：《韓非》〈喻老篇〉、《淮南》〈道應訓〉、〈精神訓〉「彌遠」下有「者」字。

**馬敘倫曰**：《呂氏春秋》〈君守篇〉「遠」下亦有「者」字，范「遠」下有「者」字。

**案**：《韓非》、《呂覽》及《淮南子》（二引）引「遠」下俱有「者」字，今本皆無之。帛書甲本與今本合，乙本有「者」字，與《韓非子》等引合。蓋古本此文已有參差矣。

# 四十八章

**為學日益，為道日損，**

傅、范二「日」上俱有「者」字，**范應元曰**：傅奕、嚴遵與古本有「者」字。

**馬敍倫曰**：《莊子》〈知北遊篇〉引有「者」字。

**蔣錫昌曰**：二十章王〈注〉：「下篇爲學者日益，爲道者日損。」係引此章經文，可證王本二「日」上亦有「者」字，當據補正。

**案**：帛書甲本此章全殘，僅存章首一「爲」字；乙本二「日」上亦並有「者」字，可證成馬、蔣之說。張松如、許抗生、王垶及高明等皆從帛書於二「日」上補「者」字。有二「者」字者，古。

**損之又損之，**

**嚴可均曰**：「又損之」，河上、王弼無「之」字。

王本無次「之」字，**蔣錫昌曰**：《莊子》〈知北遊〉「又損」下有「之」字。強本河〈注〉

引經文云：「損之又損之。」是河上本亦有「之」字。

**案**：〈指歸〉曰：「損之損之，使知不起。」是嚴本亦作「損之又損之」。作「又損之」者，古。牟子〈理惑論〉、《文選》〈東京賦〉〈注〉引並作「又損之」。

## 取天下，常以無事。

**案**：帛書乙本「取天下」與此同，甲本「天下」下有「也」字。嚴本「取天下」作「將欲取天下者」，傅本同。范本亦有「將」字。五十七章王〈注〉引作「其取天下者，常以無事」，亦有「者」字。各本參差若此。

# 四十九章

**聖人無心，以百姓心為心。**

王本「無心」作「無常心」，**朱謙之曰**：各本「無」下均有「常」字。敦煌本、顧歡本無。

**嚴靈峯曰**：張純一曰：「當作『常無心』。」張說是也。若作「無常心」，是謂其心無常，則大謬不然者矣。作「常無心」，於義爲長。顧歡本、景龍本均無「常」字，正作「無心」。

**張舜徽曰**：帛書乙本作「聖人恒無心」，文義爲長。

**高　明曰**：諭之河上公〈注〉：「聖人重改更，貴因循，若自無心。」可見河上公原本亦作「聖人恒無心」，當與帛書乙本同。可以肯定地講，王弼以下今本作「聖人無常心」者皆誤。

**案**：各本「無心」作「無常心」，帛書乙本作「恒無心」。此當以「常無心」爲是。下文曰：「善者吾善之，不善者吾亦善之。」此無心之證。〈指歸〉曰：「……無心之心存也。……無心之心，心之主也……懷無心之心……。」是嚴本亦以「無心」屬詞耳。

# 五十章

## 人之生，動之死地，十有三。

范本作「民之生生而動之死地，亦十有三」，**范應元曰**：《韓非》、嚴遵同古本。

**羅振玉曰**：景福本「動」下有「皆」字。

**劉師培曰**：王本「人之生」以下脫「生而動」三字，「之死地」上脫「皆」字。老子此蓋言民生則思動，動則皆趨死地也。傅奕本與《韓非子》同，此爲古本。惟《韓非子》「十有三」上之「之」字，誼不可通。傅本作「亦」，當從之。

**案**：竊疑古本此文當從「而民之生生，動皆之死地，之十有三」；生生，謂民之生養也；之，猶亦也。此文「生生」二字，與下文「生生」相應。《韓非子》〈解老〉嘗引及此文，就其解釋此數語以推之，韓非句讀此文作「民之生，生而動，動皆之死地，之十有三」；與前說相較，多「而動」二字。帛書二本皆作「而民生生動皆之死地之十有三」。老子此文「生生」若與下文相應，則帛書當句讀爲「而民生生，動皆之死地，之十有三」；若從《韓非子》之解說，則又當句讀爲「而民生，生動，皆之死地，之十有三」矣。傅本作「而民之生，生而動，動皆之死地，亦十有三」，蓋從後一句讀而來；范本作「民之生生，而動之死地，亦十有三」，則來自前一句讀；今本想爾本、河上公本、王本三系統並作「人之生，動之死地，亦十有三」（河上「動」下有「皆」字），蓋簡化上述二句讀也。據此以觀之，《文選》〈注〉引作「人之生生之厚，動皆之死地，十有三」，「之厚」二字蓋淺人所誤增明矣。易順鼎謂當從《文選》〈注〉，高延第並據《文選》〈注〉發爲議論（文長皆不錄），失之甚矣。

**二案**：上述案語寫成於一九七九年春，刊佈於該年夏季《大陸雜誌》第五十九卷第一期內。晚近諸家於此文說法頗有不同，張舜徽、張松如咸謂此文當從韓非讀法，作「而民之生，生而動，動皆之死地」，此老子頂針句法也。二十五章曰：「吾強爲之名曰大，大曰逝，逝曰遠，遠曰近。」即其比。漢以後傳鈔者或省「而動」二字，作「而民之生生，動皆之死地」（嚴本），於是「生生」二字不得不合爲一詞；或省「而動」、「之」三字，作「而民生生，動皆之死地」（帛書本），於是原本頂針句型之蹤跡不可復見矣。想爾本、河上本及王本三系統再省一「生」字，作「人之生，動之死地」（河上本猶存「皆」字），則此文面目全非，去古更遠矣。今惟傅本維持舊觀（范本缺一「皆」字），與《韓非子》引者合，彌足珍貴。

**夫何故？以其生生之厚。**

**古　棣曰**：七十五章亦有「生生之厚」一語，與此同義。

**高　明曰**：帛書均無「之厚」二字。《老子》用「生生」一詞，即表達厚自奉養之義，後人不解，故妄增「之厚」二字。實屬畫蛇添足，多此一舉，當據帛書本訂正。

**案**：帛書本皆無「之厚」二字，河上〈注〉曰：「以其求生活之事太厚。」王弼〈注〉曰：「而民生生之厚。」則「之厚」二字，來源甚久矣。〈指歸〉曰：「而民皆有其生而益之不止，皆有其身而愛之不已……夫何故哉？大有其身而忘生之道也。」細審〈指歸〉此文，蓋嚴本亦僅作「以其生生」，無「之厚」二字，與河上及王本一系統不同。上文云「人之生，生而動」，乃言人之生存活動，重點在「動」字；此文云「生生」，乃言厚生厚養，側重於多生；雖有關連，重點却不同。

**陸行不遇兕虎，**

**朱謙之曰**：遇，嚴本作「避」。

**嚴靈峯曰**：「遇」字義不可通。吳澄本、明太祖本均作「避」，當從之。五十五章云：「含德之厚，比於赤子……猛獸不據。」即此意也。蓋指善攝生者，雖兕虎在前，亦不為動容也。似以作「避」於說為長。馬王堆帛書乙本作「辟」。

**案**：《韓非子》〈解老〉引有此文，釋之曰：「兕虎有域，而萬害有原，避其域，塞其原，則免於諸害矣。」是韓非所見《老子》，原文亦作「避」矣。今本《韓非子》引作「遇」，蓋淺人據今本改之也。下文云入三軍不必被甲兵，此文云行陸地不必避兕虎，皆善攝生使然也；二句取義相同。蓋云行陸地所以不遇害者，乃因未遇兕虎，則與善攝生無關宏恉矣。今傳本皆誤作「遇」，當據正。帛書乙本作「辟」（甲本殘），辟、避古、今字；明本、嚴本及吳本皆作「避」，猶未誤。

## 入軍不被甲兵，

河上本「被」作「避」，**劉師培曰**：《老子》古本「被」當作「備」，言不恃甲兵之備也。備、被音近，後人改「備」爲「被」，非古本矣。

**古棣曰**：「避」字顯係訛誤，作「備」依韓非解爲「入軍不持甲兵之備，雖似可通，但與下文「兵無所容其刃」不相應，而且嫌迂曲，不如「不被甲兵」直接了當，意思明白。

**案**：《韓非子》引此文及解說此文皆作「備」，備、被古通。顧廣圻〈識誤〉、王先愼〈集解〉皆有說；帛書二本皆作「被」，今本各系統同。古本此文蓋有參差也。又帛書甲本「甲兵」同，乙本作「兵革」，《韓非子》曰：「凡兵革者，所以備害也。」疑韓非所據者亦作「兵革」。若此，則今本《韓非子》引作「甲兵」者，蓋後人據今本改之也。

# 五十一章

**道生之，德畜之，物形之，勢成之。**

帛書「勢」作「器」，**張松如曰**：器，就是器械，就是工具。萬物各因「物」賦形，而又由「器」以成之也。此證老子在這裏所說的「萬物」，乃是指「有名」的「爲我之物」，即韓非〈解老〉所謂「凡物之有形者，易裁也，易割也」之物。

**案**：「勢」當從帛書作「器」，《周易》〈繫辭〉上曰：「形乃謂之器。」〈注〉曰：「成形曰器。」各本皆作「勢」，與古本不同。古棣校改此數句作「道生之，德形之，畜之，成之」，無視於帛書及各本，無乃悍乎。

**是以萬物莫不尊道而貴德。**

**馬敘倫曰**：羅卷、館本無「莫不」二字。

**朱謙之曰**：嚴本無「莫不」二字。

**王叔岷先生曰**：敦煌天寶鈔本作「是以萬物尊道貴德」。

案：帛書二本無「莫不」二字，疑此古。今惟嚴本及想爾天寶本無此二字，與帛書合。《後漢書》〈馮衍傳〉〈注〉、《文選》〈東征賦〉〈注〉引皆有「莫不」二字，則其由來久遠矣。

# 故道生之，德畜之，長之育之，成之熟之，養之覆之。

嚴可均曰：「成之熟之」，王弼作「亭之毒之」。

易順鼎曰：《初學記》九、《文選》〈辨命論〉〈注〉並引《老子》曰：「亭之毒之，蓋之覆之。」王弼曰：「亭謂品其形，毒謂成其質。」養，當從所引作「蓋」，亦因形近而訛。

羅振玉曰：武內敦本無「德」字。

馬敍倫曰：《老子》本作「故道生之，德畜生，長之養之，亭之毒之，蓋之覆之」。觀陸不出「養」字，而「毒」下注曰：「今作育。」則陸時王本「毒」字有作「育」字者，可證古本作「長之養之」，而「育」字乃訓詁；或誤入「長」之下，以代「養」字；或誤入「亭」之下，以代「毒」字。

王叔岷先生曰：吳建衡二年索紞寫本無「德」字。《劉子》〈九流篇〉：「亭毒萬物，不有其功。」即本此文，是所見本「成之熟之」亦作「亭之毒之」。

古　棣曰：此句乃重複言之，以引出下文，應與首句一致，首句既言「德畜之」，把「畜之」歸入德之事，此句不應歸入道之事，而不言「德」。無「德」字者，顯然是抄漏了。

**高明曰**：從文義分析，「長」、「育」而謂體魄，「亭」、「毒」而謂品質，「養」、「覆」則謂全其性命耳。

**案**：「德」字不當有，此涉上句「道」字聯想而衍也。河上〈注〉曰：「道之於萬物，非但生之而已，乃復長養成孰。」是河上本正文蓋亦無「德」字。帛書二本、道藏本、明本及范本等皆無此字，武內敦本及索統本同，皆其明證。〈指歸〉詮釋此文曰：「故道之爲物，窺之無户，察之無門……萬物以生，不爲之損；物皆歸之，不爲之盈……生之形之，設而成之，品而流之……。」論萬物之生畜、長養、成形，皆僅及「道」一事，無言及「德」字，疑嚴本正本亦無「德」字耳。今嚴本作「德畜之」者，後人據他本增之也。章首言「道」、言「德」、言「物」、言「器」；此處言「道」，以道爲天地萬物之本源。今本作「道生之，德畜之」者，涉章首及上文「尊道而貴德」、「道之尊，德之貴」聯想而誤也。

**二案**：帛書甲本「育之」作「遂之」；遂，成也。《國語》〈晉語〉三「置而不遂」，韋〈解〉曰：「遂，成也。」《文子》〈道德〉引《老子》曰：「畜之，養之，遂之，長之。」則所見本亦作「遂之」耳。乙本殘。

**三案**：帛書乙本「成之熟之」作「亭之毒之」（甲本「亭之」同，「毒」字殘），王本、傅本、《初學記》、《文選》〈注〉引及《劉子》所據者，咸與帛書合；疑作

「亭之毒之」者古。帛書乙本「養之覆之」同；易順鼎、馬敍倫皆謂「養」當作「蓋」，蓋與覆相因，猶上文之長與遂、亭與毒也。《文子》引有「養之」二字，所據本似與帛書相合。馬據《釋文》謂上文「育」當作「養」，其說恐未必然；考帛書末句「養之」同，則上文不當再出此二字矣。

# 五十二章

## 既知其母，又知其子；

王本「知」作「得」，**蔣錫昌曰**：道藏王弼本作「既知其母，復知其子」。諭誼，藏本爲長，當據改正。顧本成〈疏〉：「既知道是我母，既知我是道子。」是成「得」亦作「知」。

**案**：帛書二本「知其母」並作「得其母」，嚴本、想爾本、王本及古本諸系統同；河上本及《文選》〈思玄賦〉〈注〉引皆作「知」。作「得」者，古。

## 見小曰明，守柔曰強。

景福本二「曰」作「日」，河上本下「曰」作「日」。

**吳　澄曰**：「曰」或作「日」，傳寫之誤。

**蔣錫昌曰**：顧本成〈疏〉：「智慧日日增明，德業日日強盛。」是成兩「曰」並作「日」，《韓非》〈喻老篇〉同此。五十五章：「知和曰常，知常曰明，益生曰祥，心使氣曰強。」

文例與此一律，可證《老子》古本作「日」，不作「曰」。

**朱謙之曰**：《淮南》〈道應訓〉引亦作「曰」，作「日」誤。《淮南》〈兵略〉云：「見人之所不可見謂之明。」則「見小曰明」之說，更爲可通。

**古棣曰**：僞河上公本作「守柔曰強」，並注曰：「守柔弱，日以強大也。」這是臆改。……成本兩「曰」字並作「日」，此蓋沿僞河上公〈注〉本而誤，並爲求一律，將上句「見小曰明」也改作「見小日明」。

**案**：以《淮南子》〈道應〉、〈兵略〉及本書五十五章文例考之，此文二「曰」字不誤。帛書甲本二「曰」字同；乙本次「曰」字缺，以首句作「曰」推之，次句「曰」字亦同；即可證此說之不可移。宋乾道本《韓非子》引此文，兩「曰」字亦同。河上公本上句作「曰」，下句作「日」；景福本上下句並作「日」，譌誤之迹可尋。

## 用其光，復歸其明，

**蔣錫昌曰**：〈理惑論〉引此無「歸」字。

**案**：《淮南子》〈道應〉引此有「歸」字，《文子》〈下德〉用此亦有「歸」字，可證〈理惑論〉之省。〈指歸〉曰：「復歸其內，神明不耗。」河上〈注〉曰：「復當反其光明於內。」或「復歸」並用，或以「反」釋「歸」，亦可證〈理惑論〉之不可從。帛書甲本有「歸」字，乙本存「用」字。

# 五十三章

## 使我介然有知，行於大道，唯施是畏。

**劉師培曰**：《韓非子》〈解老篇〉曰：「書之所謂大道也者，端道也。所謂貌施也者，邪道也。」據此文觀之，則「唯施」古本作「貌施」，或「貌施」上有「唯」字。《國語》〈晉語〉云：「夫貌，情之華也。」

**許抗生曰**：〈指歸〉解釋說：「負達抱通，提聰挈明。」故原文應作「挈」。

**高　明曰**：《說文》〈手部〉：「挈，縣持也。」引申為持握或掌握。「使我挈有知」，謂假使我掌握了知識。介，乃「挈」之借字，此當從甲本。

**案**：帛書乙本「介」字同，甲本作「擽」，並無「然」字。〈指歸〉釋曰：「是以玄聖處士，負達抱通，提聰挈明。」其下引曰：「絜然有知，行於大道者，唯施是畏也。」皆可證嚴本正文「介然」作「絜然」，與帛書甲本合，至為可貴。今嚴本正文及其他各本已作「介然」，蓋後人所改也。劉據《韓非子》謂「唯施」當作「貌施」，或作「唯貌施」，其說恐未必然。帛書乙本「唯施是畏」與此文相同（甲本存「唯」字），其他各本亦復如此作；《韓非子》以「貌施」釋《老子》「施」字，亦甚有可能（高亨逕謂《韓非子》「貌」字涉上文而衍）；據此二端以覩之，劉說不可必矣。

## 大道甚夷，而人好徑。

**嚴可均曰：**御〈注〉、高翿作「民其好徑」，河上、王弼作「而民」。

**奚侗曰：**「人」指人主言。各本皆誤作「民」，與下文誼不相屬。蓋古籍往往「人」「民」互用，以其誼可兩通。此「人」字屬君言，自不能借「民」爲之，茲改正。

**朱謙之曰：**「而人」，高翿、磻溪、樓正、范、趙均作「民甚」。

**王叔岷先生曰：**敦煌天寶鈔本「而人好徑」作「民甚好徑」。

**張松如曰：**此章中「我」字，當爲老氏自謂，蔣氏以爲「我」代人主自稱也，實未見其然。若此，則「民」或「人」亦不必固定指君。如與下文誼相屬，謂爲指朝中人主左右之人，於義似更洽當。

**案：**帛書「而人」咸作「民甚」，高翿、磻溪及樓正等諸本同（嚴謂高本作「民其」，蓋失檢）。奚解「人」爲「人主」，故不得不謂諸本之作「民」者，乃「人」字之誤。王〈注〉曰：「言大道蕩然正平，而民猶尚舍之。」可知作「民」字自可通。下文所謂朝甚除及田甚蕪等諸事，乃泛言國中之事，《韓非子》解曰：「朝甚除也者，獄訟繁也。獄訟繁則田荒，田荒則府倉虛，府倉虛則國貧，國貧而民俗淫侈。」即其明證，奚解作「人主」，蓋泥。

## 朝甚除，田甚蕪，倉甚虛。

案：帛書二本「蕪」字同。《韓非子》用老子文，云：「朝甚除也者，獄訟繁也；獄訟繁則田荒，田荒則府倉虛。」疑韓非所據者「蕪」作「荒」。《荀子》〈富國〉曰：「田野荒而倉廩實。」

## 服文綵，帶利劍，厭飲食，財貨有餘。

案：《韓非子》〈解老〉說解此文曰：「書之所謂『大道』也者……所謂『徑道』也者（原作「徑大」，從馬敍倫校改）……『朝甚除』也者……知采之謂『服文采』……故曰『帶利劍』……故曰『資貨有餘』。」徧引此文，獨無「厭飲食」一句。韓非於該段結尾曰：「故『服文采，帶利劍，厭飲食，而資貨有餘者……』。」引文內有「厭飲食」三字。

# 五十四章

**善建者不拔，善抱者不脫，子孫祭祀不輟。**

**羅振玉曰**：敦煌本無「者」字。

**古　棣曰**：《韓非》〈喻老〉所引亦無二「者」字。顧歡本第一句無「者」字。其他各本，包括帛書，皆有二「者」字。以語法求之，二「者」字當有，無「者」字的當係誤脫。顧歡本存一「者」字，可爲誤脫之證。

**案**：三句皆當有「者」字，《文子》〈上仁〉、《淮南子》〈主術〉引首句皆有「者」字，嚴本、河上本、王本及古本諸系統同，皆其明證。二十七章曰：「善行者无轍迹，善言者无瑕讁，善數者无籌策……。」語氣及句型與此相同，亦皆有「者」字，亦其證。韓非引、敦煌本及想爾本無「者」字，蓋有所省、脱。

*　*　*　*

**嚴可均曰**：王弼「子孫」下有「以」字，《韓非子》有「以其世世」四字。

**馬敍倫曰**：當從《韓非》作「子孫以其祭祀世世不輟」，惟「其」字當是「共」字之譌；

共、當作龔。《說文》曰：「龔，給也。」

**古棣曰**：《韓非子》引作「子孫以其祭祀世世不輟」，其他各本皆無「其」、「世世」三字。〈喻老〉舉「孫叔敖請漢間之地，沙石之處」，「故九世而祭祀不絕」的故事為例，引文故曰後的「其」字即指代「漢間」的沙石貧瘠之地，不一定是《老子》原文。《老子》原文如有「其」字，則無所指代；「世世」可能是照應上文的「九世」，也不一定是《老子》原文。「祭祀不輟」可以包含「世世」的意思，老子作詩為了節奏的關係，自可不加「世世」二字。

**案**：帛書「子孫」下並有「以」字，「輟」作「絕」。《韓非子》〈解老〉說解此語曰：「為人子孫者體此道，以守宗廟不滅之謂祭祀不絕。」就此文推之，〈解老〉所據者蓋作「子孫以祭祀不絕」，與帛書本相符。嚴本正文作「子孫祭祀不輟」，惟〈指歸〉曰：「子孫祭祀不絕。」則嚴本原作「絕」明矣；今本作「輟」者，後人所改也。河上〈注〉曰：「祭祀先祖宗廟，無絕時。」則河上公本亦作「絕」也。王本作「子孫以祭祀不輟」，存「以」字。

**二案**：《韓非子》〈喻老〉引作「子孫以其祭祀世世不輟」，嚴可均、劉師培及馬敘倫等皆是之。竊疑「其」、「世世」三字乃〈喻老〉作者所添；河上本作「子孫祭祀不輟」，河上〈注〉曰：「為人子孫能修道如是，長生不死，生生以久，祭祀先祖宗廟，无絕時。」（據宋虞氏本）亦添「世世」二字。

**脩之身，其德乃眞；脩之家，其德有餘；脩之鄉，其德乃長；脩之於國，其德乃豐；脩之於天下，其德乃普。**

嚴可均曰：「脩之身」，河上、王弼「脩之」下有「於」字，下「脩之家」「脩之鄉」亦然。御〈注〉、高翿五句皆無「於」字。

易順鼎曰：《周易集解》虞氏〈注〉引《老子》曰：「修之身，德乃眞。」《詩序》〈正義〉曰：「《老子》曰：修之家，其德乃餘；修之邦，其德乃豐。」皆無「於」字。

案：帛書甲本五「脩之」下，皆無「於」字；《韓非子》〈解老〉引同，此古本《老子》也。《文子》〈微明〉用此數句，《淮南子》〈道應〉引首句，亦皆無「於」字。河上本、王本、傅、范本皆有五「於」字，乃後人所增。《周易集解》虞氏〈注〉及《詩序》〈正義〉引皆無「於」字，存古本之眞。

* * * *

古　棣曰：「於」字爲介詞，按語法求之，「於」字不能缺；且皆四字一句，按詩的節奏和整齊美求之，「於」字也不能沒有。《韓非子》〈解老〉所引「乃餘」作「有餘」，帛書乙本亦作「有餘」，成本亦作「有餘」。蓋在先秦即有兩本傳本，一本作「乃餘」，一本作「有餘」。「乃餘」和「有餘」於義無殊。但是，老子作詩在不妨礙內容表達的原則下力求整齊美，據此應作「乃餘」。沒有必要不顧整齊美而單把此句改作「有餘」。

案：此文各本頗有差異，雖不傷經義，然，亦可見千餘年來《老子》流傳之嬗變也。

| | |
|---|---|
| 韓非 | 修之身，其德乃眞；修之家，其德有餘；修之鄉，其德乃長；修之邦，其德乃豐；修之天下，其德乃普。 |
| 帛書 | 修之身，其德乃眞；修之家，其德有餘；修之鄉，其德乃長；修之國，其德乃豐；修之天下，其德乃博。 |

除「普」作「博」之外，帛書與《韓非子》所引者全合；可知降至漢初之時，此文尚未分化。

| | |
|---|---|
| 文子<br>淮南子 | 修之身，其德乃眞；修之家，其德乃有餘；修之國，其德乃豐。 |

從《文子》及《淮南子》引文來觀察，西漢初年已有一傳本於「有餘」上添「乃」字，以與上、下文諸「乃」字相配合，此乃分化之開始。漢中葉以後，此種分化愈演愈烈；嚴本於諸「修之」下增「於」字，作：

| | |
|---|---|
| 嚴　本 | 修之於身，其德乃眞；修之於家，其德　有餘；修之於鄉，其德乃長；修之於國，其德乃豐；修之於天下，其德乃普。 |

此乃第一種分化；想爾本直承西漢早期傳本，無諸「於」字，然而，却將諸「乃」字易爲「能」，作：

| | |
|---|---|
| 想爾本 | 修之　身，其德能眞；修之　家，其德能有餘；修之　鄉，其德能長；修之　國，其德能豐；修之　天下，其德能普。 |

此爲第二種分化；而河上公本則承繼嚴本，於諸「修之」下皆添「於」字，惟「有餘」刪省作「餘」；別出另一傳本，作：

| | |
|---|---|
| 河上本 | 修之於身，其德乃眞；修之於家，其德乃　餘；修之於鄉，其德乃長；修之於國，其德乃豐；修之於天下，其德乃普。 |

此乃第三種分化也。《老子》傳本分化之激烈，兩漢時期爲第一階段，此即其例矣。兩漢以後，諸本此文均不出上述三種類型；王本出自河上公本，傅、范本遠承西漢

早期傳本，無數「於」字，而又受河上本無「有」字之影響；玄宗本則又來自傳本耳。《老子》千餘年來各本流傳遞嬗之痕跡，其錯綜複雜之關係，於此可以概見。

## 吾何以知天下之然？以此。

**嚴可均曰**：「天下之然」，河上作「之然哉」，王弼作「然哉」，無「之」字。

**朱謙之曰**：景福、磻溪、樓正、室町等「然」下均有「哉」字。嚴本「天下」二字作「其」。

**王叔岷先生曰**：索紞本「然」下有「哉」字。

**徐仁甫曰**：有「之」者是。二十一章曰：「吾何以知衆甫之然哉？以此。」與此句法同，彼「然」上有「之」，其證一。五十七章曰：「吾何以知其然哉？以此。」「其」相當於名詞加「之」，「其」已含「之」，「其」下當然無「之」，此「天下」爲名詞，應當加「之」，乃等於「其」，其證二。

**案**：帛書甲本作「吾何□知天下之然茲？以□」（乙本殘），《韓非子》引作「吾奚以知天下之然也？以此」；何、奚義同，茲、也並語末助辭。河上本及王本等「然」下有「哉」字，存此語末助辭耳。嚴本「天下」作「其」，與此異；〈指歸〉曰：「不可於我，而可於彼者，天下無之。」暗用老子語，疑嚴本正文有「天下」二字，作「吾何以知天下其然哉」；其，作「之」義解；今本無「天下」二字，蓋傳鈔者脱耳。

# 五十五章

## 毒蟲不螫，猛獸不據，玃鳥不摶。

高　明曰：今本此節經文句型可分爲四種：

第一種爲六六字句排列，如范應元本：「毒蟲虺蛇不螫，猛獸玃鳥不摶。」第二種爲六四四字句排列，如王弼本：「蜂蠆虺蛇不螫，猛獸不據，玃鳥不摶。」第三種爲四六字句排列，如遂州本：「毒蟲不螫，玃鳥猛獸不摶。」第四種爲四四四字句排列，作此種句型的版本最多，而彼此又有差異；這裏以嚴遵本與傅奕兩本爲代表：嚴本：「毒蟲不螫，玃鳥不摶，猛獸不據。」傅本：「蜂蠆不螫，猛獸不據，玃鳥不摶。」今本中流傳的四種句型，究竟那一種是老子的原文本義？長期以來沒有解決。舊注亦踵訛襲繆，各持一說。帛書同爲六六字句型，與范應元本相近，但內容有異。……如將其假借字都改用本字，帛書經文應同作「蜂蠆虺蛇不螫，玃鳥猛獸不摶」。王弼本經文首句也作「蜂蠆虺蛇不螫」，與甲、乙本相同。……河上公注文與帛書及王本經文首句相同。此一現象不難理解，分明是河上公本經文首句原亦作「蜂蠆虺蛇不螫」，當與帛書本及王本一致。但是河上公本誤將經文混入〈注〉中，而且還把「虺蛇」二字誤寫成「蛇虺」。不僅如此，又把解釋經文的王〈注〉中「毒蟲」二字竄入經內。經文與注文互相顛倒，彼此移位，顯然這是後人抄寫不愼而造成的錯誤。這就是河上公本有關本章此段經文的實際情況。後來凡與河上公本同一系統的各種傳本，多承訛襲謬以誤傳誤。……並非王本將河上公〈注〉羼入經文，而是河上公本誤將經文混入〈注〉中。從而證明不僅王本經文首句不誤，河上公本經文首句原來也作「蜂蠆虺蛇不螫」，他們原來與帛書都完全相同。……從而還進一步證明，下句六字經文「攫鳥猛獸不搏」也是《老子》原文，均未經過後人的竄改。從句型分析，原本是兩個相對的六字句，其它作四六字句、六四四字句或四四四字句的，皆爲後人妄改……。

**案**：此三句歷來傳本文字出入頗大，類型甚多，高明已有所論述。竊謂此文當如高明所言，以帛書六六型爲祖本。兩漢及距兩漢不遠之時代，其所流傳之傳本頗能維持此六六型之句式，〈指歸〉曰：「蜂蠆虫蛇無心施其毒螫，攫鳥猛獸無意加其攫搏。」從〈指歸〉文字加以考察，嚴本正文當作：

| 嚴本 | 蜂蠆虫蛇弗螫，攫鳥猛獸弗搏。 |
|---|---|

亦六六型；今本正文作四四四型者，蓋後人據他本改之也（高明列嚴本爲四四四型，

誤）。此兩漢時代傳本作六六句型者也。蓋嚴本去古不遠，猶能維持舊觀。昔日余曾考證嚴遵〈指歸〉非後人所能僞託，此又得一確證也。此外，文中尚維持部分六字型者有：

| | |
|---|---|
| 河上本 | 蜂蠆虺蛇不螫，猛獸不據，攫鳥不搏。 |
| 王　本 | 蜂蠆虺蛇不螫，猛獸不據，攫鳥不搏。 |
| 想　爾<br>天寶本 | 毒虫不螫，鷙鳥猛獸不搏。 |

（首句原爲經，今誤入注）

河上本及王本皆爲六四四型，想爾天寶本爲四六型；前二本時代早，後一本所據者蓋亦不遲，故猶能維持一句爲六字型，頗爲難得。上述四類型，或在兩漢，或在兩漢之後不遠，故皆能保持古本、部分古本之面貌也。其後，四四四型之傳本流行；試讀下列各本：

| | |
|---|---|
| 傳　本 | 蜂蠆不螫，猛獸不據，攫鳥不搏。 |
| 玄宗本 | 毒蟲不螫，猛獸不據，攫鳥不搏。 |

其中，河上本自將經文誤入〈注〉中，正文作：

| 今河上本 | 毒蟲不螫，猛獸不據，攫鳥不摶。 |
| --- | --- |

之後，尤爲玄宗本系統所依據矣。至於想爾其他各本，亦莫不受此影響而作四四四型矣。以時代而言，四四四型之始作俑者蓋傳本乎？考《說苑》〈修文〉曰：「猛獸不攫，鷙鳥不摶，蝮蠆不螫。」若所據者爲《老子》，則此四四四型之《老子》於漢季中葉已露其端倪，開始流通於士林矣。然則，傳本蓋亦有所依據乎？自六四四、四四六型過渡爲四四四型之後，《老子》流傳各本中，卒別樹一源流，成爲六六型外之另一類型矣。諸本之中，惟范本存六六型，上承帛書，最爲可貴。

**骨弱筋柔而握固，**

高　明：世傳今本皆同甲本作「骨弱筋柔」，無一作「骨筋柔弱」者，可見乙本抄寫有誤，當據甲本更正。

案：河上〈注〉曰：「赤子筋骨柔弱。」

**終日號而不嗄，和之至。**

傅本「而」下有「嗌」字，**彭　耜曰**：古本無「嗌」字。「嗌不嗄」，《莊子》之文，後人溷於《老子》，所不取。

**畢　沅曰**：此與谷神子、李約皆有「嗌」字，即耜所云相沿之誤也。《玉篇》引作「終日號而不嚘」，《說文》云：「嗄，語未定貌。」

**馬敘倫曰**：陸德明謂「『而聲不嗄』，當作『噫』」，是王「嗌」作「聲」。成〈疏〉曰：「前言終日啼號而聲不嘶嗄者。」是成亦作「而聲不嗄」。

**李水海曰**：「嗄」爲《老子》其書原字，且爲《老子》書所用楚方言；秦、晉借用之，則爲「嗌」，或爲「噎」；宋、齊借用之，則爲「喑」。後來「嗄」流變爲「嚘」、爲「歔」，又變爲「噫」、爲「啞」。因方言音變、形變，而義不變，故有各家之異「嗄」說和各本此字之不同也。

**古　棣曰**：嗌、噫皆喑的假借，在傳鈔中與作「而不嗄」者重合誤衍，而後又竄入「而」字之上。

**高　明曰**：嚴遵本「號」字作「嘷」，「而」下有「嗌」字，作「終日嘷而嗌不嗄，和之至」……經文當從帛書作「終日號而不嚘，和之至也」。

**案**：河上本及傅本「而」下皆有「嗌」字，馬敘倫據陸文謂王本及成本「嗌」作「聲」；並與今本異。竊謂「嗌」字不當有，彭耜所謂「後人溷於《老子》」者是也。陸德明「而聲不嗄」疑爲詮釋《老子》之語；河上本作「終日號而不啞」，河上〈注〉

曰：「聲不變易者。」〈注〉「聲」字亦詮釋之詞，例與《釋文》相同，未可證明正文有「聲」字也。檢帛書二本，並無「嗌」字或「聲」字，即其明證。嚴本作「終日嗥而嗌不嗄，和之至」，惟〈指歸〉曰：「啼號不嗄，可謂志和。」據此，嚴本正文蓋作「終日嗥而不嗄」明矣。今本有「嗌」者，蓋傳鈔者據他本補入也。

# 五十六章

**塞其兌，閉其門，挫其銳，解其忿，和其光，同其塵，是謂玄同。**

**易順鼎曰**：此六句皆已見前，疑爲複出。「挫其銳」四句與上篇第四章同。乃上篇無〈注〉，而此皆有〈注〉，疑此〈注〉亦上篇第四章之〈注〉也。《文選》〈魏都賦〉、〈運命論〉兩〈注〉皆引老子「知者不言，言者不知，是謂玄同」，並無此六句，可證。

**馬敘倫曰**：「塞其兌」二句乃五十一章文，讀者因「門」字與紛、塵音協，因而誤記於此，校者不敢刪，遂複出矣。

**蔣錫昌曰**：四章王〈注〉：「銳挫而無損，紛解而不勞，和光而不汙其體，同塵而不渝其眞。」是明係「挫其銳」四句之〈注〉，何謂無〈注〉？又《選》〈注〉乃約引此文，亦不可舉以爲證也。易說非是。

**高　明**：從帛書觀察，乃同文復出，非衍文也。「塞垸」、「閉門」，使民無知無欲。「挫銳」、「解紛」，使民無事無爭。「和光」、「同塵」，使民無貴無賤，無榮無辱；均承前文「知者不言，言者不知」而論。使民如疾如愚，行動同一。

案：此節與前文重複，學者或謂「同其塵」以上六句複出，或謂「塞其兌」二句複出，爭論頗多。帛書「和」、「同」二句在「挫」、「解」之前，與今本小異外，亦復有此數句。據帛書觀之，蔣、高之說是也。

# 五十七章

## 吾何以知其然？以此。

**朱謙之曰**：嚴、彭、高翿、吳勉學本無「以此」二字。

**徐仁甫曰**：「以此」二字當爲衍文。焦竑本作「吾何以知天下之然哉」，正無「以此」二字。下文「天下多忌諱」緊接上句「天下」而言（原作「其」者，「其」相當於「天下之」），上一句問，下八句答，意甚顯豁。中間不應有「以此」二字。今本各有「以此」者，殆後人據二十一章、五十四章妄加之。

**高　明**：帛書與嚴遵等世傳今本均無「以此」二字，說明無「以此」二字是符合《老子》書中通例的。……老子是以下面四句極富哲理的論點直接解答「何以知其然」的疑問的，前後語氣連貫，詞義明確、流暢。可見「以此」二字非《老子》原本所有，乃由淺人妄增，當據帛書刪去。

**案**：帛書二本並無「以此」二字，徐、高之說是也。諸本之中，惟嚴本無此二字，存古本之眞，至爲可貴。河上公曰：「此，今也。老子言：我何以知天意然哉？以今日所見知之也。」則經文有此二字，爲時亦甚早。

## 人多伎巧，奇物滋起。

傳及范本作「民多知慧而衺事滋起」，**范應元曰**：王弼同古本，衺與邪同。

**陶方琦曰**：弼〈注〉曰：「民多知慧則巧僞生，巧僞生則邪事起。」是王與傅同也。今王本蓋爲後人據河上本改之矣。

**馬敘倫曰**：《文子》〈道原篇〉引作「民多智能，奇物滋起。」作「智慧」，是；衺、奇通假。

**朱謙之曰**：此章「伎巧」乃「知巧」之譌，王〈注〉以「知慧」與「巧僞」並列，強本成〈疏〉「知巧，謂機心」也。又遂州本正作「知巧」，可證經文當作「人多知巧，衺事滋起」。

**古　棣曰**：此句當作「民多技巧，奇物滋起」，「技巧」與「奇物」相應；「民多技巧」又與上文「民多利器」相應。

**高　明曰**：綜合王弼與河上公兩〈注〉、成玄英之〈疏〉以及遂州本經文四個方面考察，足以證明經文首句當爲「人多知巧」。帛書乙本此節經文已殘壞，甲本當作「人多知巧」。

**案**：帛書甲本「伎巧」作「知」，「知」下奪一字，疑當是「巧」字。乙本殘。古書往往「知巧」連文，《莊子》〈達生〉曰：「是純氣之守也，非知巧果敢之列。」

《淮南子》〈要略〉曰：「齊國民多知巧。」皆其比。《文子》〈道原〉曰：「民多智巧，奇物滋起。」用《老子》文，字亦作「知巧」（智、知古通），亦其證。〈指歸〉曰：「作方遂伎，雕琢文彩，奇變異怪……巧故滋起，俊出愈奇。」蓋嚴本已易作「伎巧」矣。想爾本系統作「知巧」，猶存古本之眞；河上公本、王本及玄宗本三系統作「伎巧」，則遠承嚴本，別爲一源流。傅本作「知慧」，范本作「智惠」，與上述二源流獨異。

## 法物滋彰，盜賊多有。

傅本「法物」作「法令」，**馬敍倫曰**：范、宋、河上、奈卷、館本、易州及《治要》引「令」作「物」。各本及《淮南》〈道應訓〉、《文子》〈道原篇〉、《後漢書》〈杜林傳〉〈注〉、《文選》〈永明九年策秀才文〉〈注〉引並同此。「令」字是，「物」字涉上「衺事」一本作「奇物」而譌。

**蔣錫昌曰**：「令」字景龍碑河上本等皆作「物」，以老校老，當從之。三章……十九章……五十三章……皆以貨物與盜賊連言，均其例證。蓋後人既改上句「邪事」爲「奇物」，故不得不改此句「法物」爲「法令」，以免重複也。強本成〈疏〉：「法物，猶法令。」又榮〈注〉：「珍好之物爲法物也。」是成、榮並作「法物」。

**高明曰**：「法令」與「法物」經義不同，必有一誤。……吳榮增據帛書乙本進一步證明原作「法物滋彰」；今本作「法令滋彰」者，乃淺人所改。

**案**：古本此文蓋有二源流：前一源流「法物」作「法令」，嚴本、正本、《文子》、《淮南子》、《史記》〈酷吏列傳〉、《後漢書》〈東夷傳論〉及〈杜林傳〉〈注〉、《文選》〈注〉引皆作「法令」，即此源流也。《抱朴子》〈內篇〉〈明本〉曰：「法令明而盜賊多。」〈外篇〉〈君道〉曰：「爾乃蠲滋章之法令。」用老子文而作「法令」，蓋亦此源流也。帛書乙本作「法物」，河上本及今本同，此別一源流也，與前者有異。法，謂法令；物，謂權勢所招來之備物也。《國語》〈周語〉中載周襄王語晉使曰：「亦唯是死生之服、物、采章，以臨長百姓。」物，即王者所備之物。《左傳》昭公七年「用物精多」，杜〈注〉曰：「物，權勢也。」蓋權勢可召各種物備，故杜氏訓「物」爲「權勢」也。老子此文「物」字，與《國語》及《左傳》同。河上〈注〉曰：「法物，好物也。」訓「法」爲「好」，作「瓕好之物」解，恐非老子本義。自馬敍倫以下，各家於「法物」及「法令」之爭論，頗相持不下，蓋未明二源流之差異也。

## 故聖人云：

**蔣錫昌曰**：《御覽》〈皇王部〉一引首句作「聖人之言云」。

**高　明曰**：從句型考察，類似帛書「是以聖人」云云者，乃老子習用之語，書中出現的次數最多。如第三、七、十二、二十二、二十六、二十七、四十七、六十三、六十六、七十二、七十三、七十七及七十九章等。在五千言的著作中出現如此之多，足見「是以聖人」云云是老子經常使用的口頭語，說明帛書乙本之「是以聖人之言曰」，要比王弼本的「故聖人云」、嚴遵本的「聖人之言曰」等用語更接近原作。

**案**：帛書乙本作「是以聖人之言曰」（甲本殘），與今存各本不同；《御覽》引作「聖人之言云」，猶存古本部份眞貌，至爲可貴（嚴本亦有「之言」二字）。「故」當從帛書作「是以」；老子書中「聖人」上發端語皆作「是以」，無作「故」者。

## 我無欲，人自朴。

**古　棣曰**：從文氣看，「欲不欲」，亦不如「無欲」妥貼。

**高　明曰**：乙本「我欲不欲而民自樸」。「我欲不欲」與「我無欲」義有差異。嚴遵〈指歸〉云：「人主誠能欲不欲之欲，則天下心虛志平，大身細物，動而反止，靜而歸足，不拘不制，萬民自朴。」王弼〈注〉亦謂「上之所欲，民從之速也。我之所欲唯無欲，而民亦無欲而自樸也」，從而足證原文當如乙本作「我欲不欲而民自樸」，今本皆有脫誤。

**案**：帛書乙本「我無欲」作「我欲無欲」，「無欲」上有「欲」字是也。六十四章曰：「是以聖人欲不欲。」即其明證。〈指歸〉曰：「人主誠能欲不欲之欲，則天下心虛志平。」是嚴本正文亦作「欲無欲」明矣。王〈注〉曰：「我之所欲，唯無欲，而民亦無欲而自樸矣。」王本原文蓋亦作「欲無欲」。今本皆脫此字，當據補。

＊　＊　＊　＊

此案語寫成於一九七九年春，刊佈於同年七月《大陸雜誌》第五十九卷第一期內。檢晚近諸家說法，許抗生從帛書作「欲无欲」，高明所論與鄙意全合。

# 五十八章

## 禍，福之所倚；福，禍之所伏；

**嚴可均曰：**御〈注〉作「禍兮福所倚，福兮禍所伏」，河上、王弼有兩「兮」字，無兩「之」字。

**案：**《老子》此文古本頗有歧異。河上本及王弼本並作「禍兮，福之所倚；福兮，禍之所伏」（嚴謂此二本無兩「之」字，失檢），《韓非子》〈解老〉引同；《呂覽》〈制樂〉引作「禍者，福之所倚；福者，禍之所伏」，《鶡冠子》〈世兵〉引作「禍乎，福之所倚；福乎，禍之所伏」，者、乎同義，亦與此同一源流。帛書甲本作「禍，福之所倚；福，□□□□」；乙本缺首句，次句作「福，禍之所伏」，蓋今本與帛書同一源流。《史記》〈賈誼傳〉引作「禍兮，福所倚；福兮，禍所伏」，《說苑》〈敬愼〉、《文子》〈上禮〉及〈微明〉、《漢書》〈敘傳〉顏〈注〉引並同；則與前者同一源流而又省兩「之」字也。今嚴本、王本及河上公本三系統及傅本屬第一源流，想爾本系統爲第二源流，范本第三源流。

二案：易順鼎、劉師培及馬敘倫等據《韓非子》、《呂氏春秋》及《說苑》等，謂今本《老子》此節頗有佚文；蔣錫昌及朱謙之皆力斥其非。今檢帛書，除乙本缺首句外，其他皆與今本無異；是易氏等之說，蓋過慮也。

## 其無正？政復為奇，善復為妖。

**徐仁甫曰**：正，當讀爲「定」。三十七章：「天下將自定。」河上本「定」作「正」，皆「正」、「定」二字互通之證。「其無正」，謂豈無定耶，下文「正復爲奇，善複爲妖」，即無定之事實。「正復爲奇」之「正」，乃平正之正，與「其無正」之「正」爲上下文同字異義。

**高　明曰**：朱謙之據《玉篇》「正，定也」，謂此「『正』，讀爲『定』，言其無定也」，其說至確。言禍福倚伏，正善奇妖，諸如此類之對立統一而又互相轉化，皆無定則，誰能知其終極，人們對這種變化之原因迷惑不解，時間已相當久長了。

**案**：帛書乙本「其無正」下有「也」字，甲本全句殘。〈指歸〉曰：「失正則奇生而民惑，善人爲妖，是非反覆，天下大迷而不復也。」揣摩〈指歸〉之意，蓋謂天下苟失其正，則正必生奇，善必成妖矣。〈指歸〉讀「其無正」爲敘述句，非提問語也。河上公於「其無正」下注：「无，不也。謂人君不正其身，其無國也。」（道藏本「國」作「正」）於「正復爲奇」下注曰：「人君不正，下雖正，復化上爲詐也。」謂人君若身不正，則正者可被化為詐，善者可被化為妖。亦讀「其無正」為敘述語，「正」亦就字面解釋之。此皆漢人讀法。王〈注〉曰：「唯無正可舉，無刑可名。」（此據道藏集注本）亦未將「其無正」作提問語讀。

## 人之迷，其日固久。

傅本「迷」、「久」下各有「也」、「矣」字，**畢沅曰**：《韓非》〈解老篇〉「固」下有「以」字，河上、王弼本無「也」、「矣」二字。

**易順鼎曰**：此句蓋有奪文。《易》〈明夷〉王〈注〉曰：「民之迷也，其日固已久矣。」足證王本《老子》亦當同此。《晉書》〈李充傳〉，充著〈學箴〉引《老子》云：「人之迷也，其日久矣。」蓋省二字。《法言》卷十李軌〈注〉云：「人之迷也，其日固久矣。」正與王弼引同。

**古棣曰**：傅奕本、范應元本作「人之迷也，其日固已久矣」，《韓非》〈解老〉與此同，惟「固」作「故」、「已」作「以」，當是音同而假。從文章語氣審之，以傅、范本為長，吟咏之可知。

**案**：《韓非子》引作「人之迷也，其日故以久矣」，此古本也。帛書乙本作「人之迷也，其日固久矣」，固、故古通，猶存「也」、「矣」二字，惟亡「以」字耳。至西漢末年，嚴本作「人之迷，其日固久矣」，又缺一「也」字矣。其後，想爾本、河上公本及玄宗本，皆作「人之迷，其日固久」（玄宗本「人」作「民」），則並「矣」字亦亡矣。據《易》〈注〉，知古王本此文作「民之迷也，其日固已久矣」，直追先秦，至爲可貴。是知魏晉時代，尚能見及先秦古本也。傅本作「人之迷也，其日固久矣」，范本作「民之迷，其日固已久矣」，雖非全璧，亦甚古。

## 是以聖人方而不割，

**馬叙倫曰**：館本無「是以聖人」四字。各本及《淮南》〈道應訓〉、《文子》〈上義篇〉引同此。

**張舜徽曰**：帛書乙本無「聖人」二字，蓋偶奪去。

**島邦男曰**：古本「其日固已久矣」下有「是以聖人」四字，今本無，蓋〈指歸〉以此句畢此章，以下爲次章，故固當無之。覩之解《老子》，無此四字，而想爾本亦無，則原經文無此四字，嚴本非省之，乃知此四字係後漢以降增益。

**高　明曰**：乙本無「聖人」二字，今本除嚴本外其它皆有之，究屬孰是？從前後文意分析，……顯然這是老子教導人們爲了適應這種鮮爲人知的變化，應自我進行嚴於律己、寬以待人之道德修養，非指天賦予聖人的特有美德。……從而可見，乙本無「聖人」二字，似與經文內容更爲貼切。

**案**：嚴本「方而不割」以下別爲一章，與各本不同。島邦男謂嚴本原無「是以聖人」

四字，此乃後漢以後傳鈔者所增，其說恐必須斟酌。考〈指歸〉曰：「故王者興師動利則民欲，民欲而以方……人主獨立……是以明王聖主……是故明王聖主……。」說解本章時，動輒云「王者」、「人主」及「明王聖主」，則嚴本「方而不割」之上亦有「是以聖人」四字乎？此其一。帛書甲本此文全毀，乙本作「是以方而不割」，雖無「聖人」二字，「是以」二字猶在；老子書八十一章，從來未將「是以」、「是以聖人」作爲一章之起句者；據此，帛書乙本不以「方而不割」以下別爲一章，蓋可斷言矣。是知西漢早期不在此句分章。此其二。《韓非子》引上下文，未引「是以聖人」四字，此乃默證，不得以爲據。此其三。據此三端以覘之，古本《老子》此文蓋亦當有「是以」，或「是以聖人」數字也。「是以某某」乃老子習詞，屢屢出現於一章之中，或一章之末；其作「是以聖人」者，有第二、二十七、二十九、三十四、四十七、六十四、六十六、七十、七十一、七十二、七十七及七十九等章；出現「是以君子」者，有第二十六章；出現「是以大丈夫」者，如第三十八章；出現「是以侯王」者，如三十九章；此文若有「是以聖人」、「是以」，亦符合《老子》文例耳。

* * * *

**蔣錫昌曰**：「廉而不劌」，言利而不傷也。《莊子》〈在宥〉：「廉劌雕琢。」《荀子》〈不苟〉：「廉而不劌。」《禮記》〈聘義〉：「廉而不劌。」古皆廉、劌並言。

**朱謙之曰**：「廉而不劌」一語，《荀子》中數見。〈法行〉……〈榮辱〉……，皆與此同。

**案**：害，當從蔣、朱之說作「劌」；「廉而不劌」，乃古成語也。御〈注〉本作「穢」；穢，借爲劌耳。帛書乙本作「刺」，刺與劌義略近，《說文》曰：「劌，刺傷也。」唯此文當以作「劌」爲是；帛書作「刺」，蓋誤書耳。

# 五十九章

**治人事天，莫若嗇。**

**武内義雄曰**：敦、遂二本「嗇」作「式」；爲「嗇」之借字。

**奚　侗曰**：《說文》：「嗇，愛濇也。」嗇以治人，則民不勞；嗇以治身，則精不虧。

**馬敍倫曰**：成〈疏〉曰：「天，自然也；式，法也。」是成「嗇」作「式」，館本「嗇」亦作「式」。

**蔣錫昌曰**：強本榮〈注〉：「莫過以道用爲法式。」是榮亦作「式」。

**案**：《韓非子》〈解老〉曰：「聰明睿智，天也；動靜思慮，人也。聖人之用神也靜，靜則少費，少費之謂嗇。」是韓非所見者作「嗇」矣。帛書乙本「嗇」字同，與韓非所見者合。高亨〈正詁〉曰：「人苟愛嗇其精神知識，不爲物役，則得治人事天之道矣。」可謂塙解。唐本及唐以後若干本「嗇」字率改爲「式」，下句「夫唯嗇」亦改之；學者但見改本眾多，不知「嗇」字古舊，頗從唐本立說，有棄古從新之嫌。「莫若」，帛書乙本同，嚴本正文作「莫如」，〈指歸〉引作「莫若」，蓋古本已有參差。

## 夫唯嗇，是謂早服。

**范應元曰**：王弼、孫登及《世本》作「早復」。

**俞　樾曰**：《困學紀聞》卷十引此文，兩「服」字皆作「復」，且引司馬公、朱文公說，並云：「不遠而復。」今案《韓非》〈解老篇〉以「服從」爲說，則古本自是「服」字。

**高　亨曰**：「服」下當有「道」字，「早服道」與「重積德」句法相同，辭意相因。「服道」，即二十三章所云「從事於道」之意也。《韓非子》引已無「道」字，蓋其捝也久矣。下句「早服」下亦捝「道」字。

**王叔岷先生曰**：敦煌景龍鈔本、天寶鈔本並作「是以早伏」，下文「服」亦並作「伏」。以與謂同義，後多此例。服、伏古通，厥例恆見。

**案**：帛書乙本「謂」作「以」，嚴本，傅本等同，以、謂古通。《韓非子》曰：「虛無服從於道理以稱蚤服。」疑所據本作「謂」，與帛書異。「服」當讀如字，〈指歸〉曰：「故未動而天下應，未命而萬民集，未戰而素勝之，未攻而天下服。」解「服」爲「服從」，說與《韓非子》合。帛書乙本亦作「服」，蓋古本已是如此也。河上公本系統作「服」，即承此源流而來。范應元謂王弼本作「復」（今王本作「服」，蓋後人據河上本改之，蔣錫昌已有說），馬敘倫及蔣錫昌皆從此本立說，解「復」作「返」；朱謙之評司馬光、朱熹之說爲「以儒家之說解老」，竊謂馬、蔣之說，即承司馬公、朱文公之緒也。

二案：高謂「服」下當有「道」字，「早服道」與下文「重積德」相對。然，本章自「早服」至下文「有國」，皆頂針句式，事不關相對；且帛書及諸本皆無「道」字，《韓非子》所據者亦復如此，即其明證。高於此句下添「道」字，下句「早服」下即不得不再添一「道」字矣。朱謙之及古棣皆從高說。

**早服謂之重積德，**

**王先慎曰**：河上「謂之」作「是謂」，與《韓非》〈解老篇〉文合。

**朱謙之曰**：嚴遵本無此句。

**案**：帛書乙本「謂之」作「是謂」，與《韓非子》所據者合；河上本同。嚴本無「早服謂之」四字，蓋嚴本此節「早服」、「重積德」、「無不尅」及「莫知其極」皆不重疊，與他本不同；朱謂嚴本無此句，誤。《韓非子》引此節與今本全合，知韓非所據者「早服」等數詞皆重疊，帛書本亦復如是；嚴本不疊，蓋別一本也。

**莫知其極，可以有國；有國之母，可以長久。**

范本「極」下有「則」字，**范應元曰**：「則」字，河上公，《韓非》同古本。

**劉師培曰**：《韓非子》〈解老篇〉作「則可以有國」，與上文「則莫知其極」例同，較今本爲長。

**朱謙之曰**：嚴本「有」作「爲」。

**案**：以上文文例律之，「可以有國」上當有「則」字；《韓非子》有此字，范本同，是也。帛書甲本「可以有國」以上全殘，乙本「可以有國」存「有國」二字，帛書是否有「則」字，蓋已不可明考矣。帛書二本兩「有國」同；嚴本「可以有國」作「可以爲國」，「有國之母」同。〈指歸〉曰：「故能有國，治人理物。」引正文曰：「可以有國者也。」〈指歸〉所見者作「可以有國」耳。

# 六十章

**治大國若烹小鮮。**

**蔣錫昌曰：**《後漢書》〈循吏傳〉〈注〉引作「理大國者，若亨小鮮也」，〈蜀志〉〈姜維傳評〉引作「治大國者，猶烹小鮮」。

**朱謙之曰：**《韓非》〈解老〉引「國」下有「者」字，《三國志》卷四十四陳壽〈評〉引作「治大國者若烹小鮮」，有「者」字。

**古　棣曰：**按照語法，「者」字可省，而老子又是作詩，此「者」字不應有。

**案：**古本此文蓋有二源流；一「國」下有「者」字，《韓非子》所據者即此源流也，《文子》〈道德〉、《後漢書》〈注〉、《三國志》〈評〉、嚴本系統及范本亦來自此源流。帛書乙本無「者」字，與今本合；《淮南子》〈齊俗〉、《書鈔》二七、《後漢書》〈矯愼傳〉〈注〉引同，此又一源流也。

**以道蒞天下，**

傅本「下」下有「者」字，**畢沅曰：**河上、王弼無「者」字，《韓非》〈解老篇〉有。

**王先慎曰：**《治要》引《老子》亦有「者」字，蓋唐人所見《老子》本有「者」字。

**羅振玉曰：**敦煌庚本、景福本均有「者」字。

**王叔岷先生曰：**道藏本《列子》〈黃帝篇〉張湛〈注〉引「下」下有「者」字。

**案：**《淮南子》〈俶眞〉〈注〉引作「以道竦天下，其鬼不神」，竦、蒞義同，「天下」下無「者」字，與今本合；帛書同。《韓非子》引有「者」字，《治要》、《列子》〈注〉及唐代諸本同，此蓋另一本也。

## 非其神不傷人，聖人亦不傷人。

**劉師培曰：**《韓非子》〈解老篇〉引作「聖人亦不傷人」，「人」字作「民」，蓋古本作「民」，唐避諱改爲「人」。河上本無「人」字，非是。

**馬敘倫曰：**宋河上張嗣成作「聖人亦不傷」，吳作「聖人亦不傷之」。

**案：**竊疑此文作「非其神不傷人，聖人亦不傷」，文義即足矣。河上本次句之末無「人」字。帛書甲本作「聖人亦弗傷□」，乙本作「□□□弗傷也」；合二本觀之，甲本所缺末字乃「也」字。據此，帛書亦作「聖人亦弗傷也」（弗、不義同）。皆其明證。又陶鴻慶據王〈注〉謂首句「非其」爲衍文，嚴靈峯又據王〈注〉謂「非」字衍，「其」字不衍；今檢帛書，知二字不可無。

# 六十一章

**大國者下流，**

傅本「者」下有「天下之」三字，**王 昶曰**：開元、至元無「天下之」三字。

**周次吉曰**：諸本多無「天下之」三字，蓋《說文》云：「流，水行也。」大邦者，猶水之行下也，故王輔嗣〈注〉云：「江海居大而處下，則百川流之；大國居大而處下，則天下流之。」然則「天下之下流」，或後人誤弼〈注〉以爲正文歟？

**古 棣**據高亨校改，作「治大國若居下流」。

**案**：傅本及范本作「大國者天下之下流」，有「天下之」三字，周次吉謂乃傳鈔者受王〈注〉影響而誤增。王本正文作「大國者下流」，〈注〉雖有「天下流之」之語，然〈注〉末曰：「故曰：大國者下流也。」所引經文與正文相合。然則，傳鈔者不受王本正文影響，偏受王〈注〉污染，於理於情，恐難成立耳。島邦男據王〈注〉「則天下流之」，謂王本當有「天下之」三字；然，本句〈注〉末輔嗣引章首正文，明明無此三字，則又當作何解釋？據此，可知王本無此三字明矣。有此「天下之」

三字者，蓋始於嚴本，傅、范本蓋遠承嚴本，故亦有此三字耳。

## 天下之交，天下之牝。

**嚴可均曰**：「天下之牝」，御〈注〉作「之交」，高翿作「之交牝」。

**蔣錫昌曰**：顧本成〈疏〉：「郊，郭外也。天下之郊，疊前文以生後句也。」是成「交」作「郊」，上「牝」亦作「郊」。

**周次吉曰**：兩本並作「天下之牝，天下之郊也」，甚明晰，蓋老子以性爲喻；牝，雌陰之形器，非生處於郊竅而何？

**古　棣曰**：應爲「天下之所交」，王弼〈注〉：「天下之所歸會也。」是王本有「所」字。按義也應有「所」字，言大國之與小國，猶如江海之與百川，乃衆流所歸會之地。

**高　明曰**：與今本勘校，帛書本與世傳本之主要差異是語序稍有不同。帛書本「天下之牝」在「天下之交也」句前，世傳本經文雖紛異不一，但「天下之牝」皆在「天下之交」句後。……由於今本語次顚倒或誤重，本義全非，舊注踵謬襲訛，皆不可信。……帛書本「大國者下流也，天下之牝也」，言大國如自謙似水而居下，可爲「天下之牝」。「牝」乃雌性動物之總稱，老子將其比作始生宇宙萬物之母體，稱爲「玄牝」，用其作爲道生萬物之形象性比喻，並稱牝爲「天地根」。

**案**：此文各本差異甚大，學者又各馳其說，紛紜不一，頗難董理。考帛書甲本作「天下之牝。天下之郊也」，乙本作「□□□牝也。天下之交也」，「天下之牝」皆在「天下之交」前，是也。「大國者，下流也，天下之牝也」（乙本「牝」下有「也」字），謂大國處天下之中，其態度當自居下游，爲天下之牝母；「天下之交」屬下爲句。今本「天下之交」誤倒在「天下之牝」前，「交」字卒難通。河上〈注〉曰：「大國，天下士民之所交會。」變「國與國交往」之義爲「天下士民之所交會」；成玄英〈疏〉曰：「郊，郭外也。」借「交」爲「郊」，解作「郊外」；高亨曰：「交，當爲父，形近而譌。天下之父，猶言天下之君耳。」改「交」作「父」；要而言之，皆由上下二句相錯而啓其疑也。御〈注〉本、敦煌景龍本、天寶本並作「天下之交。天下之交」，前句「交」字乃「牝」字之譌，下句「交」字猶不誤，頗爲可貴。今賴帛書，千載疑竇，暢然解決，快哉何似。

* * * *

此案語寫成於一九七九年春，刊佈於同年秋季。晚近諸說之中，高明所論與鄙說相同，至巧。

## 牝常以靜為牡，以靜為下。

蔣錫昌曰：「大國者，下流，天下之交；天下之牝——牝常以靜勝牡——以靜爲下」；當爲一句。言大國者，其所處態度，應如江海，而爲天下衆水所交會；又應如天下之牝

——牝常以靜勝牡——而以靜爲下也。此句文法組織，頗爲複雜，故讀者每不易得其主意所在也。

**朱謙之曰**：敦、遂二本無「以靜爲下」句，諸本紛異，碑本句讀，從嚴可均。

**高　明曰**：下文進一步以雄雌交配爲喻，說明牝近於道。如云「天下之交也，牝恒以靜勝牡。爲其靜也，故宜爲下」，這裏主要說明大國如能自謙居下的意義。老子將「牝」喻爲「天下根」，而將自謙似水甘居下流的大國比作「天下之牝」。

**案**：帛書作「牝恆以靚勝牡；爲其靚也，故宜爲下也」（甲本「也故」二字殘，無「也」字）；「靚」；借爲「靜」，「以靜」作「爲其靚也」；「爲下」，作「故宜爲下也」。「天下之交也，牝常以靜爲牡，爲其靜也，故宜爲下」，謂國與國之相交往，牝母以靜而恆勝於牡；爲其欲靜，必以下流爲宜。今本殘奪甚鉅，頗難校理；各家解說紛紜，莫衷一是；茲舉蔣、宋之說，以見梗概，其他各家從略。帛書出土，此節蓋可以重見天日矣。觀觀觀

＊　　＊　　＊　　＊

此昔日案語，今錄於茲。此節以牝母狀大國；自老子思想而言，牝母爲天地萬物之根源，爲宇宙大道之所在，其位最靜最下，故大國當自謙如此。「天下之交也，牝常以靜爲牡……」，此文「交」字，或解爲「歸會」，或解爲「交會」；此節上下文既以牝母爲主題，竊疑「交」當解作陰陽交媾、男女交合，方合本義。此謂天下

陰陽之大交媾也，牝母屢以靜制勝雄牡，蓋牝母能靜也；故大國當取法於此，以靜以謙爲宜也。

**故大國以下小國，則取小國；小國以下大國，則取大國。**

傳本二「取」下並有「於」字，**陶方琦曰**：詳文義，似上句應無「於」字，下句應有「於」字。

**劉殿爵曰**：「取小國」、「取大國」，句法表面上相同，似乎是說「大國吞併小國」、「小國吞併大國」，要不是因爲下文有「大國不過欲兼畜人，小國不過欲入事人」，很難知道「取大國」是被動句。帛書「則取大邦」作「則取於大邦」，多一「於」字，這樣被動的性質便極爲明顯了。

**高明曰**：甲、乙本同在下句「取」下增一介詞「於」字，則是表達經義的關鍵，反映出老子的本來思想。……「大國以下小國，則取小國」，乃謂大國對待小國能謙恭自下，可取得小國的歸附；「小國以下大國，則取於大國」，言小國對大國謙恭自下，可取於大國之容納。

**案**：晚近學者解「取」爲「聚」，謂大國以下小國，則以己爲盟主而團聚小國；小國以下大國，則爲盟邦而團聚於大國之下；從之者有張松如、許抗生、盧育三、楊丙安及陳鼓應等諸人。西漢之際，此節不作如此解也。〈指歸〉曰：「明王聖主之處大國也……地裏諸侯之國，而無所不畏；德包諸侯之力，而無所不事。……諸侯雖有貪鄙殘賊，驕矜恃力，不好順從，欲圖逆者，猶以文武之勢……大國之君……心如飢虎，怒如涌泉，不好施予，常欲呑人……。上而取人者……下而取於人者……。」據〈指歸〉所言，「取」作「攻取」、「佔取」之解明也。又據〈指歸〉文字，可知嚴本「則取大國」本作「則取於大國」，「於」字尚存；今嚴本正文無此字，後人據他本刪之也。嚴本可貴，於茲又得一例矣。

## 故或下以取，或下如取。

**嚴可均曰：**御〈注〉下句作「或下而聚」，河上、王弼、高翿作「而取」。

**朱謙之曰：**嚴遵本作「故或下而取，或下而取於人」。

**王叔岷先生曰：**下「取」字與「聚」同，則兩句文義有別，無奪誤。景龍鈔本「如取」亦作「而聚」。

**案：**帛書「如」皆作「而」，河上本、王弼本及古本三系統同。嚴本二句作「故或下而取之，或下而取於人」（朱謂嚴本上句作「故或下而取」，失檢），與各本獨異。〈指歸〉曰：「上而取人者，形大勢豐，德博權重，人之所利也。下而取於人者，地狹民少，權輕德鮮，人之所易也。」疑嚴本上句本作「故或下而取人」，今本「人」譌作「之」。

**大國不過欲兼畜人，小國不過欲入事人。**

**高　亨曰：**國雖小，亦不欲事人；「入」疑當作「不」，字形損壞而誤。

**案：**帛書甲本兩「不」字上皆有「者」字（乙本上「不」字上同），與今本不同。高謂「入」當作「不」，其說甚不可從；此蓋謂大國介於小國之間，不過欲畜撫諸小國，而諸小國與大國相交，亦不過欲入而事奉之，故下文承之而云，大國及小國欲各適其意，則大國宜謙下諸小國也。若如高說「入」作「不」，則大國如何適其意乎？帛書「入」字同，即其證。

**此兩者各得其所欲，大者宜為下。**

**嚴可均曰：**河上、王弼「此」作「夫」，高翿無「此」字。

**羅振玉曰：**景福本、敦煌庚本無「夫兩者」三字，御〈注〉本、敦煌辛本「大者」句首，均有「故」字。

**朱謙之曰：**邢玄、磻溪、樓正、彭、范、趙、高均無「此」字，有「故」字。范作「故大國者宜爲下」。

**王叔岷先生曰：**敦煌景龍本、天寶本「此」並作「夫」，「大者」上並有「故」字。索紞本「此」亦作「夫」，「大者」上亦有「故」字。

案：帛書甲本首句作「夫皆得其欲」，乙本「皆得」二字殘損，蓋亦與甲本合。嚴本作「夫皆得其所欲」，與帛書最近；其他或「比」作「夫」，或無「此兩者」，皆去古甚遠。帛書乙本末句作「則大者宜爲下」（甲本存「爲下」二字），御〈注〉本、敦煌辛本、傅本、景龍本及天寶本等「大者」上皆有「故」字，故、則古通。嚴本正文無此字，惟〈指歸〉引作「故大者宜爲下」，蓋嚴本亦有「故」字耳。

# 六十二章

**道者，萬物之奧，**

**高　亨曰：**《禮記》〈禮運篇〉曰：「故人以爲奧也。」鄭〈注〉曰：「奧，主也。」是萬物之奧，猶言萬物之主矣。四章稱道曰：「淵兮似萬物之宗。」與此句意同。

**張松如曰：**「注」字讀爲主，通行本作「奧」；此言道爲萬物之主宰，故亦必爲萬物所宗屬也。

**案：**帛書「奧」並作「注」，室之尊貴處謂之奧。《說文》「奧」字下段〈注〉曰：「宛、奧雙聲。宛者，委曲也。室之西南隅，宛然深藏，室之尊處也。」奧爲室之尊貴處，故主人居焉。《左傳》昭十三年曰：「國有奧主。」國主居於國內尊貴之處，故奧、主得連文，國君可稱爲奧主也。帛書作「注」；注，借爲主。主、奧義同。高謂此與第四章「萬物之宗」同旨，其說是也。人民版《老子注釋》於此句下曰：「注，流入，流向；道是萬物的歸宿。」就字面上解釋，恐非老子本義。

## 善人之寶，不善人之所不保。

**嚴可均曰**：「人之所不保」，各本作「所保」。

**蔣錫昌曰**：《後漢書》〈馮延傳〉〈注〉引上「之」下有「所」字，善人化於聖人之道，益進於善，故道爲善人之寶；不善人化於聖人之道，可以改善，故道爲不善人之所保。蓋天下之人，無善與不善，唯在聖人之以道爲化；四十九章所謂「聖人無常心，以百姓心爲心；善者吾善之，不善者吾亦善之」也。

**朱謙之曰**：嚴遵亦作「所不保」。傅、范本有「所」字，無「不」字。「不善，人之所不保」，以不善則爲人所不附，《莊子》〈列禦寇〉「人將保汝矣」，司馬云：「保，附也。」不保，猶言人將不親附之。

**徐仁甫曰**：所，猶被也。道是善人之寶，不善人則爲道所保。「不善人之所保」，謂不善人之被保也。

**案**：下文曰：「美言可以市尊，美行可以加人；人之不善，何棄之有？」首二句承此文「善人之寶」，後二句承「不善人之所不保」而言；蓋謂善人化於道，則其美言、美行可取尊重於人；苟其人不善，亦可改過歸正，爲道所化，道何之棄乎？據此文以推之，此文「人之所不保」當衍一「不」字矣。蔣引四十九章「善者吾善之，不善者吾亦善之」，明道不棄不善之人，尤爲不移之證。帛書並無「不」字，亦其證。

各本有「不」字者，蓋涉上章而誤衍也。《尹文子》〈大道〉上引亦無「不」字，亦其證。

## 美言可以市，尊行可以加人。

**俞　樾曰**：《淮南子》〈道應篇〉、〈人間篇〉引此文並作「美言可以市尊，美行可以加人」，是今本脫下「美」字。

**奚　侗曰**：「市」當訓取。此言美言可以取人尊敬，美行可以見重於人。各本挩下「美」字，而斷「美言可以市」爲句，「尊行可以加人」爲句，大謬。茲從《淮南》〈道應訓〉、〈人間訓〉引訂正。二句蓋偶語，亦韻語也。

**蔣錫昌曰**：《史記》〈滑稽列傳〉引同王本，可知其誤已久矣。

**嚴靈峯曰**：六十三章云：「夫輕諾必寡信。」《論語》〈學而篇〉：「巧言令色，鮮矣仁！」〈里仁篇〉：「君子欲訥於言，而敏於行。」疑「市」下脫一「信」字。言巧言令色，亦可以取信於人。傳本「行」作「言」，疑即「信」字缺壞，又錯入「尊」字之下。

**張松如曰**：今衆本皆奪去「美行」之「美」字，蓋自帛書已然。後世注家遂誤以「市」字絕句，截「尊」字屬下句，爲「尊行」以對「美言」。王弼〈注〉：「故曰美言可以市也，尊行之，則千里之外應之，故曰可以加于人也。」是王時已牽強作解。

**高　明曰**：甲、乙本均作「美言可以市，尊行可以賀人」；尤其是甲本，在「美言可以市」

之後而有一逗。說明自古以來即如此斷句，王弼等今本既無挩也無誤；而俞、奚之說非是，《淮南》引文皆有衍誤。

**楊丙安曰**：「美言可以取人尊敬，美行可以加重於人」恐非老意，因老子是討厭世俗所謂「美言」的，第八十一章就有「美言不信，信言不美」的說法。

**案**：嚴本作「美言可以市，尊行可以加人」，〈指歸〉曰：「是故，尊美言行，事無患矣。……言不美，行不敬……。」據〈指歸〉所言，可知嚴本經文作「美言」、「尊行」明矣。河上公〈注〉曰：「人有尊貴之行。」王弼〈注〉曰：「尊行之，則千里之外應之。」是河上及王本皆讀作「美言可以市，尊行可以加人」明矣。《淮南子》二引此文作「美言可以市尊，美行可以加人」，「行」上多一「美」字；自俞樾以下諸學者，泰半皆從《淮南子》立說。本章奧、寶、保爲韻；自學者從《淮南》添「美」字後，尊與人方始入韻。帛書、嚴本、河上本及王本之讀法，不可輕非。近人張舜徽、張松如、陳鼓應、任繼愈、王垶及古棣等皆從《淮南子》讀，不可從。《老子》原書古樸質直，未必如後人之講求儷偶也。

## 雖有拱璧以先駟馬，

**蔣錫昌曰**：《左傳》襄公十九年〈正義〉引《老子》曰：「雖有拱抱之璧以先駟馬。」較今本多「抱之」二字。

張舜徽曰：帛書甲本作「共之璧」，「之」字疑衍。

案：帛書甲本「璧」上有「之」字；乙本殘，以字數度之，亦當有「之」字。《左傳》〈正義〉引作「雖有拱抱之璧以先駟馬」，「抱」訓解「拱」，「之」字則有來歷。想爾天寶本作「供之璧」，可證有「之」字本不絕如縷，唐人猶見及。

# 六十三章

**圖難於易，為大於細。**

傅本作「圖難乎於其易，爲大乎於其細」，**畢沅曰**：本皆無二「乎」字。

**蔣錫曰**：《韓非》〈喻老篇〉及《續漢書》〈五行志〉所引《馬融集》並作「圖難於其易也，爲大於其細也」，《韓非》〈難三篇〉又作「此謂圖難於其所易也，爲大者於其所細也」。

**王叔岷先生曰**：太史公〈自序〉：「圖難於易，爲大於細。」本此。

**案**：帛書甲本二句存「圖難乎」三字，乙本存「乎其細也」四字；合二者以觀之，帛書蓋作「圖難乎其易也，爲大乎其細也」。《韓非子》〈喻老〉引作「圖難於其易也，爲大於其細也」，於、乎古通；所據者與帛書合。〈難三〉引作「圖難於其所易也，爲大者於其所細也」，所據本多二「所」字及一「者」字。傅本作「圖難乎於其易，爲大乎於其細」，蓋一本作「乎」（如帛書），一本作「於」（如〈喻老〉所據者），乃合二而爲一，又刪兩「也」字耳。今本去兩「其」字及兩「也」字，精簡之至。

**天下難事，必作於易；天下大事，必作於細。**

傅本兩「天下」下皆有「之」字，**畢 沅曰**：河上、王弼無「之」字。

**武內義雄曰**：敦、遂二本「細」作「小」。

**羅振玉曰**：敦煌辛本無「天下」二字。

**劉師培曰**：《韓非》〈喻老篇〉引此文於「難事」、「大事」上均有「之」字，當爲古本。

**蔣錫昌曰**：強本榮〈注〉引經文云：「天下難事必作於易，大事必作於細。」是榮無下「天下」二字。

**高 明曰**：此乃順緒前文，前文既言「圖難於其易，爲大於其細」，均無「事」字，此亦當與前文一律，足證「事」字乃淺人妄增，當從帛書。

**案**：帛書兩「天下」下均有「之」字，與《韓非子》所據者合，蓋是。帛書甲本無兩「事」字（乙本殘），作「天下之難」、「天下之大」，疑是；上文「圖難於易，爲大於細」，下文「故能成其大」「故終無難」，上下文「大」字、「難」字，均與此文相應，即其明證。《韓非子》所據者有兩「事」字，則其誤入已久矣。

* * * *

此乃舊時案語，高明所論與鄙說暗合，至巧。

**二案**：嚴本作「難事作於易，大事作於細」，無兩「必」字，其來源古。嚴本亦無兩「天下之」，島邦男謂諸本皆有「天下之」，嚴本亦當有。〈指歸〉曰：「大難之將生也，猶風邪之中人……大事之將興也，猶水之出於山也……。」不言「天下」，可證嚴本原文無「天下之」三字，今本誤。敦煌辛本、強本、伯希和二三四七及二四一七及斯坦因六四五三皆無下「天下」二字，恐與嚴本有關。

**三案**：此文漢以前蓋有二源流：一作「天下之難事，必作於易；天下之大事，必作於細」，韓非所據者，即此本也；一作「難事作於易，大事作於細」，嚴本即此源流也。想爾本系統作「天下難事，必作於易；大事，必作於小」，蓋合上述二源流爲一，省兩「之」字及下句「天下」一詞，又易「細」爲「小」耳。河上本及王弼本二系統作「天下難事，必作於易；天下大事，必作於細」，則亦合上述二源流於一本，惟所省者僅兩「之」字而已。

**是以聖人終不為大，故能成其大。**

**奚　侗曰**：二句乃三十四章文，複出於此。

**馬敘倫曰**：卷子成〈疏〉無「是以」以上十三字。

**武內義雄曰**：敦、遂二本無此二句。

**古　棣曰**：唐李榮本亦無此二句。又王弼注本章，對「聖人終不爲大，故能成其大」無注語，也是王本此章原無此句之證。非本章文，當無疑義。蓋一本三十四章「是以聖人終不爲大，故能成其大」錯入此章；讀者又以他本補三十四章文，以致「二句復出」。

**案**：帛書甲本有此二句；乙本二句殘，以殘簡字數推之，亦有此二句耳。此文「大」及下文「難」，均承上文「圖難於易，爲大於細」而發揮之；若無此二句，則上文「爲大於細」一事無根矣。唐本多無二句，蓋傳鈔者以其重出而妄刪之也。〈指歸〉曰：「是以聖人之建功名也：微，故能顯；幽，故能明；小，故能大……志在萬民之下，故爲君王。威振宇内，……德與天地相參，明與日月同光。」〈指歸〉此段文字，乃申論此二句明矣。據此，可知兩漢之季，各本皆有此二句。古棣因輔嗣無〈注〉而謂王本無此二句，又謂各本有者乃錯簡，無乃過於武斷乎！（古棣又謂前文自「爲無爲」至「報怨以德」，乃注語於「傳寫中混入正文，又錯入此章」，失之於悍）想爾本系統無此二句，奪。

## 夫輕諾必寡信，多易必多難，

**案**：此文帛書甲本殘存「必多難」三字；乙本殘「必寡」二字，餘九字俱全。帛書與此本合，此西漢一本也。然，漢季此文又有另一源流，嚴本「輕諾」及「多易」下皆有「者」字，〈指歸〉曰：「故言多諾者，事眾而信不可然也；心多所易者，難積而變不可推也。」〈指歸〉說解經文有二「者」字，可證嚴本正文有二「者」字不誤。此漢季另一傳本也。傅、范本有此二字，淵源古遠。《論語》〈里仁〉〈義疏〉、《文選》〈倣曹子建白馬篇〉〈注〉引皆有「者」字，古。古棣刪「輕諾者必寡信」一句，謂「此句或是十七章『信不足焉，有不信焉』之體會性注語，而錯入此章」，無視於帛書及各本，悍甚。

**是以聖人猶難之，故終無難。**

**案**：諸本皆有「是以」二字，惟嚴本缺。帛書本同。〈指歸〉曰：「是以聖人心默而不動，口默而不言……。」疑嚴本正文亦有此二字。

# 六十四章

**其安易持，其未兆易謀，其脆易破，其微易散。**

**馬敍倫曰：**《韓非》〈喻老篇〉「持」字、「謀」字下有「也」字。

**案：**帛書乙本此文全殘，甲本存「其安也，易持也」及「易謀」八字而已。以帛書甲本推之，此文「安」、「持」、「兆」、「謀」、「脆」、「破」、「微」及「散」諸字之下，均當有「也」字。《韓非子》引「持」、「謀」下有「也」字，所據本與帛書近。〈指歸〉曰：「未疾之人，易爲醫也；未危之國，易爲謀也；萌牙之患，易事也；小弱之禍，易憂也。」〈指歸〉說解此四句，每句句末皆著一「也」字，恐有來歷耳。

**為之於未有，治之於未亂。**

**案：**《戰國策》〈楚策〉一曰：「治之其未亂，爲之其未有之。」《史記》〈蘇秦列傳〉曰：「爲之其未有，治之其未亂。」二書若採用老子語，則所據《老子》此文咸作「爲之其未有，治之其未亂」明矣。漢代初年，此文有不同傳本，賈誼《新書》〈審微〉引老聃語曰：「爲之於未有，治之於未亂。」據此，則賈誼所見者兩「其」字易作「於」。其後，想爾本、河上本、王弼本及玄宗本諸系統皆出自此本，可謂影響鉅大矣。嚴本經文作「爲之未有，治之未亂」，〈指歸〉曰：「是故聖人化之以道，教之以身，爲之未有，治之未然。」引及經文，與今本合；可見今本經文不誤。嚴本無「其」字，亦無「於」字，可謂簡要甚矣。《三國志》〈孫策傳〉〈注〉引作「爲之於其未有，治之於其未亂」，傅、范本皆作「爲之乎其未有，治之乎其未亂」，則又合前二源流爲一者也。

## 千里之行，始於足下。

**嚴可均曰**：敦煌辛本「千里之行」作「而百刃之高」，「始」作「起」。

**馬敘倫曰**：館本作「百仞之高，起於足下」，卷子成〈疏〉「千里」作「百刃」，上有「而」字。

**蔣錫昌曰**：強本成〈疏〉引經文云：「百仞之高。」是成作「百仞之高」。

**高　明曰**：世傳本均應根據帛書此文，刊訂爲「百仞之高，始於足下」爲是。

**案**：此二句帛書、各本差異頗大，各家皆依違其間，議論紛紜，難達一致。帛書作「百仞之高，始於足下」，古本蓋如此作。《文子》〈道德〉曰：「十圍之木，始於把；百仞之台，始於下。」《文子》蓋化用此二句，字亦作「百仞」，可證古本蓋即如此也。降至嚴本，二句猶維持古本面貌，未受改動。其後，河上本受「足下」聯想而將首句改作「千里之行」，從之者眾矣；王弼、古本、玄宗本諸系統及想爾本系統若干本，皆從之而改作。自「合抱之木」至本句，皆從體積方面言「積微末以至高厚，自細小以成巨大」（張舜徽語），非自距離方面言也。

## 學不學，復衆人之所過。

**劉師培曰**：韓非〈喻老篇〉述此義曰：「故曰：學不學，復歸衆人之所過也。」據此，則古本「復」下有「歸」字。與十四章「復歸于無物」、二十八章「復歸于嬰兒」、「復歸于無極」、「復歸于樸」一律。

**馬敍倫曰**：「復衆人之所過」，謂行衆人之所經過，與不爲先義同，故下文曰：「以輔萬物之自然而不敢爲先也。」不當有「歸」字。

**案**：帛書二本「復眾人之所過」同。劉師培據《韓非子》謂「復」下當補「歸」字，此文「復」字若如河上公作「反本」解，則「復」與「歸」似嫌義重。朱謙之《校釋》訓「復」爲「補」，引《莊子》〈德充符〉「夫無趾兀者也，猶務學以復補前行之惡」爲證；若如朱說，則「復」下自不當有「歸」字。檢帛書此文，「復」字與今本合，蓋朱說可從。劉氏之說，恐泥於文例。

# 六十五章

## 古之善為道者，

**蔣錫昌曰**：《後漢記》〈靈帝紀〉下引無「善」字。純本「道」作「士」。

**周次吉曰**：當從甲本，蓋《老子》原無章節之分，此云「故曰為道」正承前章文脈而來，此其一；下文云：「非以明民」正「學不學以復衆人之所過，以輔萬物之自然而弗敢為」之延伸，此其二；「知此兩者亦稽式」，「兩者」，何所指也？曰知、欲耳；然若不從上文究之，則不能知矣，此其三。余固謂當從甲本。

**古　棣曰**：有「善」字長。

**案**：帛書乙本「古之」同，甲本作「故曰」。周謂本章與上章同屬一章，「故曰」即銜接詞，可備一說。帛書二本皆無「善」字，《後漢紀》引同；本書十五章曰：「古之善爲士者，不武。」以文例律之，有「善」字於義爲勝。疑古本此文有二源流，一有「善」字，一無「善」字。館本及純本「道」並作「士」，蓋涉十五章及六十八章「古之善爲士者」而譌也。

## 民之難治，以其多智。

**嚴可均曰：**「以其多智」，各本作「智多」。

**武內義雄曰：**敦、遂二本「智多」作「智故」。

**易順鼎曰：**王〈注〉：「多智巧詐，故難治也。」下文又〈注〉曰：「以其多智也。」是王本亦作「多智」。

**王叔岷先生曰：**天寶鈔本作「以其知」。

**張松如曰：**此與上文「將以愚之」句爲韻，當如嚴本作「以其知之」。

**古　棣曰：**道藏嚴遵本作「以其知之」，「知之」與「愚之」正相對爲文，老子文章很注意整齊美、對稱美，不會以「知之也」與「愚之」相對應，帛書「也」爲衍文。

**島邦男曰：**〈指歸〉曰：「民之所以難安去生而難治者，以其知也。」則嚴本作「知也」，與想本同。

**高　明曰：**甲、乙本云「民之難治，以其智也」，本義乃謂：人民難以治理，全在於他們有智慧，因之下文則謂「故以智治邦，邦之賊也；以不智治邦，邦之德也」；無「智多」或「多智」之義。從而足證帛書「民之難治，以其智也」，似保存了《老子》古誼。

**案：**帛書「治」下並有「也」字，「以其多智」均作「以其知也」。竊疑此文當從帛書，不當有「多」字；民有智，即不易治理，不在於其智之多與寡也，故十九章曰：

「絕聖棄智，民利百倍。」棄智，即完全棄絕智慧也。下文曰：「以智治國，國之賊；不以智治國，國之福。」亦謂棄絕全部之智慧。敦、遂二本並作「以其智故」；故，猶而也，非「多」字之誤。敦煌天寶鈔本作「以其知」，即其明證。

二案：次句本作「以其知也」，帛書、嚴本可爲證；想爾本系統中，惟天寶本及次解本與此同，所據者古。其後，「也」字因形近而譌作「多」，作「以其智多」，河上公本、王弼本以及玄宗本三系統即如此（凡作「智多」者，其下皆無「也」字，可證「也」譌作「多」）；想爾本系統中之敦煌成本、李榮本、景龍寫本及龍興觀碑皆作「多智」，則由「智多」移易之也。其後，傅本、范本所據者卒合二本爲一，或作「以其多知也」（傅本），或作「以其知多也」（范本）。

## 以智治國，國之賊；

**嚴可均曰**：御〈注〉、王弼、高翿作「故以」。

**羅振玉曰**：景龍、景福、敦煌庚、壬諸本均無「故」字。

**案**：帛書「以智治國」上俱有「故」字，御〈注〉、王弼、高翿、景龍及天寶同。《文子》〈道原〉、《淮南子》〈覽冥〉引亦並有「故」字；有「故」字是故書。

## 不以智治國，國之福。

**羅振玉曰**：敦煌辛本「福」作「德」。

**易順鼎曰**：《文子》〈道原篇〉引作「不以智治國，國之德」，或後人不知此「賊」與「福」爲韻而改之。

**蔣錫昌曰**：強本成〈疏〉及榮〈注〉引經文云：「不以智治國，國之德。」是成、榮並作「德」。

**朱謙之曰**：易說是也。此宜作「福」。

**王叔岷先生曰**：《莊子》〈達生篇〉：「開天者德生，開人者賊生。」德、賊對文，與此同例。

**案**：敦煌辛本、景龍鈔本及天寶鈔本「福」咸作「德」；易順鼎、朱謙之從今本，以「福」字爲是；劉師培及王先生並從敦煌本，以「德」字爲是。今檢帛書，二本均作「德」，則作「德」字古。《文子》引作「德」，猶存古本眞貌。竊謂此文西漢之際蓋有二源流，一作「德」，一作「福」。前者有帛書，《文子》所據者即此源流也；後者有嚴本。其後，作「福」者流行，河上本、王本及古本系統咸受其影響，惟想爾本系統獨傳「德」字耳。

**知此兩者，**

**案**：帛書「知」上有「恆」字；傳本有「常」字，恆、常義同，存古本之眞。河上

〈注〉曰：「兩者謂智與不智者，常能智者爲賊，不智者能爲福……。」河上本「知」上蓋亦有「常」。

**玄德深遠，與物反；然後乃至大順。**

**嚴可均曰：**「深遠與物反」，各本作「深矣遠矣，與物反矣」。

**羅振玉曰：**敦煌庚本作「深矣遠」，「然後」二字景龍本、敦煌庚壬二本無。

**東條一堂曰：**嵇康〈養生論〉〈注〉：「老子曰：與物反矣，乃至大順。」亦無「然後」二字。

**王叔岷先生曰：**索紞本作「玄德深矣遠矣，與物反矣；乃至於大順」。

**案：**帛書皆作「玄德深矣，遠矣，與物反矣，乃至大順」（甲本「至大順」三字殘），有三「矣」字，無「然後」二字。今本蓋後人所刪，以就《老子》五千言之語耳。嚴本作「玄德深矣，遠矣，與物反」，少一「矣」字，去古不遠故也。《文子》〈自然〉用老子文，亦有三「矣」字。

# 六十六章

## 江海所以能為百谷王，以其善下之，故能為百谷王。

島邦男曰：〈指歸〉曰：「百川並流，而江海王之。」則嚴本作「王」，而作「王百川」，是與《淮南》、肅宗〈詔〉同。

案：《淮南子》〈說山〉曰：「江河所以能長百谷者，能下之。」《後漢書》〈南匈奴傳〉載元和二年肅宗〈詔〉引傳文，曰：「江海所以能長百川者，以其下之也。」古本或有作「長百川」、「長百谷」，不作「百谷王」者乎？〈指歸〉曰：「百川並流而江海王之……無爲無求而百川自爲來也。百川非聞海之美……。」則嚴本亦作「百川」，不作「百谷」明矣。

## 是以聖人欲上人，必以言下之；欲先人，必以身後之。

嚴可均曰：「必以言下之」，御〈注〉作「以其言」。

羅振玉曰：「必以」，敦煌辛本作「以其」，下同。

**蔣錫昌曰**：《文子》〈道德篇〉作「夫欲上人者，必以其言下之；欲先人者，必以其身後之」，《御覽》〈皇王部〉作「是以聖人欲上人也，必以其言下之；欲先人也，必以其身後之」。

**案**：帛書甲本首二句作「是以聖人之欲上民也，必以其言□□」，次二句存「必以其身後之」；乙本作「是以聖人之欲上民也，必以其言下之；其欲先民也，必以其身後之」。竊疑《老子》祖本此文本作「必以其言下之」、「必以其身後之」，帛書一本及《文子》〈道德〉所據者，即此祖本也。其後一本奪兩「必」字，作「以其言下之」，「以其身後之」，《文子》〈符言〉所據者，即此本也。受其影響者有嚴本、想爾本及玄宗本三系統也。另一本奪兩「其」字，作「必以言下之」、「必以身後之」，河上本及王弼本二系統即來自此本也。傅本及范本並作「必以其言下之」、「必以其身後之」，遠承祖本，至爲可貴。

## 是以聖人處上而人不重，處前而人不害。

**高　明曰**：此乃承上文「是以聖人之欲上民也……」而言，前文既言「聖人」，此處即不該重複。因王弼等今本將前文「聖人」二字誤移於此，故導致今本有的仿傚王本將其後移，有的前後重複，均當據甲、乙本勘正。

**案**：《文子》〈道原〉及〈道德〉並用此文，皆無「聖人」二字；嚴本亦無此二字，均與帛書合。此節蒙上文而言，上文既有「聖人」二字，此節不當重複；無此二字者，古。

＊　＊　＊　＊

**馬敍倫曰**：《淮南》〈原道訓〉曰：「是以處上而民弗重，居前而衆弗害。」蓋本此文，亦無二「之」字，「處」作「居」，下「民不」作「衆弗」。《文子》〈道原篇〉作「是以處上而民不重，居前而人不害」，本之《淮南》。〈主術訓〉曰：「故百姓載之上弗重也，錯之前弗害也。」蓋亦本此，但有改矣。

**朱謙之曰**：嚴遵本作「故在上而民不重，居民之前而民不害」，傅奕本作「是以聖人處之上而民弗重，處之前而民不害也」，范本同，惟下「不」作「弗」，無「也」字。

**王叔岷先生曰**：《抱朴子》內篇〈明本〉曰：「處上而人不以爲重，居前而人不以爲患。」亦本老子。

**徐仁甫曰**：「處前」當作「居前」。居、處，本同義詞，可以通用。但老子文尙修辭，避免重複，故「居」、「處」同用，常上用「處」，下用「居」……。

**案**：徐仁甫據本書文例，謂「處前」當作「居前」，其說可從。《文子》〈道原〉及《淮南子》〈原道〉首句皆作「處上」，次句並作「居前」，蓋當時流通本已一句作「處上」、一句作「居前」，故二書據而引之也。然，西漢之際，此處於文蓋亦頗歧異，《文子》〈道德〉引首句作「居上」、次句作「居前」，是當時別有一本兩句俱作「居」者也；帛書二本皆作「居」，即出自此本也。此外，嚴本首句作「在上」、次句作「居前」（嚴本正文作「居民之前而民不害」，審〈指歸〉曰：「在上而民以生，在前而民以安。」則嚴本正文似只作「居前而民不害」；今本有「民之」二字，蓋涉上文「民」字而誤增也），此又別出一本也。河上公本首句作「在上」、次句亦作「在前」（今河上本皆作「處」，此從島邦男說），即此本所遺之痕跡也。想爾本、王本、古本、今河上本及玄宗本諸系統，上下句皆作「處」，已失古本錯落有緻之面貌矣。

## 以其不爭，故天下莫能與之爭。

**羅振玉曰：**敦煌庚本「爭」下有「也」字，壬本作「非以其不爭」。

**馬敍倫曰：**「爭」下省「乎」字，古書有省「乎」字例，見俞先生《古書疑義舉例》。第十章「能無離乎」六句，本亦無「乎」字。

**王叔岷先生曰：**《淮南子》〈道應篇〉引作「夫唯不爭，故莫能與之爭」，《記纂淵海》四三引「以其」亦作「夫唯」，四五引作「夫惟」，惟與唯同。《淮南子》〈原道篇〉：「以其無爭於萬物也，故莫能與之爭」（今本「能」作「敢」，據王念孫校改），亦本《老子》。

**高　明曰：**審校經義，前文云：「是以聖人之欲上民也……。」此乃說明聖人非無爭，而是謙虛自下，讓先自退，如云欲上而言下，欲先而身後。則同第七章「是以聖人退其身而身先，外其身而身存，不以其無私與？故能成其私」，同一種語義和句型結構，從而足證帛書確保存了《老子》原義。

**案**：古本「以其不爭」當有二源流。帛書甲本作「非以其无爭與」，乙本作「不以其无爭與」，爲一詰問語，此第一源流也。傅本作「不以其不爭」，敦煌壬本作「非以其不爭」，省句末「乎」字（馬有説）；敦煌庚本作「以其不爭也」，句首省「不」字；蓋皆此一源流之演變也。《淮南子》〈原道〉用老子文，曰：「以其無爭於萬物也。」所見《老子》蓋作「以其無爭」，爲一陳述語，此第二源流也。《淮南子》〈道應〉引作「夫唯不爭」，「夫唯」與「以其」通（《淵海》引可證）；河上及王弼本二系統並作「以其不爭」，即來自第二源流也。

# 六十七章

**天下皆謂我大，不肖。**

傅本「不肖」上有「似」字，**畢　沅曰**：王弼「吾」下有「道」字。

**馬敍倫曰**：各本作「我道大」，譣河上〈注〉曰：「天下謂我德大。」然臧〈疏〉引作「我道大」，是河上作「我道大」，或作「我德大」。

**蔣錫昌曰**：范謂西晉本無「道」字，譣誼，無之爲是。「天下皆謂我大，似不肖」，若天下皆謂聖人大，似不類俗君，二十章所謂「我獨異於人也」也。

**朱謙之曰**：《方言》七：「肖，類法也。」郭〈注〉：「肖者，似也。」《小爾雅》〈廣訓〉：「不肖，不似也。」譣誼，「不肖」上不應再有「似」字。

**張舜徽曰**：首句之「我」，謂「道」也。……猶云天下之人，皆稱道爲大也。後人附注「道」字於「我」字下，展轉傳鈔，竄入正文，故王弼本遂作「天下皆謂我道大」矣。帛書乙本無「道」字，可證也。肖者，象也，似也。道之爲物，不能比擬他物而形狀之，故曰大而不肖。

**古　棣曰**：「道」字不能少，全書多次說道大，而沒有說「吾大」的，此處自應作「吾道大不肖」，無「道」字者蓋係抄漏，或據下句「夫唯大故不肖」而刪。

**案**：「我」下不當有「道」字，蔣舉二十章爲證，張舜徽舉二十五章「吾不知其名，字之曰道，強爲之名曰大」爲說，皆是，當從之。帛書乙本「我」下無「道」字，即其明證。河上〈注〉曰：「天下謂我德大。」蓋河上本「我」下已衍一字矣。三十四章曰：「是以聖人終不爲大，故能成其大。」亦言聖人爲大，與此文義恉相合。帛書乙本「不肖」上有「大而」二字，「天下皆謂我大，大而不肖」乃頂針句式，爲本書常用句型，張舜徽、張松如、王垶皆從之，疑是。嚴本、河上本、王本、古本諸系統「不肖」上均有「似」字，疑「似」字乃「大而」之譌耳。朱說刪「似」字，可從。

## 夫慈，故能勇。

**嚴可均曰**：河上、王弼無「夫」字。

**羅振玉曰**：景龍、御〈注〉、敦煌辛諸本句首均有「夫」字。

**馬敍倫曰**：六朝殘卷無「夫」字，各本及韓非〈解老篇〉引無「夫」字。

**朱謙之曰**：《治要》引作「慈，故能勇」。

**案**：「慈」上當有「夫」字，此《老子》文例也；三十八章：「夫禮者，忠信之薄而亂之首。」四十一章：「夫唯道，善貸且善成。」皆其比。下文曰：「夫慈，以戰則勝。」亦云「夫慈」，可爲旁證。帛書乙本有「夫」字（甲本此句殘），可知古本已是如此矣。《韓非子》引無「夫」字，蓋韓非引此文以說解哲理，「夫」字自可省略，非所據本必無「夫」字也。王本無「夫」字，惟〈注〉曰：「夫慈，以陳則勝。」亦有「夫」字。嚴本無，則其敓已久矣。

## 不敢為天下先，故能成器長。

**紀　昀曰：**「器」，《韓非子》作「事」。

**羅振玉曰：**敦煌壬本「成」上有「爲民」二字。

**俞　樾曰：**《韓子》〈解老篇〉作「不敢爲天下先，故能爲成事長」，「事」「器」異文，或相傳之本異，或彼涉上文「事無不事」句而誤，皆不可知。至「故能」下有「爲」字，則當從之。蓋「成器」二字相連爲文。……成器者，大器也。……神器爲重器，成器爲大器，二者並以天下言；質言之，則止是不敢爲天下先，故能爲天下長耳。

**劉師培曰：**古本「成器長」上有「爲」字。成器者，大官也；爲者，居也；蓋古代工官通用，故大官亦名「成器長」。今本脫「爲」字，誼不可通。

**案：**「能」下當從《韓非子》補「爲」字；帛書二本並有「爲」字，亦其證。范本猶存此字，古。河上〈注〉曰：「成器長，謂得道人也；我能爲道人之長也。」河上謂「我能爲道人之長」云云，疑河上本原有「爲」字。俞樾釋「成器」爲「大器」，亦即二十九章之「神器」，其說可從。

**二案**：帛書乙本「成器」同，甲本作「成事」，與《韓非子》引合；蓋古本一作「成事」，一作「成器」，今「成事」本惟存帛書甲本，至爲可貴。

**三案**：《韓非子》引作「不敢爲天下先，故能爲成事長」，解曰：「不敢爲天下先則事無不事，功無不功，而議必蓋世，欲無處大官，其可得乎？處大官之謂爲成事長。」（劉師培解《老子》「成器」爲「大官」，即從《韓非子》而來）王先謙謂《韓子》末句「爲」字衍，陳奇猷同其說。竊謂韓非所據《老子》不誤，惟韓非本文對《老子》之說解恐有望文生義之嫌。韓非云「不敢爲天下先，則事無不事，功無不功」，則韓子蓋讀「能爲成事長」爲「能爲成事，長」（韓子讀「爲」字無義），故下文曰：「而議必蓋世，欲無處大官，其可得乎？」易而言之，苟能不爲天下先，則必事成，而爲長矣！韓子「處大官之謂爲成事長」云云，以韓子之義言之，當云「處大官之謂長」。蓋前文已云「事無不事，功無不功」爲「成事」，何以又云「爲成事長」爲「大官」乎！韓子於《老子》此文，非惟句讀有誤，說解亦有欠精審也。

**夫慈，以戰則勝，以守則固。天將救之，以慈衛之。**

傅本作「夫慈以陳則正」，**畢沅曰**：河上、王弼作「慈以戰則勝」，《韓非》〈解老篇〉

作「慈於戰則勝」。

**羅振玉曰**：王本作「戰」，與景龍、御〈注〉、景福、敦煌壬本同，《釋文》出「以陳」一字，知王本作「陳」，今據改。又敦煌庚、辛二本亦作「陳」。

**蔣錫昌曰**：八十章：「雖有甲兵，無所陳之。」「陳」字文誼，並與此同，亦其例也。戰，當改「陳」。《道德眞經集註》引王弼〈注〉「相慜而不避於難，故正也」，據此，則工「勝」作「正」；今〈注〉作「勝」，實非弼〈注〉之眞。

**案**・韓非〈解老〉曰：「故臨兵而慈於士吏則戰勝敵，慈於器械則城堅固，故曰：慈，於戰則勝，以守則固。」據此文以覩之，韓非所見此文作「慈，以戰則勝，以守則固」，與今本全合（「慈」上無「夫」字，省；「以」作「於」，以、於互文）。檢帛書，除甲本「以戰」二字殘損外，其他皆與今本無異。據此二端以論之，此文以作「夫慈，以戰則勝，以守則固」爲古舊。

**二案**：帛書「以慈」上有「如」字（甲本作「女」），「衛」作「垣」。《釋名》〈釋宮室〉曰：「垣，援也，人所以依阻以爲援衛也。」垣之引申，蓋有衛護義。《韓非子》曰：「故天下之道盡之生也，若以慈衛之也。」《韓子》所據者作「衛」，與今本合。

# 六十八章

## 古之善為士者不武，

**嚴可均曰**：各本無「古之」。

**羅振玉曰**：景龍本、敦煌辛本句首均有「古之」二字。

**武内義雄曰**：敦、遂、景三本句首有「古之」二字，王弼本亦然。

**蔣錫昌曰**：顧本成〈疏〉：「言古者善修道之士。」是成上有「古之」二字。《御覽》〈兵部〉引同此。

**古　棣曰**：乙本「故」字或是「古之」之誤。《老子》故書應有「古之」二字，與「古之善爲上者」（十五章）、「古之善爲道者」（六十五章）句法一律；此乃老子托古而言，故「古之」二字不能少。「古之」二字貫於四句，到「善用人者爲之下」才是一個完整的語法句。

**案**：帛書甲本無「古之」二字，乙本作「故」。〈指歸〉曰：「故賢佐勝將之立身也……剛弱畏武……不以慍起怒……用人則下之以言。」據〈指歸〉解說文字以觀之，嚴本正文「善爲士者」上疑有「故」字，與帛書乙本合。前章章末論及爭戰與守城之事，本章亦論爭戰之事，疑本章與前章爲相同一章，故帛書乙本句首有一「故」字耳（甲本省「故」字），此其證一也。檢嚴本此章與上章合而爲一，可證古本此二章爲同一章，此其證二也。自「故」分爲「古之」二字後（傅本及敦煌辛本等），學者乃離析「善爲士者不武」爲別一章矣。

## 善勝敵者不爭，

**嚴可均曰**：「不爭」，河上、王弼作「不與」。

河上本「爭」作「與」，**劉師培曰**：與當作舉；舉，即舉兵，猶古籍言「大舉」之省「兵」字也。

**高　亨曰**：古謂對敵爲與，《左傳》襄二十五年曰：「一與一，誰能懼我？」言一敵一也。故「與」者，對鬥交爭之意。夫對鬥交爭而後勝敵人，非善也；善勝敵者，師旅不舉，兵刃不接，而敵人降服，故曰「善勝敵者不與」也。

**嚴靈峯曰**：此云「善勝敵者不與」，即《孫子》〈形篇〉所謂「故善戰者能爲不可勝，不能使敵之可勝」，〈謀攻篇〉所謂「不戰而屈人之兵，善之善者也」。

**古　棣曰**：傅本作「不爭」，唐以來有十多種刻本作「不爭」，蓋沿傅本而誤。此四句，句句爲韻，作「爭」則失韻。且「不爭」失之太泛，不能表現戰爭特點。不與，即不鬥，不交戰，這才與「善勝敵」相應。

**案**：嚴本、河上本及王本「不爭」俱作「不與」，河上〈注〉曰：「不與敵爭，而敵自服也。」王弼〈注〉曰：「不與爭也。」皆訓與爲相與，又添「爭」字以爲說解；恐非老子本義。後人知其說之欠允當，又因下文有「爭」字，自唐以後，乃易「與」字爲「爭」，卒又失其韻讀矣。前賢劉師培及高亨修正河上及王弼之說解，近人嚴靈峯又引《孫子》爲補充，本文「不爭」當作「不與」，蓋已無庸置疑。今檢出土帛書，甲本「爭」字殘，乙本正作「與」，與嚴本、河上本及王本諸系統合，可知此字本當作「與」。今本作「爭」者，乃河上及王〈注〉說解不當之影響也。

## 是以用人之力，是謂配天古之極。

**俞　樾曰**：此章每句有韻。前四句以武、怒、與、下爲韻，後三句以德、力、極爲韻；若以「是謂配天」爲句，則不韻矣。疑「古」字衍文也。「是謂配天之極」六字爲句，與上文「是謂不爭之德，是謂用人之力」，文法一律。其衍「古」字者，「古」即「天」也。古與天同義。此經「配天之極」，他本或有作「配古之極」者，後人傳寫誤合之耳。

**于省吾曰**：「配天」二字應有重文，本作「是謂配=天=古之極」，應讀爲「是謂配天」句，「配天古之極」句。

**高　明曰**：勘校於帛書，除「極」後有「也」字外，經文不誤，當讀作「是謂配天，古之極也」。

案：俞樾以韻脚爲據，謂此文衍「古」字；蔣錫昌、武內義雄、朱謙之及嚴靈峯等皆是其說。竊謂《老子》隔句押韻者多矣；如六十四章：「其安易持，其未兆易謀，其脆易破，其微易散。」持、謀及散押韻，「破」字無韻；似此之例，多不枚舉。本節德、力、極韻，「天」字無韻，而俞樾獨疑之深，頗不可理喻。朱謙之《校釋》引《莊子》及《荀子》文，有意證明「配天」乃古成語；其說雖佳，不足以證明衍「古」字。于省吾謂「配天」當重疊，讀作「是謂配天；配天，古之極」。考《老子》書內結語不重疊者亦偶有之，如十六章、五十六章等皆其比，是于說未可必也。此文當從各本作「是謂配天，古之極」；帛書甲本作「是胃天，古之極也」，「天」上奪「配」字；乙本作「是胃肥天，古之極也」，肥、配音近，古或通借；即其明證矣。

# 六十九章

**用兵有言：**

傅本「言」下有「曰」字，**畢　沅曰**：河上、王弼無「曰」字。

**朱謙之曰**：傅、范本「言」下有「曰」字。

**高　明曰**：甲、乙本首句均作「用兵有言曰」，較王本「言」下多一「曰」字，與傅奕本同，當以有「曰」字者爲是。

**案**：帛書二本「言」下俱有「曰」字；比勘各本，惟傅、范二本有之，至爲可貴。四十一章曰：「建言有之。」帛書、范本及敦煌本「之」下皆有「曰」字，與此同例。

**禍莫大於輕敵；輕敵，幾喪吾寶。**

傅本兩「輕」俱作「無」，**陶方琦曰**：王弼〈注〉曰：「非欲以取強無敵於天下也。」則王本亦作「無敵」。今作「輕」字，殆後人所改。

**蔣錫昌曰**：強本成〈疏〉引經文云：「禍莫大於侮敵……侮敵則幾亡吾寶。」是成作「禍莫大於侮敵，侮敵則幾亡吾寶」。

**張松如曰**：一本與六朝寫本作「誙敵」；誙，通作詮。詮敵，當亦是「輕敵」的一種表現；「輕敵」之極，則爲「侮敵」矣。凡此諸義均相通。

**古　棣曰**：應作「輕敵」，謂輕視敵人兵力而妄動是戰爭指揮上的最大禍害。作「無敵」，誤。

**高　明曰**：王〈注〉曰：「……非欲以取強無敵於天下也，不得已而卒至於無敵……。」可見王本原亦作「無敵」，今作「輕敵」者，乃後人改動。足證帛書作「無敵」者，殆爲《老子》本義。

**案**：帛書兩「輕」字並作「无」；作「无」者古。今惟王本及傅本存古本之眞。想爾本系統作「侮」，河上本系統作「輕」，參差若此。

# 七十章

## 吾言甚易知，甚易行。

案：帛書甲本「知」下及「行」下俱有「也」字，餘同；乙本「知」下及「行」下亦並有「也」字，惟無兩「甚」字。河上公〈注〉曰：「老子言，吾所言省而易知，約而易行。」〈指歸〉曰：「保身存國，富貴無患，群生得志，以至長存；此言之易知而事之易行者也。」所據本「易」上恐皆無「甚」字。

## 天下莫能知，莫能行。

傅、范本「天下」並作「而人」，**畢　沅曰**：河上、王弼作「天下」。

**朱謙之曰**：嚴本「天」上有「而」字。

**案**：河上〈注〉云：「人惡柔弱，好剛強也。」疑河上本正文「天下」本作「而人」。《老子》此文蓋有二源流：一作「天下」，帛書乙本及嚴本並作「而天下」，王本作「天下」，皆此源流也；一作「而人」，河上本、傅本及范本皆此源流，而帛書甲本啓其端。

* * * *

傅、范本二「莫」下並有「之」字，**蔣錫昌曰**：王〈注〉：「惑於躁欲，故曰莫之能知也；迷於榮利，故曰莫之能行也。」是王與傅、范二本同，當據改正。

**案**：帛書二本「莫」下均有「之」字，今惟傅、范本存此二字，至爲可貴。蔣考訂王本正文亦有兩「之」字，其說甚是；今王本皆奪此二字耳。

**言有宗，事有君。**

傅本「君」作「主」，**畢　沅曰**：主，河上、王弼及《淮南》〈道應訓〉作「君」。

**蔣錫昌曰**：《文子》〈精誠篇〉引「君」作「本」。

**朱謙之曰**：《文子》〈微明篇〉作「事有君」。

**案**：帛書甲本作「言有君，事有宗」，「君」、「宗」二字互易；乙本與今本同。「事有君」，《文子》〈精誠〉、《淮南子》〈道應〉引「君」咸作「本」；傅、范本又皆作「主」。各本參差若此。

**夫唯无知，是以不我知。**

**高　明曰**：嚴本「唯無我知」與下句「是以不吾知」意重，非《老子》之意，必爲後人所竄改。

**案**：嚴本「夫唯无知」作「唯無我知」，與今本獨異。〈指歸〉曰：「夫世之莫我知者，非我道小而不足以知也，又非我之事薄而不足爲也，又非世之好敗惡成、喜禍樂患而故不我從也，天性與我反，情欲與我殊。智陷於情欲，終世溺於所聞，神氣不我我，而心意不我然。故其明不我能見，聰不我能聞。」揣摩〈指歸〉之意，蓋謂世人天性與我相反，情欲與我不同，無我聖人之知，以故明不見我，聰不能聞我；蓋即從「唯無我知，是以不吾知」上說解也。

## 則我者貴。

傅本作「則我貴矣」，**畢　沅曰**：河上、王弼作「則我者貴」。

**羅振玉曰**：敦煌庚、壬二本作「則我貴矣」。

**李　翹曰**：《漢書》〈揚雄傳〉〈解難〉云：「老聃有遺言，貴知我者希。」顏〈注〉下句作「則我貴矣」。《金樓子》〈自序〉引同此，下有「矣」字。

**蔣錫昌曰**：《道藏眞經集註》引王弼〈注〉：「故曰：知我者希，則我貴也。」是王本作「則我貴矣」，當據改正。今本經、注「貴」上並衍「者」字，詎不可說。〈蜀志〉〈秦宓傳〉與《漢書》〈揚雄傳〉顏〈注〉均作「知我者希，則我貴矣」。

**王叔岷先生曰**：索紞本作「則我貴矣」。

**案**：此句當從傅本作「則我貴矣」，〈蜀志〉及《漢書》〈注〉引並作「則我貴矣」，即其明證。帛書甲、乙本均作「則我貴矣」（甲本「則」字殘），可證古本已如此。蔣考證王本亦作「則我貴矣」，其說若可信，則王本與傅本、敦煌庚、壬本及索紞本同一源流矣。河上本系統作「則我者貴矣」，此漢代別出一源流也；其後想爾本及玄宗本二系統皆從之，惟無「矣」字耳。

## 是以聖人被褐懷玉。

傅本「懷玉」上有「而」字，**畢沅曰**：河上、王弼無「而」字。

**易順鼎曰**：《文選》〈耤田賦〉〈注〉引有「而」字。

**案**：帛書二本、嚴本「懷玉」上並有「而」字；有「而」字古舊。《孔子家語》〈三恕〉曰：「子路問於孔子曰：有人於此，被褐而懷玉，何如？」用老子文，亦有「而」字。

# 七十一章

**知不知，上；不知知，病。**

傅本「上」作「尚矣」，「病」作「病矣」，**畢沅曰：**河上、王弼無「矣」字。

**蔣錫昌曰：**《文子》〈符言篇〉作「知不知，上也；不知知，病也」，《呂氏春秋》〈似順篇〉、〈別類篇〉作「知不知，上矣」，宋陳旉《農書》作「能知其所不知者，上也；不能知其所不知者，病矣」，《御覽》〈疾病部〉同王本。王本文誼不顯，當據《淮南》爲正。

**朱謙之曰：**《淮南》〈道應訓〉引「知而不知，尙矣；不知而知，病也」，傅、范本同，惟無二「而」字，「也」作「矣」。

**張舜徽曰：**必有兩「而」字、兩「矣」字，文義始顯。傳寫周秦故書，原有虛詞有不宜省略者，此類是矣。

**案：**先秦及漢代此文參差，頗不統一。或作「知而不知尚矣；不知而知，病也」，有兩「而」字，二句句末咸有語助詞；《淮南子》〈道應〉所據者，即此本也。或作

「知不知，上也；不知知，病也」，無兩「而」字，存二語助詞；《呂覽》〈別類〉及《文子》〈符言〉所據者，即此本；其後，帛書亦來自此本也。其最簡要者，爲「知不知上，不知知病」本，並兩語助詞亦省略；嚴本、河上本及王本諸系統，均出自此源流，可謂流通甚遠。傅、范本猶存兩句句末語助詞，與各本相較，古。

## 是以聖人不病，以其病病，是以不病。

**嚴可均曰**：「是以聖人不病」，御〈注〉作「夫唯病，是以不病，聖人不病」，河上、王弼、高翿「夫唯病」下，復有「病」字。

傅本此文作「夫惟病病，是以不病；聖人之不病，以其病病，是以不吾病」，**羅振玉曰**：「夫唯病病」，景龍本、敦煌辛本均無此四字，壬本無下「病」字。「是以不病」，敦煌庚本無「不」字，壬本無此四字，景龍本、敦煌辛本無「不病」二字。

**俞　樾曰**：上文已言「夫唯病病，是以不病」，此又言「以其病病，是以不病」，則文變矣。《韓非子》〈喻老篇〉作「聖人之不病也，以其不病，是以無病」，當從之。蓋上言病病，故不病；此言不病，故無病；兩意相承。不病者，不以爲病也。

**蔣錫昌曰**：《御覽》〈疾病部〉引作「聖人不病，以其病病；夫唯病病，是以不病」，較諸本爲長，當據改正。此文「夫唯病病，是以不病」二句，誤倒在「聖人不病，以其病病」二句上，又衍末句「是以不病」四字，致失古本之眞也。

**高明曰：**《韓非》〈喻老篇〉所引此文，其中亦有訛誤。如「以其不病」，帛書則作「以其病病」，當從帛書。……帛書「人」下有「之」字，作「是以聖人之不病，以其病病，是以不病」，《老子》原文當如此。

**案：**此文《韓子》引作「聖人之不病也，以其不病，是以無病」，傅本作「夫唯病病，是以不病；聖人之不病，以其病病，是以不吾病」，皆與今本相異。歷來學者於此文，約有下列三說：俞樾以《韓非子》爲是，謂當作「聖人之不病也，以其不病，是以無病」，劉師培、馬敍倫、古棣及楊丙安均從之；蔣錫昌以《御覽》爲據，謂當作「聖人不病，以其病病；夫唯病病，是以不病」，嚴靈峯、陳鼓應及黃釗從之；錢大昕以此石爲優，高亨、朱謙之及周次吉並同其說。帛書甲本作「是以聖人之不病，以其□□……」，乙本作「是以聖人之不□也，以其病病也，是以不病」，除乙本多二「也」字外，兩本蓋無差異耳。以帛書與諸本及諸說相較，則《韓非子》除「以其不病」當作「以其病病」外，其他二句皆不誤；《御覽》引者重「病病」一句，惟語義尚不變；此石作「聖人不病，以其病病，是以不病」，則最爲近古矣。

# 七十二章

## 民不畏威，大威至。

**嚴可均曰：**「大威至」，御〈注〉、王弼、高翿句上有「則」字。河上無「則」字，末有「矣」字。

**羅振玉曰：**敦煌庚本作「大畏至矣」，壬本、景福本均作「大威至矣」。

**朱謙之曰：**廣明本「則大威至矣」，彭、傅、范同。奈卷作「大威至矣」。古「畏」、「威」通用。

**王叔岷先生曰：**敦煌景龍鈔本、天寶鈔本「大」上並有「則」字，索紞本「至」下有「矣」字。

**古　棣曰：**乙本作「民之不畏二，則大畏將至矣」。顯然，後兩「畏」字是「威」字訛，即寫了別字。第一句的「之」字和第二句的「將」字，其他各本皆無，從《老子》詩的格律看，從意義上看，都不應有。

**高　明曰：**今本雖句型多異，但皆無「將」字。威，與「大威」，等級之別。言民不畏威，則大威將要臨至。從經義分析，原文當有「將」字爲是。王弼〈注〉云：「……天誅將至。」「天誅將至」，即經文「大威將至」。可見王本原亦有「將」字，當從帛書爲是。

案：帛書乙本首句作「民之不畏畏」，「民」下有「之」字，次「畏」字讀如「威」；甲本存「畏畏」二字，以殘損字數推之，其上當有三字，甲本「民」下蓋亦有「之」字耳。次句甲本存「則」、「矣」二字，乙本作「則大畏將至矣」；今本無「則」、「矣」二字，蓋後人刪之也。王〈注〉曰：「民不能堪其威，則上下大潰矣，天誅將至。」疑王本「至」上有「將」字，與帛書合。

* * * *

此乃一九七九年之案語，高明所論，有與鄙說相合之處，茲錄於此。〈指歸〉曰：「大威以至，乃始爲善。」以至，將至也；嚴本原文未知是否作「將至」。

## 是以聖人自知不自見，自愛不自貴。

羅振玉曰：「是以」，敦煌辛本作「故」。

蔣錫昌曰：強本榮〈注〉引經文云：「故聖人自知不自見。」是榮作「故」。

朱謙之曰：遂州本亦作「故」。傅、范本「不」上均有「而」字。

島邦男曰：〈指歸〉曰：「身重天地而不自高，德大陰陽而不自彰。」則嚴本有「而」字。

案：敦煌辛本、榮本及遂州本「是以」皆作「故」，恐是後人所改。本書「聖人」上發端詞均作「是以」，無作「故」者。帛書乙本正作「是以」（甲本殘），即其明證。又帛書二本兩「不」上均有「而」字，傅、范本同，存古本之眞。島邦男謂嚴本亦有兩「而」字，疑是。

# 七十三章

**勇於敢則殺，勇於不敢則活。**

**朱謙之曰：**《淮南》〈道應訓〉引第二句同，〈人間訓〉：「能勇於敢，而未能勇於不敢也。」語皆出於此章。

**案：**帛書乙本二句同；甲本兩「敢」下並有「者」字，與今本異。《淮南子》〈道應〉引次句同，〈人間〉用作「能勇於敢」、「未能勇於不敢」，疑《淮南子》所據者皆與帛書乙本及今本合。

**知此兩者，**

**嚴可均曰：**河上、王弼無「知」字。

**羅振玉曰：**景龍、御〈注〉、景福三本均作「知此兩者」，敦煌庚、壬二本作「常知此兩者」。

**朱謙之曰：**磻溪、樓正、高翿、奈卷作「知此兩者」，嚴遵、景福作「常知此兩者」。

**古　棣曰**：從上下文來看，「知」或「常知」乃衍文，緊接上句，加「知」或「常知」徒爲詞費，於下句審之亦無必要。

**案**：此文「知此兩者」各本頗參差：嚴本、河上本、景福本及天文鈔本均作「常知此兩者」，想爾龍興碑本、御〈注〉本及河上奈本等並作「知此兩者」，敦煌河上本、王弼本系統及古本系統均作「此兩者」；帛書甲本殘，乙本「兩」上亦殘一字，以意推之，乙本與河上本及王弼本合。竊謂此文當以帛書及河上本爲是；此「兩」字，蓋與六十章「夫兩不相傷，故得交歸」及六十一章「此兩者各得其所欲」之「兩」字同義，蔣錫昌《校詁》曰：「言勇於柔弱則利，勇於堅強則害，其勇雖同，然所得結果異也。」所云極是。此蓋指「勇於敢」及「勇於不敢」而言也。一本添「知」字，一本再添「常」字，皆贅。

**不召而自來，□然而善謀。**

河上本「□然」作「墠然」，**陸德明曰**：繟，音闡。坦，平大貌。河上作「墠」；墠，寬也。

傅、范本作「默然」，**范應元曰**：「默」字，傅奕同古本。

**盧文弨曰**：繟、坦、墠三字音相近，得通用。

**朱謙之曰**：《論衡》〈初廩篇〉曰：「人徒不召而至，瑞物不招而來，黯然偕合自然道也。」

即本老子此章，但「坦然」作「黯然」。此字景龍碑未刻，敦、遂本作「不言」；不言，即「黯然」也。傅、范本作「默然」，與「黯然」形義相近，必有一是。

**周次吉曰**：當從甲本作「彈」，蓋其爲發聲之詞也。《方言》七：「彈，憸強也；言非其事，江淮之間曰彈憸。」此正老氏鄉音，足見帛書之善者矣。

**古　棣曰**：應作「默然」；作「默然」，正與「不言」義近而相應，與前三句句法一律。

**高　明曰**：帛書甲本之「彈」字、乙本之「單」字，均當假爲「坦」，作「坦而善謀」。

**案**：帛書甲本作「彈」，乙本作「單」，並無「然」字。《馬王堆漢墓帛書老子》及文物版小字本皆釋「單」爲「戰」；人民版有〈注〉曰：「戰而善於謀劃。」亦釋作「戰」。上文云「不戰而善勝」（今本「戰」作「爭」，義近），此文云「戰而善謀」；一節之內，「不戰」與「戰」同時出現，於義恐有欠妥，此其一。老子向不主張戰爭，三十章「師之所處，荊棘生。以道作人主者，不以兵強天下」；似此言論，多不勝舉；此文若作「戰而善謀」，恐與老子言論不盡符合，此其二。本節曰：「天之道：不戰而善勝，不言而善應，不召而自來。」老子蓋謂天道皆不戰、不言及不召也，與二章「聖人行不言之教」之「不言」，及四十三章「不言之教，無爲之益，天下希及之」之「不言」、「無爲」，義指頗有相似之處；今此句作「戰而善謀」，「戰」與上文「不戰」、「不言」、「不召」義不相因，更非天之大道矣，此其三。竊疑帛書「彈」、「單」皆當釋爲「繟」，或當釋爲「墠」；彈、繟及墠，並從單得聲，古可通用。河上〈注〉云：「繟，寬也。」此蓋云天道寬平，若有善謀也。嚴本、傅本及范本作「默然」（道藏嚴本作「坦然」，蓋後人所改，〈指歸〉曰：「寂然盪盪，無所不圖。」可證嚴本原作「默然」；島邦男亦有說）；默然，與「不戰」、「不言」及「不召」，尤合天之大道。河上〈注〉曰：「繟、寬也。天道雖寬博，善謀慮人事。」疑河上本正文「繟」下無「然」字，與帛書合；此說若可信，嚴本、傅本及范本此文同一源流，帛書及河上又另一源流也。

**案**：嚴本作「默然」，傅、范本從之；河上本作「繟然」，王弼本及玄宗本系統從之。想爾本易作「不言」，與上述二源流差別最大。

# 七十四章

## 民不畏死，

傅本「民」下有「常」字，**畢　沅曰**：河上、王弼無「常」字。

**嚴可均曰**：高翿「民」下有「情」字。

**武內義雄曰**：敦、遂二本「民」下有「常」字，景本無。

**易順鼎曰**：畢氏考異傅奕本作「民常不畏死」，下文云「若使民常畏死」，則此亦當有「常」字矣。《容齋續筆》卷五、卷十兩引皆有「常」字。

**古　棣曰**：從《老子》詩格律看，不應有「常」字或「恒」字，也不應有「若」字。「民不畏死」，在老子時代已經是普遍事實，下文「若使民常畏死」，理應有「若」字。「民不畏死」則不應加「若」字，乙本這個「若」字，蓋涉下文而衍。

**高　明曰**：從經義分析，「民」前當有「若」字，尚可構成前後一致之疑問句型。故此文當從帛書作「若民恒且不畏死」，更近於《老子》原本。

**案**：帛書乙本「民」上有「若」字；「若民不畏死」，與下文「若使常畏死」相儷，有「若」字是也。易據傅本及《容齋續筆》引謂「民」下當有「常」字，其說可從；帛書乙本有「恒」字，恒、常義同。高翿本「民」下有「情」字，疑「情」乃「恒」之譌。

又《尹子》〈大道〉下引無「若」字，嚴本同；疑古本或有一源流無此字者。

## 奈何以死懼之？

傅本「奈何」作「如之何」，「以」上有「其」字，**畢　沅曰**：「如之何」作「奈何」，無「其」字。

**朱謙之曰**：《愼子》〈外篇〉引《老子》曰：「民不畏死，如何以死懼之。」與傅、范本作「如之何」略同也。

**案**：帛書甲本「奈何」同，乙本作「若何」，傅本、范本作「如之何其」；奈何、若何、如之何其，義皆相近。《尹文子》及《愼子》引作「如何」，蓋省「之」、「其」二字耳。傅本、范本並作「如之何」，與《尹文子》所據者近，古。帛書二本次「死」字均作「殺」，「之」下均有「也」字。作「殺」，與下文「吾得執而殺之」、「常有司殺者殺」諸「殺」字相應。

## 若使常畏死，

案：帛書甲本「若」字同，乙本作「使」。此文「若使」連用，於義爲複；蓋一本作「若」，一本作「使」，後人合而爲一也。

*　*　*　*

嚴可均曰：御〈注〉、高翿「使」下有「人」字；河上、王弼有「民」字。

案：帛書二本「常」上俱有「民」字；「若民恆」（或作「使民恆」）與上文「若民恆」對舉，有「民」字長。嚴本、傅本、河上本及王弼本皆有「民」字，今本及諸唐鈔本均奪，當據補。

## 吾執得而殺之，

武内義雄曰：敦本「得執而」作「誠得而」，遂本作「試得而」，景本作「執得而」。

朱謙之曰：傅無「執」字。

許抗生曰：甲本作「吾將得而殺之」，從文義看，應有「將」字較勝。

周次吉曰：將得，即持得也；後世學者未審其意，或刪去之，或變之爲「誠得」，或作「執得」，而謂文不順通，乃乙作「得執」矣。此非甲本之存，則無由見古本矣。

高　明曰：帛書二本「吾得而殺之」，傅本與之同，其他傳本皆作「吾得執而殺之」，多一「執」字。按「得」字本有執、捕之誼。「得」字與「執」古之聲韻皆通，又可通用。

從而可見，此文當從帛書作「吾得而殺之」爲是。今本作「吾得執而殺之」者，「得執」贅語，「執」字顯爲後世註文，後又誤入經內。

**案**：此文「執得」二字頗參差，帛書甲本作「將得」，乙本作「得」，嚴本及河上本並作「得執」；漢代各本，歧異若此。想爾本系統或作「執得」（成〈疏〉本、敦煌李榮本、景龍寫本及此本），或作「誠得」（天寶本），或作「試得」（次解本）。「執得」，蓋由嚴本、河上本「得執」誤倒，其後，「執」又譌作「誠」，再譌爲「試」耳。許、周從甲本作「將得而殺之」，高從乙本作「得而殺之」；皆可通。

## 常有司殺者殺。

**羅振玉曰**：敦煌庚本、景福本均無下「殺」字。

**王叔岷先生曰**：索紞本作「常有司殺者」。

**案**：河上本系統亦無下「殺」字。帛書作「若民恆且必畏死，則恆有司殺者」（甲本「恆且」二字殘），視今本多一句七字，其下又無「殺」字。上文云「若民恆且不畏死」，又云「若民恆且畏死」，此文云「若民恆且必畏死」（皆以帛書爲據）；均爲假設語氣，且語氣逐步加強。蓋民必畏死，當政者乃必設司殺之吏；今無此「若民恆且必畏死」，則「常有司殺者」無著矣。據此二端以觀之，今本皆當從帛書補「若民恆且必畏死」（「且」字或可省）一句。

**二案**：今本多作「常有司殺者殺」，蓋今本既脱「若民恆且必畏死」，「常有司殺者」語義不顯，淺人乃於其下增一「殺」字耳。河上〈注〉曰：「司殺者天，居高臨下，司察人過，天網恢恢，踈而不失也。」河上本固無「殺」字，河上〈注〉亦不解此字。

## 夫代大匠斲，希有不傷其手。

傳本「斲」下有「者」字，「手」下有「矣」字，**羅振玉曰**：景龍、御〈注〉、景福、敦煌庚、辛諸本均無「者」字。

**蔣錫昌曰**：《文選》〈豪士賦序〉〈注〉無「者」、「矣」二字。

**案**：帛書甲本「斲」下有「者」字，《淮南子》〈道應〉引、河上本、王弼本及傳本同；乙本無「者」字，嚴本同。諸唐本及唐古注類書引皆無此「者」字，蓋承襲後一源流也。帛書「希」上咸有「則」字，河上〈注〉曰：「人君行刑罰，猶拙夫代大匠斲木，則方圓不得其理，還自傷。」疑河上本有「則」字。

**二案**：帛書皆無「有」字，《淮南子》引及嚴本同；西漢古本蓋無此字。敦煌庚、辛本無「有」字，存古本之眞。帛書甲本「手」下有「矣」字，河上本、王本及傳本同；乙本無「矣」字，嚴本及《淮南子》引同。諸唐寫本及唐古注類書引皆無「矣」字，蓋承襲乙本源流也。

# 七十五章

**民之飢，以其上食稅之多，是以飢。**

傅及范本「飢」下有「者」字，「多」下有「也」字，**蔣錫昌曰**：《後漢書》〈郎顗傳〉引作「人之飢也，以其上食稅之多也」。

**案**：帛書二本「民之飢」下皆有「也」字，嚴本及《後漢書》引同；傅、范本並作「者」。者、也古通。

**民之難治，以其上有為，是以難治。**

**劉殿爵曰**：帛書乙本作「以其上之有以爲也」，可見在帛書《老子》中，「民之難治」，不是由於「上之有爲」，而是由於「上之有以爲」。

**案**：帛書二本「有爲」均作「有以爲」，疑是。三十八章曰：「下德爲之而有以爲，上義爲之而有以爲。」亦並云「有以爲」，彼文河上〈注〉：「動作以爲己，殺人以成威，賦下以自奉也。」此文蓋云百姓之難治，以居上者殺人成威，賦下自奉，自私爲己故也。今本皆奪「以」字，文義不完整，當據補。

**人之輕死，以其生生之厚，是以輕死。**

**嚴可均曰**：生生，各本作「求生」。

河上本「生生」作「求生」，**易順鼎曰**：當作「生生之厚」，《文選》〈魏都賦〉「生生之所常厚」，張載注引《老子》曰：「人之輕死，以其生生之厚也。」謂通生生之情以自厚也。足證古本原作「生生」，《淮南》〈精神訓〉、《文選》〈鷦鷯賦〉〈注〉、《容齋隨筆》並引作「生生之厚」，皆其證。五十章云：「夫何故？以其生生之厚。」又其證之見於本書者矣。

**蔣錫昌曰**：易說是。「求生」當作「生生」。《莊子》〈大宗師〉「生生者不生」，蓋本老子。「生生」，與七十一章「病病」詞例一律。

**古　棣曰**：帛書甲本有兩「也」字，乙本無後「也」字，乙本和甲本是屬於一個系統的傳本，少一個「也」字當是抄漏了。《後漢書》〈郎顗傳〉引老子此文亦有兩「也」字；傳、范本前一個「也」作「者」。從語氣看，應有兩「也」字。唯帛書無「上」字。從《老子》文學角度看，從義理上看，無疑應有「上」字。《老子》是很注意整齊美、對稱美的。此章三個語法句，整齊規則，前後照應：「民之飢也」、「民之難治也」、「民之輕死也」相應爲文；「以其上食稅之多也」、「以其上之有爲也」、「以其上求生生之厚也」相應爲文；「是以飢」、「是以難治」、「是以輕死」相應爲文。按照帛書無「上」字，則破壞了《老子》文學的特色。

**案**：易謂河上本「求生」當作「生生」，且引五十章爲證，其說蓋是。彼章又云：「人之生，動之死地，十有三。」帛書、范本及《文選》鮑昭〈君子有所思行〉引「生」並作「生生」，亦以「生生」屬辭，可補易、蔣之說。帛書「生生」咸作「求生」；竊謂「生生」及「求生」義甚近，五十章「夫何故？以其生生之厚」，河上〈注〉曰：「所以動之死地者，以其求生活之事太厚。」河上公即以「求生活」解「生生」也；帛書及別本作「求生」，亦可並存。惟據各本考之，西漢時此文蓋有二源流，一作「生生」，一作「求生」。《文子》〈九守〉、《淮南子》〈精神〉用此文，皆作「生生」，想爾本系統同，此前一源流也。帛書作「求生」，河上本同，此另一源流也。其後，想爾本及王本二系統皆從之。傅本作「求生生」，則合二源流爲一者也。

**二案**：傅本「以其」下有「上」字，「以其上生生之厚」，與上文「以其上有以爲」句法一律。惟帛書二本皆無此「上」字，今各傳本亦多無此字，疑老子此文未必講求句法之一律也。古棣必欲從傅本，又於上文「以其上食稅之多」必欲從通俗本；無視於古本及帛書本，悍甚。《老子》祖本未必如古所云，具「整齊美、對稱美」之「文學特色」也。

三案：傅、范本等「人之輕死」下俱有「者」字，「厚」下均有「也」字；帛書「輕死」下有「也」字（甲本無），「厚」下亦並有「也」字，《文子》「厚」下亦有「也」字，則傅、范本有來歷矣。

# 七十六章

**故堅強者死之徒，柔弱者生之徒。**

**羅振玉曰**：敦煌庚本作「故曰」。

**高　明曰**：「故曰」則爲引言之常用語，表明「曰」下之言，乃爲成語或古諺。在此則表明下文非老子之言，乃是當時衆人皆知之諺語。此文當從帛書作「故曰」爲是。

**案**：帛書「故」下並有「曰」字，今惟敦煌庚本存此字。帛書兩「徒」下均有「也」字，與傳本、《淮南子》〈原道〉及《說苑》〈敬愼〉引合；疑古本自有此二「也」字。

* * * *

**易順鼎曰**：《文子》〈道原篇〉作「柔弱者生之幹，堅強者死之徒」，《淮南子》〈原道訓〉亦作「生之幹」。

**王叔岷先生曰**：索紞本二句倒置，是也。

**高　明曰**：帛書語序與世傳本皆相同，「堅強」句均在「柔弱」句前，則同後文「強大居下，柔弱居上」語序一律，仍應從帛書與諸傳本爲是。

**案**：帛書乙本「柔弱」同，甲本其下又有「微細」二字；下文「柔弱處上」，甲本「柔弱」下亦復有「微細」二字。柔弱、微細，並指上文「草木」而言之也。《列子》〈黃帝〉、《文子》、《淮南子》、《說苑》〈敬愼〉、《御覽》引及索紞本「柔弱」句皆在「堅強」句之上，與下文先言「堅強」後言「柔弱」頗不一律；帛書二本「堅強」句皆在「柔弱」句之前，與此石合。此文若從上文「人生之柔弱，其死堅強」，則「柔弱」句自當在「堅強」句之前；若從下文，則又相反；是以所見前後不一。

帛書「生之徒」同；《文子》及《淮南子》並作「生之幹」，蓋古本有作「幹」字者。

**二案**：上文「其死也堅強」，《說苑》引「堅強」作「剛強」；此文「堅強者死之徒」，《御覽》九五二引「堅強」作「剛強」；古棣據此將此二句「堅強」一併改作「剛強」，恐不妥。

# 七十七章

**天之道，其猶張弓。**

傅本「張弓」下有「者歟」二字，**畢　沅曰**：王弼無「者」字，河上「歟」作「乎」。

**羅振玉曰**：景龍本、敦煌辛本無「與」字。御〈注〉、景福、敦煌庚本「與」作「乎」。

**馬敘倫曰**：彭、寇、白、張及《類聚》七四引「歟」作「乎」。

**案**：帛書甲本「張弓」下有「者也」二字，乙本有「也」字；也，疑問詞，與「歟」同義。王本系統作「與」，古本系統作「歟」。河上公本系統作「乎」；乎，亦疑問詞。今本無此疑問詞者，蓋後人刪之也。

**不足者與之。**

**嚴可均曰**：「與之」，王弼作「補之」。

**蔣錫昌曰**：《文子》〈十守篇〉云：「天之道，抑高而舉下，損有餘補不足。」蓋同王本。

**古　棣曰**：河上公古本作「補之」，不作「與之」。作「與之」者乃後人所改。作「補之」，正與「不足」對文，意義明瞭；作「與之」與「不足」不相應，意義不明確。《老子》故書當作「補之」。

**案**：嚴本及王本「與之」並作「補之」；「補之」，與下文「補不足」，二「補」字相應。帛書甲本亦作「補之」（乙本殘）。河上本作「與之」，諸唐鈔本同，蓋同一源流也。兩漢之際，此文蓋有二源流，一作「補」，一作「與」。前者有嚴本，後者有河上本。其從嚴本者，有王本及古本二系統；其從河上公本，有想爾本、玄宗本二系統；涇渭分明若此。

## 孰能有餘以奉天下？其唯有道者。

**馬敘倫曰**：此文當作「孰能損有餘以奉不足」。

**高　明曰**：世傳今本……歧異甚多，諸家考證各持一說。……帛書甲本作「孰能有餘而有以取奉於天者乎？唯有道者乎」，乙本作「夫孰能有餘而有以取奉於天者？唯有道者乎」，二者經文不僅一致，經義亦明瞭通暢，遠勝今本多矣，當爲《老子》原本之舊。

**案**：嚴本、傅本及范本「能」下咸有「損」字，馬謂有「損」字是。竊疑「損」字不當有，〈指歸〉曰：「至人常自不有，而恆有餘。」可證嚴本無「損」字。河上〈注〉曰：「言誰能居有餘之位。」此文蓋云聖人處有餘之位，非謂損其有餘，河上〈注〉甚是。帛書二本亦並無此「損」字，即其明證。

二案：帛書「奉」下並有「於」字，「天下」並作「天者」，甲本「者」下尚有「乎」字。上文兩云「天」，不云「天下」。「奉天」，即事天之謂也；居有餘以事天，唯有德者能之，此老子之意也。五十九章亦云「事天」，可爲旁證。後人或於「天」下增「下」字，或據上文於「奉」下增「不足」，蓋失老子本義。傅本作「而奉不足於天下者」，「不足於」及「下」爲後人所增，存「者」字。

# 七十八章

**天下柔弱莫過於水，**

**古棣曰：**以語法常理言之，當作「天下柔弱莫過於水」；作「天下莫柔弱於水」則有語病（缺主語），可能正是因此，《淮南子》引誤本此句時加了「之物」二字。

**案：**西漢古本此文自作「天下莫柔弱於水」，帛書本及嚴本皆如此，是其明證。《文子》〈道原〉及《淮南子》〈原道〉引均作「天下莫柔弱於水」（《淮南子》「天下」下有「之物」二字），可知此本流通面之廣。其後，王本及古本兩系統即承此本而來。東漢之際，又有一源流作「天下柔弱莫過於水」，河上公本所據者，即此本也；其後想爾本及玄宗本二系統即踵其後塵耳。古棣謂「天下莫柔弱於水」有語病，從今日語法學立場論事，恐不適宜樸質之古籍也。

**而攻堅強莫之能先。**

**朱謙之讀**「而攻堅」句，「強莫之能先」句，曰：「而攻堅」句，與四十二章「天下之至柔，馳騁天下之至堅」語意正同。堅與先叶。

**案**：此文當從舊讀，以「而攻堅強者」句，「莫之能先」句。〈指歸〉：「攻堅陷大，非水不行。」嚴本蓋讀作「攻堅強者，莫之能先」也。河上〈注〉曰：「水能懷山襄陵，磨鐵消銅，莫能勝水而成功也。」是爲塙解。朱氏拘於協韻，必欲以「而攻堅」爲句，恐泥。高亨《正詁》謂「攻」字爲衍文，其說甚新，可備一說，文長不錄。

**故弱勝強，柔勝剛，天下莫能知，莫能行。**

傅本「柔」句在「弱」句上，「柔」、「弱」下並有「之」字，**畢　沅曰**：王弼二句倒轉，《淮南》〈道應訓〉兩句下並有「也」字。

**劉師培曰**：《淮南》〈道應訓〉引《老子》曰：「柔之勝剛也，弱之勝強也，天下莫不知，而莫之能行。」當爲古本。

**島邦男曰**：「弱」字，今本作「水」，《淮南子》及諸本作「弱」，是，似筆誤。

**高　明曰**：乙本「水之勝剛也」，嚴遵本作「夫水之勝強」，均與今本異。論之古籍，《淮南子》引作「柔之勝剛也，弱之勝強也」。除「水」字作「柔」外，句型語序皆同乙本，足證《老子》原本當爲「柔之勝剛也」，乙本「水」字因涉前文而誤。嚴本不僅「夫水」二字訛誤，語序亦顚倒。

案：帛書「弱」、「柔」二句作「水之勝剛也，弱之勝強也」（甲本存次句「勝強」二字，蓋甲本二句次第亦與今本不同，與乙本相校，亦無二「也」字），與此本相校，除二句次第不同外，「柔」作「水」，有二「之」字及二「也」字。考嚴本作「水之勝強，柔之勝剛」，二句次第與今本合而與帛書相反外，首句尚有「水」字（〈指歸〉曰：「故水之滅火。」可知嚴本原作「水」），二句中亦存「之」字。竊疑古本作「水之勝剛也，弱之勝強也」（《淮南》引次第與帛書合），「水」與「剛」對，「弱」與「強」對，後人嫌其對仗未嚴密，又受三十六章「柔勝剛，弱勝強」之影響，乃改「水」爲「柔」矣（《淮南子》亦後人所改）。今賴帛書乙本出土，可以互證嚴本及帛書「水」字皆有來歷，不可輕非。文物版《馬王堆漢墓帛書老子注》曰：「水，通行本作柔，《淮南子》引同，此誤。」失之於武斷。

**受國之垢，是謂社稷主；受國不祥，是謂天下王。**

案：《淮南子》〈道應〉引兩「受」上皆有「能」字。河上公〈注〉曰：「人君能受國之垢濁者。」「君能引過自與。」

# 七十九章

**和大怨，必有餘怨，安可以為善？**

**馬敍倫曰**：六十章「報怨以德」一句，當在此上。

**高　亨曰**：此文當作「和大怨，必有餘怨，報怨以德，安可以爲善」；安，猶乃也。

**將錫昌曰**：《文子》〈微明篇〉引作「和大怨，必有餘怨，奈何其爲不善也」。

**案**：「安可以爲善」，歷來注疏家皆解「安」爲疑問發語詞，河上〈注〉曰：「言一人吁嗟，則失天心，安可以和怨爲善也？」〈指歸〉曰：「何可善焉？」皆其比。馬、高移六十章「報怨以德」於「必有餘怨」下，故不得不訓「安」爲「乃」也。帛書甲本「安」作「焉」（乙本殘），《文子》引作「奈何」，皆疑問發語詞。自馬、高倡新說以來，從之者有陳柱、嚴靈峯、陳鼓應、王垶、古棣及黃釗等人；《老子》祖本，章節未必如後人著文之嚴密也。

**是以聖人執左契，不責於人。**

**嚴可均曰**：御〈注〉作「而不責於民」，河上、王弼有「而」字。

**高　亨曰**：古有契券以右爲貴，《禮記》〈曲禮〉曰：「獻粟者執右契。」鄭〈注〉曰：「契券要也，右爲尊。」《商子》〈定分篇〉曰：「以左券予吏之問法令者，主法令之吏，謹藏其右券木柙，以室藏之。」《國策》〈韓策〉曰：「操右契而爲公責德於秦、魏之王。」《史記》〈田完世家〉曰：「公常執左券以責於秦、韓。」〈正義〉曰：「左券，下；右券，上也。」並其證。聖人所執之契，必是貴者，然則此文，「左契」當作「右契」。今諭本書三十一章曰：「吉事尚左，凶事尚右。」殆老子時原以左契爲貴歟？執上契可以責於人，乃聖人之德厚也。

**蔣錫昌曰**：《史記》〈平原君虞卿列傳〉：「且虞卿操其兩權，事成，操右券以責。」言虞卿操右券交平原君，自執左券，以備索報也。「是以聖人執左契而不責於人」，言聖人執人所交左契而不索其報也。如此，則怨且無由生，復何和之有乎！

**張松如曰**：左契右契，似無分尊卑。刻本爲契，剖爲左右，以便分執，至日後再相合以爲符信。左契爲負債人所立，交債權人收執；右契爲債權人所立，交負債人收執。

**高　明曰**：歷代注此文者均甚牽強，愚以爲「執左契」之「左」字，恐有訛誤。帛書甲本作「執右契」，乙本作「執左契」，顯然是從兩種不同的傳本抄錄的，其中必有一誤。……從三方面分析：一、甲本時代比乙本早，……甲本來源更爲古老，可能保存了更爲原始的古句。二、甲本「執右契」雖爲孤例，但執右責左同古契制以右爲尊相合。乙本

「執左契」雖與世傳本相同，但執左責右與古契制抵牾。三、從經義考證，甲本「是以聖人執右契，而不以責於人」，乃謂聖人執右契應責而不責，施而不求報。正與《老子》所講「生而弗有，長而弗宰」之玄德思想一致。

**案**：此文左契右契之事，意見紛紜，由來已久。高謂古時尚右，此文「左契」當作「右契」；今《老子》作「左契」者，蓋《老子》作成之時代以左爲貴，三十一章「吉事尚左，凶事尚右」即其證。蔣以爲此文以作「左契」爲是，聖人既存右契，復執所當交與對方之左契，示不責索於對方也。竊謂蔣說恐不是，蓋聖人既操右契，復又操左契，兩契皆在手中，則與對方毫無立契之關係；老子此言，豈非空語乎！據此以觀之，「左」字若非誤字，則「左契」當爲聖人與人立契所當存執之契約，視所與立契者所存執之「右契」尊貴無疑，然則，誠如高之考訂，古皆以右爲尊，證諸《禮記》、《國策》及《史記》等，「右爲尊」爲不移之說。聖人所執者當是契約尊貴之一邊，而此文偏又作「左契」，故高不得不謂「老子時原以左契爲貴」矣。

今考《左傳》桓公八年曰：「楚人尚左。」楚人以左爲貴，老子乃楚國之人，故此文固必云「聖人執左契」矣。蓋「左契」乃契約尊貴之一邊，與中原以「右契」爲尊貴者相反耳。三十一章曰：「君子居則貴左，用兵則貴右。」又曰：「吉事尚左，凶事尚右。」皆楚人尚左之明證。高未審楚俗與中原不同，故欲改此文爲「右契」

也。帛書乙本「左」字同，甲本作「右」，蓋甲本之鈔者未明楚人習俗，乃改「左」爲「右」，以就中原習俗也。

帛書二本「不責於人」並作「而不以責於人」，「而」字河上本及王弼本猶存，「以」字則僅見於嚴本矣。

## 天道無親，常與善人。

**朱謙之曰：**此二句爲古語，見《說苑》〈敬愼篇〉引〈黃帝金人銘〉；又《後漢書》〈袁紹傳〉〈注〉引作〈太公金匱〉語。

**王叔岷先生曰：**《書鈔》一四九引〈太公六韜〉、《文選》孔璋〈爲袁紹檄豫州一首〉〈注〉引〈太公金匱〉並云：「天道無親，常與善人。」《左傳》僖五年引〈周書〉云：「皇天無親，惟德是輔。」（又見《僞古文尙書》〈蔡仲之命〉）常與惟同義，與猶親也。

**案：**《僞古文尚書》〈太甲〉曰：「惟天無親，克敬惟親。」《文子》〈符言〉及《淮南子》〈詮言〉均曰：「天道無親，唯德是與。」此蓋古成語，因時空不同而有演化，老子摘以入書也。

# 八十章

**小國寡民，使有什佰之器而不用。**

**嚴可均曰：**各本作「寡民」，河上「伯」下有「人」字。

**俞　樾曰：**什伯之器，乃兵器也。《後漢書》〈宣秉傳〉〈注〉曰：「軍法，五人爲伍，二五爲什，則共其器物，故通謂生生之具爲什物。」然則什伯之器，猶言什物矣。其兼言伯者，古軍法以百人爲伯；什伯，皆士卒部曲之名。《禮記》〈祭義篇〉曰：「軍旅什伍。」彼言「什伍」，此言「什伯」，所稱有大小，而無異義。徐鍇《說文繫傳》於〈人部〉「伯」下引《老子》曰：「有什伯之器，每什伯共用器，謂兵革之屬。」得其解矣。「使有什伯之器而不用，使民重死而不遠徙」，兩句一律。下文云：「雖有舟轝，無所乘之；雖有甲兵，無所陳之。」「舟轝」句蒙「重死而不遠徙」而言，「甲兵」句蒙「什伯之器不用」而言，文義甚明。河上公本「什伯」下誤衍「人」字，遂以「使有什伯」四字爲句，失之矣。

**胡　適曰：**「什」是十倍，「伯」是百倍。文明進步，用機械之力代人工，一車可載千斤，一船可裝幾千人，這多是「什伯人之器」。下文所說「雖有舟輿，無所乘之；雖有甲兵，無所陳之」，正釋這一句話。

**高明曰：**「十百人之器」，係指十倍百倍人工之器，非如俞樾獨謂兵器也。經於下文云……；「舟輿」代步之器，跋涉千里可爲十百人之工；「甲兵」爭戰之器，披堅執鋭可抵十百人之力。……「十百人之器」，係指相當於十、百倍人工之器。其中並不排除兵器，但俞謂專指兵器而言，似欠全面。

**案：**嚴本、河上本、敦煌庚本及奈卷「什伯」下皆有「人」字，與此石異。俞解「什伯」爲士卒部曲之名；「什伯之器」，謂軍中部曲之兵器，引《說文繫傳》及《後漢書》〈注〉爲證，其說頗有理；是以劉師培、高亨、蔣錫昌及朱謙之等皆從其說。「什伯之器」既作「軍中部曲之兵器」解，則「什伯」下之「人」字不得不爲衍文矣。劉師培、奚侗及蔣錫昌或據王〈注〉，或據傅本，或據成本，力證「什伯」下之「人」字（或作「民」）當在「使」字之下；其作「什伯人」者，乃傳鈔者之所誤倒也。

俞謂下文「舟轝」句蒙「重死而不遠徙」，「甲兵」句則蒙此文「什伯之器不用」，其說似甚切貼。詳審此文「小國寡人，使有什伯之器而不用」，疑「小」、「寡」二字與「什」、「伯」當有相反爲義之關係存在；蓋謂國小民寡，設使有十倍、百倍其民之器用，尚且棄之而不顧也。苟非如此解說，則國小民寡當不用兵器，國大民眾又當如何乎？是知俞說亦非盡善盡美矣。老子「小」、「寡」二字當非空泛之詞，與下句「什」、「伯」必有意義上之關係存在。帛書「什伯」並作「十百」，其下均有「人」字；可知王本「什伯」下「人」字當非衍文，更非「使」字下之誤倒矣。以帛書觀之，「什伯人之器」當如胡先生之說，作十倍百倍其民之器用解。

* * * *

此乃昔日案語，今錄於茲。兩漢之際，流通本皆有一「人」字，或在「使」之下，或在「什伯」之下，嚴本作「使人有什伯之器而不用」，謂使其人民有十倍、百倍於鄰國（〈指歸〉曰：「什伯鄰國，以固民心。」）之器用，而猶不用之也；河上本作「使民有什伯人之器而不用」（今本無「民」字，王卡曰：「諗注文云：『使民各有部曲什伯。』則河上本顯有『民』字，今據強本補。」王說是也，今從之），謂使其民有什倍百倍其民所有之器用，猶不用之也。帛書作「使有什伯人器而勿用」，謂使小國寡民雖有十倍百倍之器用，猶不用之也。就此三本觀之，河上公本出「民」、出「人」，義較嚕囌，是以後來各本或刪「什伯」下之「人」字，存「使」下之「民」字（古王本、傅本、范本及想爾成玄英本）；或並此二字皆刪之（今王本、想爾本及玄宗本二系統）。

河上公於「使有什伯」下，注曰：「使民各有部曲什伯，貴賤不相犯也。」於「人之器而不用」，注曰：「器謂農人之器。而不用者，不徵召奪民良時也。」河上公蓋讀作「使有什伯，人之器而不用」，「人」字屬下爲句，恐非確解。自胡適創新說後，晚近從之者有盧育三、王垶及古棣等諸人，就中古棣尚舉六證以支持胡氏之說，與拙意合。

## 雖有甲兵，无所陳之；使民復結繩而用之。

**馬敍倫曰**：六朝殘卷作「有甲兵，無所陳之」。

**案**：帛書並無「雖」字。「有甲兵」，與帛書上文「有舟車」相對爲文。六朝殘卷無此「雖」字，恐有所依據。〈指歸〉曰：「家有舟輿，無所運乘；户有甲兵，無所施力。」嚴本正文無二「雖」字歟？

## 甘其食，美其服，安其居，樂其俗。

傅本「甘其食」上有「至治之極，民各」六字，**畢沅曰**：河上、王弼無「至治之極，民各」六字。

**蔣錫昌曰**：《莊子》〈胠篋篇〉作「甘其食，美其服，樂其俗，安其居」，《史記》〈貨殖傳〉作「至治之極，鄰國相望，雞狗之聲相聞，民各甘其食，美其服，安其居，樂其業」，《文選》〈魏都賦〉〈注〉作「甘其食，美其服，樂其俗，安其居」。

**朱謙之曰**：傅、范本「甘其食」上有「至治之極，民各」六字。又傅、范、彭「居」作

「俗」，「俗」作「業」。嚴本「安其居」在「樂其俗」句下。

**古　棣曰**：此節之上句已結，現另起一義，有「至治之極」一句，意義完整。

**高　明曰**：《莊子》〈胠篋篇〉引作「甘其食，美其服，樂其俗，安其居」，語序異於今本而同於帛書，說明「食」、「服」、「俗」、「居」是《老子》原來的次序，今本已有錯亂。

**案**：帛書「樂其俗」並在「安其居」上，嚴本同。竊疑古本「樂其俗」自在「安其居」之上，除帛書及嚴本可爲證之外，《莊子》及《文選》〈注〉引亦可爲此說之佐證；《史記》引作「安其俗，樂其業」，「俗」字尚在前句，可證所據者距古本猶未遠。傅本、范本及彭本「居」均作「俗」，尚存古本之殘跡。河上公本及王弼本「安其居」在「樂其俗」上之後，此源流乃流傳甚廣耳。傅、范本「甘其食」上有「至治之極，民各」六字，《史記》引有「至治之極」四字，未詳何所依據。

## 雞狗之聲相聞，

**嚴可均曰**：御〈注〉、高翿作「雞犬之音」，王弼作「雞犬之聲」。

**蔣錫昌曰**：《莊子》〈胠篋篇〉作「雞狗之音相聞」，《史記》〈貨殖傳〉作「雞狗之聲相聞」，《文選》〈魏都賦〉〈注〉作「雞犬之聲相聞」。

**王叔岷先生曰：**成玄英〈疏〉本《莊子》〈胠篋篇〉作「雞犬之音」，《意林》引作「雞犬之聲」。

**案：**帛書甲本「雞狗之聲」同，乙本作「雞犬之聲」；嚴本作「雞犬之聲」，〈指歸〉曰：「雞狗之音相聞。」嚴本正文或作「雞狗之音」，與《莊子》引同。

# 八十一章

**信言不美，美言不信。善者不辯，辯者不善。知者不博，博者不知。**

**武内義雄曰：**「善者不辯」二句，敦、遂二本在「知者不博」二句之後。

**俞　樾曰：**此當作「信者不美，美者不信」，與下文「善者不辯，辯者不善。知者不博，博者不知」文法一律。河上公於「信者不善」〈注〉云：「信者如其實，不美者朴且質也。」是可證古本正作「信者不美」，無「言」字也。

**朱謙之曰：**《文心雕龍》〈情采篇〉曰：「老子疾僞，故稱『美言不信』。」是劉勰所見《老子》本作「言」字。河上公於此句注云：「滋美之言者，孳孳華詞。不信者，飾僞多空虛也。」又成玄英〈開題序訣義疏〉，題此章爲〈信言章〉，〈疏〉云：「信，實也……浮艷之言。」可證河上本與碑本同。王注六十二章「美言可以市」句云：「美言之，則可以奪衆貨之賈，故曰美言可以市也。」此章注：「實在質也，本在樸也。」義亦正同。雖未及「言」，而言在其中，何由證其所見本必作「者」乎？

**案：**俞樾謂「信言不美，美言不信」當作「信者不美，美者不信」，陶鴻慶是其說。

蔣錫昌及朱謙之皆力辨其非，就中以朱說最完備，故移錄於此。帛書乙本正作「信言」、「美言」（甲本二句全殘），適可補蔣、朱之說。

嚴本、敦本及遂本「知者」二句皆在「善者」二句之前，與各本異；檢帛書二本，「知者」二句正在「善者」二句之前，則嚴本蓋有來歷也。五十六章曰：「知者不言，言者不知。」與「知者」二句義近。

**天之道，利而不害；聖人之道，為而不爭。**

**羅振玉曰**：敦煌辛本無下「之」字。

**朱謙之曰**：趙本「人之道」，無「聖」字。人與天對，文勝；然非老子本誼。

**高　明曰**：《老子》原作「人之道」，帛書不誤，今本「聖」字乃爲淺人所增。

**案**：帛書乙本作「人之道」（甲本殘），「天之道」與「人之道」相對爲文，七十七章「天之道，損有餘而補不足；人之道則不然，損不足而奉有餘」，亦「天之道」及「人之道」相對。惟就老子思想論之，「爲而不爭」乃聖人之道，二章「聖人生而不有，爲而不恃」，非人人所能有者也。

國家圖書館出版品預行編目資料

老子新校
／鄭良樹[著]. --初版. --臺北市：
臺灣學生，民86
面； 公分
ISBN 957-15-0816-0 (精裝)
ISBN 957-15-0817-9 (平裝)

1.老子 - 註釋

121.311　　86002549

# 老子新校（全一冊）

著作者：鄭良樹
出版者：臺灣學生書局
發行人：丁文治
發行所：臺灣學生書局
臺北市和平東路一段一九八號
郵政劃撥帳號〇〇〇二四六六八號
電話：三六三四一五六
傳眞：三六三六三三四
本書局登記證字號：行政院新聞局局版臺業字第一一〇〇號
印刷所：常新印刷有限公司
地址：板橋市翠華街八巷一三號
電話：九五二四二二一九
定價 精裝新臺幣四一〇元
平裝新台幣三四〇元
西元一九九七年四月初版

12136



ISBN 957-15-0816-0 (精裝)
ISBN 957-15-0817-9 (平裝)